पुराण साहित्य भारतीय साहित्य और जीवन की अक्षुण्ण निधि है। इनमें मानव जीवन के उत्कर्ष और अपकर्ष की अनेक गाथाएं मिलती हैं। अट्ठारह पुराणों में अलग-अलग देवी-देवताओं को केन्द्र में रखकर पाप और पुण्य, धर्म और अधर्म, कर्म और अकर्म की गाथाएं कही गई हैं। इस रूप में पुराणों का पठन और आधुनिक जीवन की सीमा में मूल्यों का स्थापन आज के मनुष्य को एक निश्चित दिशा दे सकता है।

*निरन्तर द्वन्द्व और निरन्तर द्वन्द्व से मुक्ति का प्रयास मनुष्य की संस्कृति का मूल आधार है। पुराण हमें आधार देते हैं। इसी उद्देश्य को लेकर पाठकों की रुचि के अनुसार सरल, सहज भाषा में प्रस्तुत है पुराण-साहित्य की श्रृंखला में **'लिंग पुराण'**।*

लिंग पुराण

डॉ॰ विनय

डायमंड बुक्स

प्रकाशक : डायमंड पॉकेट बुक्स (प्रा.) लि.
X-30 ओखला इंडस्ट्रियल एरिया, फेज-II
नई दिल्ली-110020
फोन : 011-40712200
ई-मेल : sales@dpb.in
वेबसाइट : www.diamondbook.in

Ling Purana

By : Dr. Vinay

प्रस्तावना

भारतीय जीवन-धारा में जिन ग्रंथों का महत्त्वपूर्ण स्थान है उनमें पुराण भक्ति ग्रंथों के रूप में बहुत महत्त्वपूर्ण माने जाते हैं। पुराण-साहित्य भारतीय जीवन और साहित्य की अक्षुण्ण निधि है। इनमें मानव जीवन के उत्कर्ष और अपकर्ष की अनेक गाथाएं मिलती हैं। भारतीय चिंतन-परंपरा में कर्मकांड युग, उपनिषद युग अर्थात् ज्ञान युग और पुराण युग अर्थात् भक्ति युग का निरंतर विकास होता हुआ दिखाई देता है। कर्मकांड से ज्ञान की ओर आते हुए भारतीय मानस चिंतन के ऊर्ध्व शिखर पर पहुंचा और ज्ञानात्मक चिंतन के बाद शक्ति की अविरल धारा प्रवाहित हुई।

विकास की इसी प्रक्रिया में बहुदेववाद और निर्गुण ब्रह्म की स्वरूपात्मक व्याख्या से धीरे-धीरे भारतीय मानस अवतारवाद या सगुण शक्ति की ओर प्रेरित हुआ। पुराण साहित्य सामान्यतया सगुण भक्ति का प्रतिपादन करता है। यहीं आकर हमें यह भी मालूम होता है कि सृष्टि के रहस्यों के विषय में भारतीय मनीषियों ने कितना चिंतन और मनन किया है। पुराण साहित्य को केवल धार्मिक और पुरा कथा कहकर छोड़ देना उस पूरी चिंतन-धारा से अपने को अपरिचित रखना होगा जिसे जाने बिना हम वास्तविक रूप में अपनी परंपरा को नहीं जान सकते।

परंपरा का ज्ञान किसी भी स्तर पर बहुत आवश्यक होता है क्योंकि परंपरा से अपने को संबद्ध करना और तब आधुनिक होकर उससे मुक्त होना बौद्धिक विकास की एक प्रक्रिया है। हमारे पुराण-साहित्य में सृष्टि की उत्पत्ति, विकास—मानव उत्पत्ति और फिर उसके विविध विकासात्मक सोपान इस तरह से दिए हैं कि यदि उनसे चमत्कार और अतिरिक्त विश्वास के अंश ध्यान न रक्खे जाएं तो अनेक बात बहुत कुछ विज्ञानसम्मत भी हो सकती है क्योंकि जहां तक सृष्टि के रहस्य का प्रश्न है, विकासवाद के सिद्धांत के बावजूद और वैज्ञानिक जानकारी के होने पर भी वह अभी तक मनुष्य की

बुद्धि के लिए एक चुनौती है। इसलिए जिन बातों का वर्णन सृष्टि के संदर्भ में पुराण-साहित्य में हुआ है उसे एकाएक पूरी तरह से नहीं नकारा जा सकता।

महर्षि वेदव्यास को इन अठारह पुराणों की रचना का श्रेय है। महाभारत के रचयिता भी वेदव्यास ही हैं। वेदव्यास एक व्यक्ति रहे होंगे या एक पीठ, ये प्रश्न दूसरा है और यह भी बात अलग है कि सारे पुराण कथा-कथन शैली में विकसनशील रचनाएं हैं। इसलिए उनके मूल रूप में परिवर्तन होता गया। लेकिन यदि ध्यानपूर्वक देखा जाए तो ये सारे पुराण विश्वास की उस भूमि पर अधिष्ठित हैं जहां ऐतिहासिकता, भूगोल का तर्क उतना महत्त्वपूर्ण नहीं रहता जितना उसमें व्यक्त जीवन-मूल्यों का स्वरूप। यह बात दूसरी है कि जिन जीवन-मूल्यों की स्थापना उस काल में पुराण-साहित्य में की गई, वे हमारे आज के संदर्भ में कितने प्रासंगिक रह गए हैं? लेकिन साथ में यह भी कहना होगा कि धर्म और धर्म का आस्थामूलक व्यवहार किसी तर्क और मूल्यवत्ता की प्रासंगिकता की अपेक्षा नहीं करता। उससे एक ऐसा आत्मविश्वास और आत्मालोक जन्म लेता है जिससे मानव का आंतरिक उत्कर्ष होता है। हम कितनी भी भौतिक और वैज्ञानिक उन्नति कर लें, अंततः आस्था की तुलना में यह उन्नति अधिक देर नहीं ठहरती। इसलिए इन पुराणों का महत्त्व तर्क पर अधिक आधारित न होकर भावना और विश्वास पर आधारित है और इन्हीं अर्थों में इनका महत्त्व है।

जैसा कि हमने कहा कि पुराण-साहित्य में अवतारवाद की प्रतिष्ठा हैं निर्गुण निराकर की सत्ता को मानते हुए सगुण साकार की उपासना का प्रतिदिन इन ग्रंथों का मूल विषय है। अठारह पुराणों में अलग-अलग देवी-देवताओं को केन्द्र में रखकर पाप और पुण्य, धर्म और अधर्म तथा कर्म और अकर्म की गाथाएं कही गई हैं। उन सबसे एक ही निष्कर्ष निकलता है कि आखिर मनुष्य और इस सृष्टि का आधार—सौंदर्य तथा इसकी मानवीय अर्थवत्ता—में कहीं-न-कहीं सद्‍गुणों की प्रतिष्ठा होनी ही चाहिए। आधुनिक जीवन में भी संघर्ष की अनेक भावभूमियों पर आने के बाद भी विशिष्ट मानव मूल्य अपनी अर्थवत्ता नहीं खो सकते। त्याग, प्रेम, भक्ति, सेवा, सहनशीलता आदि ऐसे मानव-गुण हैं जिनके अभाव में किसी भी बेहतर समाज की कल्पना नहीं की जा सकती। इसीलिए भिन्न-भिन्न पुराणों में

देवताओं के विभिन्न स्वरूपों को लेकर मूल्य के स्तर पर एक विराट आयोजन मिलता है। एक बात और आश्चर्यजनक रूप से पुराणों में मिलती है कि सत्कर्म की प्रतिष्ठा की प्रक्रिया में अपकर्म और दुष्कर्म का व्यापक चित्रण करने में पुराणकार कभी पीछे नहीं हटते और उसके देवताओं की कुप्रवृत्तियों को भी व्यापक रूप में चित्रित किया है लेकिन उसका मूल उद्देश्य सद्भावना का विकास और सत्य की प्रतिष्ठा ही है।

कलियुग का जैसा वर्णन पुराणों में मिलता है, आज हम लगभग वैसा ही समय देख रहे हैं। अतः यह तो निश्चित है कि पुराणकार ने समय के विकास में वृत्तियों को और वृत्तियों के विकास को बहुत ठीक तरह से पहचाना। इस रूप में पुराणों का पठन और आधुनिक जीवन की सीमा में मूल्यों का स्थापन आज के मनुष्य को एक दिशा तो दे सकता है क्योंकि आधुनिक जीवन में अंधविश्वास का विरोध करना तो तर्कपूर्ण है लेकिन विश्वास का विरोध करना आत्महत्या के समान है।

प्रत्येक पुराण में हजारों श्लोक हैं और उनमें कथा कहने की प्रवृत्ति तथा भक्त के गुणों की विशेषणपरक अभिव्यक्ति बार-बार हुई है। लेकिन चेतन और अचेतन के तमाम रहस्यात्मक स्वरूपों का चित्रण, पुनरुक्ति भाव से होने के बाद भी बहुत प्रभावशील हुआ है और हिन्दी में अनेक पुराणों यथावत् लिखे गए। फिर प्रश्न उठा सकता है कि हमने इस प्रकार पुराणों का लेखन और प्रकाशन क्यों प्रारम्भ किया? उत्तर स्पष्ट है कि जिन पाठकों तक अपने प्रकाशन की सीमा में अन्य पुराण नहीं पहुंचे होंगे, हम उन तक पहुंचाने का प्रयास करेंगे और इस पठनीय साहित्य को उनके सामने प्रस्तुत कर जीवन और जगत् की स्वतंत्र धारणा स्थापित करने का प्रयास कर सकेंगे।

हमने मूल पुराणों में कही हुई बातें और शैली को यथावत् स्वीकार की है और सामान्य व्यक्ति को भी समझ में आने वाली सामान्य भाषा का प्रयोग किया है। किंतु जो तत्त्वदर्शी शब्द हैं उनका वैसा ही प्रयोग करने का निश्चय इसलिए किया गया कि उनका ज्ञान हमारे पाठकों को उसी रूप में हो।

हम आज के जीवन की विडंबनापूर्ण स्थिति के बीच से गुजर रहे हैं। हमारे बहुत सारे मूल्य खंडित हो गए हैं। आधुनिक ज्ञान के नाम पर विदेशी

चिंतन का प्रभाव हमारे ऊपर बहुत अधिक हावी हो रहा है इसलिए एक संघर्ष हमें अपनी मानसिकता से ही करना होगा कि अपनी परंपरा में जो ग्रहणीय है, मूल्यपरक है उस पर फिर से लौटना होगा। साथ में तार्किक विदेशी ज्ञान भंडार से भी अपरिचित नहीं रहना होगा क्योंकि विकल्प में जो कुछ भी हमें दिया है, वह आरोहण और नकल के अतिरिक्त कुछ नहीं। मनुष्य का मन बहुत विचित्र है और उस विचित्रता में विश्वास और विश्वास का द्वंद्व भी निरंतर होता रहता है। इस द्वंद्व से परे होना ही मनुष्य जीवन का ध्येय हो सकता है। निरन्तर द्वंद्व और निरंतर द्वंद से मुक्ति का प्रयास मनुष्य की संस्कृति के विकास का यही मूल आधार है। हमारे पुराण हमें आधार देते हैं और यही ध्यान में रखकर हमने सरल, सहज भाषा में अपने पाठकों के सामने पुराण-साहित्य प्रस्तुत करने का प्रयास किया है। इसमें हम केवल प्रस्तोता हैं, लेखक नहीं। जो कुछ हमारे साहित्य में है। उसे उसी रूप में चित्रित करते हुए हमें गर्व का अनुभव हो रहा है।

'डायमण्ड पॉकेट बुक्स' के श्री नरेन्द्र कुमार जी के प्रति हम बहुत आभारी हैं कि उन्होंने भारतीय धार्मिक जनता को अपने साहित्य से परिचित कराने का महत् अनुष्ठान किया है। देवता एक भाव संज्ञा भी है और आस्था का आधार भी। इसलिए वह हमारे लिए अनिवार्य है। यह पुराण उन्हीं के लिए है जिनके लिए यह अनिवार्य है।

—डॉ. विनय

लिंग पुराण का महत्त्व

लिंग पुराण का पठन-पाठन करने वाला निश्चय ही परमगति को प्राप्त होता है। यह मुख्यतः एक शैवमत प्रधान पुराण है जिसकी अधिकांश कथा भाग शिव पुराण सदृश्य है। इस की शुरुआत में लिंग के महत्त्व को बताया है। जिससे सृष्टि की रचना होती है। आगे ब्रह्मा ने किस प्रकार एक-एक करके सृष्टि की रचना की इसको क्रमानुसार बताया है। साथ ही इसमें सनतकुमार व शैल का पवित्र संवाद है। योगाभ्यास, ध्यान और समाधि के महत्त्व को बताया है। शारीरिक और मानसिक स्तर पर होने वाले दुःख व सुख बताए गए हैं। इसमें बताया गया है कि सृष्टि की उत्पत्ति पंचमहाभूतों से हुई है। अतिथि सत्कार करने के महत्त्व को बताया है क्योंकि अतिथि शिव रूप होते हैं। साथ ही पूर्व भाग में भगवान् शिव के अनेक व्रत प्रायश्चित्त, अरिष्ट, सदाचार निरुपण शैली का विस्तार से वर्णन किया है।

इस पुराण में चारों लिंग सत्ययुग, से लेकर कलियुग के बारे में बताया गया है। अन्धकासुर की कथा वराह चरित्र व जलंधर वध आदि की कथाएं भी हैं। सनार चन्द्रवंश के पुरुरवा आदि की वंश विस्तार का वृत्तान्त बताया है। शिव पूजन विधि और दीपक दान बताया है। पंचाक्षर विद्या का बोध कराया गया है। शोच आचार के लक्षण और वाणी और शरीर से उद्भुत होने के कारण पाप बताए हैं वाराणसी के परम शोभन माहात्म्य का संक्षेप में वर्णन किया है। महादेवी उमा की उत्पत्ति, दक्ष-यज्ञ का विध्वस की कथा संक्षेप में दी गई। वासुदेव भक्ति परायण जन वैष्णव कहलाते हैं।

मार्कण्डेय जी ने इस पुराण में उनके वरुणों का उल्लेख किया है। शिव के सर्वतत्वात्मक रूप की व्याख्या की गई है। शिव पूजा के शुभ नियमों को बताया गया है। भगवान् शिव के द्वारा बताए गए शिवाग्नि कार्यों का उल्लेख किया गया है। शिवलिंग की उत्तम अघोर अर्चन विधि का सविस्तार से वर्णन किया है।

विष्णु जी की भक्ति के माहात्म्य एकादशी के संदर्भ में सनतकुमार व नंदीश्वर तथा राजा अम्बरीष के संवाद इस पुराण में हैं। साथ ही यज्ञ विभिन्न प्रकार के दान व सूर्य पूजा के प्रमंग इसमें दिए गए हैं। यह सबसे खास है। भगवान् शिव के 28 अवतारों का वर्णन साथ ही अघोर कीर्तन व्रजेश्वरी महाविद्या, गायत्री महिमा, त्र्यम्बक माहात्म्य के फल की चर्चा की गई है।

तप से, यज्ञों से, दान देने से जो गति होती है वही इस महालिंग पुराण के श्रवण से होती है। शिव के प्रति भक्ति और निवृत्ति ही इसका शुद्ध फल है।

अनुक्रमणिका

लिंग पुराण

एक बार मुनि श्री नारद विश्व के रचनाकार ब्रह्मा, पालनहार विष्णु और संहार करने वाले शिव को नमस्कार करते हुए शैलेश, सहगेश्वर, अविमुक्त महालय और ईशान्य, त्रिविष्टप और शुक्रेश्वर आदि स्थलों में भगवान् शंकर की अभ्यर्थना करने के बाद नैमिषारिणी को प्रस्थान किया। जिस समय नारद मुनि वहां पहुंचे, वहां तपश्चर्या में लीन अनेक ऋषियों और तपस्वियों ने जब उनको देखा तो उनकी विधिवत अर्चना करते हुए उन्हें यथोचित आसन दिया।

लिंग का महत्त्व

वहां विराजमान सभी ऋषियों ने लिंगार्चन के माहात्म्य वाली कथा कर रहे श्री सूत से कहा, कि हे मुनिश्वर आप स्वयं भगवान् शंकर के भक्त हैं और नारद भी उनमें अटल भक्ति रखते हैं। आप कृपा करके इन महा मुनि नारद के समक्ष परम पुण्यमय लिंग पुराण का प्रवचन करके अनुगृहीत करें। अपने शिष्यों और श्रद्धालु ऋषियों से ऐसा सुनने पर प्रथा तो सूत ने ब्रह्मा पुत्र नारद का अभिवादन किया और इसके पश्चात् सभी श्रद्धालुओं को सम्बोधित करते हुए महा पुन्य बोले पुराण का प्रवचन आरम्भ किया।

सूत ने बताया कि यह ब्रह्माण्ड रूप लिंग का और सृष्टि लय और स्थिति का प्रतीक है। यह चिह्न रहित और निर्गुण है। लिंग के मूल के कारण अव्यक्त अर्थात् प्रकृति लिंग कही जाती है और शिव को अलिंग कहा गया है और शैव लिंग कहा जाता है। हे द्विजों में श्रेष्ठ गण, जगत् की योनि महाभूत, स्थूल और सूक्ष्म समस्त जगतों के लिंग विग्रह, अलिंग से ही उद्‌भुत हैं अर्थात् छब्बीस तत्त्वों के रूप में रहने वाले लिंग की माया से ही निर्गत हुए हैं।

देवों का शिवात्मक त्रय ही प्रधान है–इसमें ब्रह्मा ने विश्व की रचना की, विष्णु ने इसकी रक्षा की और शिव ने इसका संहार किया। इस प्रकार यह देव त्रिमूर्ति जो विश्व में व्याप्त है, अलिंग, लिंग और लिंगालिंग मूर्तियां हैं।

स्वयं जगत स्वरूप ब्रह्म ही परमेश्वर, अलिंगी और बीजी होता है। बीज ब्रह्मा है, योनि विष्णु और जिससे बीज निकला है वह निर्बीज रुद्र हैं। यह रुद्र कारण शून्य जगत का बीज, परमात्मा, मुनि और नित्य बुद्ध स्वभाव से विशुद्ध और पुराणों में शिव कहा जाता है। हे ब्राह्मण श्रेष्ठ–शिव के द्वारा देखी गई यह प्रवृत्ति सृष्टि के पहले सर्ग के आदि में गुण स्वभाव से युक्त व्यक्त और शैवी थी। अव्यक्त से आदि से लेकर यह तत्त्व आरम्भ करके विशेषांत तक यह विश्व उसी का समुच्छित है। यह प्रकृति विश्वधात्री और अजाख्या कही गई है।

जो लोहित, शुक्ल और कृष्ण अर्थात् रज, सत् और तमोगुणी है तथा एक ही है, अनेक रूपों को जनने वाली है और अजन्माबद्ध जीव परम प्रीति से उसी का सेवन करता है और अनुसरण करता है। यह रागी जीव कहलाता है, जबकि विरागी और विरक्त जीव उसी गुण स्वभाव युक्त प्रकृति का रसास्वादन करके फिर उसको त्याग देता है।

हे द्विजोत्तमो! ईश्वर की इच्छा से ही त्रिगुण युक्त प्रधान पुरुष से महत् तत्त्व उत्पन्न हुआ और सर्जन की इच्छा से प्रेरित होकर अव्यय-अव्यता में प्रवेश करके यह आत्मा से अधिष्ठित हो गया। इससे व्यक्ता सृष्टि को एक रूप मिला।

तत्पश्चात् महत् तत्त्व से संकल्प वृत्ति, सात्विक अंहकार हुए। महत् से त्रिगुण रजोधिक अहंकार का जन्म हुआ और फिर रजोगुण से ही आवृत्त तमसा अहंकार हुआ। अहंकार से भूत तन्मात्राएं और उससे अव्यय आकाश हुआ। तन्मात्राओं से भूतों का सर्ग हुआ।

आकाश से स्पर्श, स्पर्श से वायु, वायु से रूप, रूप से अग्नि, अग्नि से रस और रस से जल, जल से गंध मात्र धरा उत्पन्न हुई।

स्पर्श आकाश को घेरे रहता है और रूप मात्र को क्रियात्मक वायु वहन करता है। विभावसु रस मात्र को घेरे रखता है तथा सब रसों से युक्त

जल गन्ध मात्र को आवृत्त किए रहता है। यह धरा पांच गुणों वाली होती है। जल चार गुण वाले, अग्नि तीन गुण वाली और आकाश मात्र एक गुण वाला होता है। पांच बुद्धि इन्द्रियां हैं और पांच कर्मेन्द्रियां। शब्द आदि की प्राप्ति के लिए मन उभयेन्द्रिय होता है।

ब्रह्माण्ड में एक जल के बुलबुले के समान पितामह अवतीर्ण हुए। यही विश्व में व्यक्त रहने वाले विष्णु हैं, वे ही भगवान् रुद्र हैं। उसी अण्ड में समस्त लोक और विश्व रहता है। ब्रह्माण्ड के चारों ओर जल होता है। जल को चारों ओर से तेज आवृत्त करता है। यह जल से दस गुना होता है। तेज से दस गुनी वायु इसे आवृत्त करती है और वायु से दस गुना आकाश, वायु को आवृत करता है। अहंकार आकाश को घेरे रहता है और महत् तत्त्व के प्रधान तथा शब्द हेतु स्वयं आवृत्त होता है।

इस प्रकार कमल आसन पर विराजमान ब्रह्मा सात आवरणों से युक्त कहे गए हैं और ऐसे एक-दो नहीं, करोड़ों अण्ड अयुत कहे गए हैं। उन प्रत्येक ब्रह्माण्डों में ब्रह्मा, विष्णु, महेश विद्यमान रहते हैं।

सर्ग-प्रतिसर्ग और स्थिति का कर्त्ता महेश्वर है। सर्ग करने में वह रजोगुणी, पालन में सतोगुणी और प्रतिसर्ग की दशा में तमोगुणी होता है। इसी कारण महेश्वर देव शिव ब्रह्मा के भी अधिपति हैं। इस अणु में जिस तरह पितामह कर्ता रहते हैं उसी प्रकार से लोक भी रहा करते हैं। प्राथमिक सर्ग का काल वर्णन करते हुए सूत ने बताया कि विभु दिन में सृजन कार्य किया करते हैं और रात्रि में प्रलय।

यह एक औपचारिक कार्यक्रम है। दिन में सभी प्रजापति विश्व देवता और अन्य महर्षिगण स्थित रहते हैं और रात्रि में विलीन हो जाते हैं। ब्रह्मा का दिन सत्तयुग, त्रेता, द्वापर, कलयुग के एक सहस्त्र हो जाने पर होता है। इसमें चौदह मनु होते हैं। चार हजार वर्षों का सत्तयुग और उतनी ही संध्या हुआ करती हैं।

इसी प्रकार क्रम से सभी युग होते हैं। इस क्रम में पन्द्रह निमेष की एक काष्ठा और बीस काष्ठाओं की एक कला होती है और तीस कलाओं का एक मुहूर्त होता है। पन्द्रह मुहूर्तों की एक रजनी होती है। उतना ही दिन होता है अर्थात् दो घड़ी का एक मुहूर्त होता है और तीस-तीस घड़ी

के दिन-रात होते हैं।

मनुष्यों के तीन मास का समय पितृगण का एक मास होता है और तीन सौ साठ मासों का पितृगण का संवत्सर होता है। मनुष्यों की भांति ही पितृगणों के यहां भी बारह मास होते हैं। लेकिन मनुष्यों के एक सौ वर्ष पितृ गणों के तीन वर्ष गिने जाते हैं। पितृगण का दिन उत्तरायण और दक्षिणायन को पितृगण की रात्रि कहा जाता है।

सबसे पहले सत्तयुग होता है और उस क्रम में दिव्यमान से सत्तयुग के वर्षों की संख्या है एक लाख चौबीस हजार, त्रेता की संख्या दस लाख अस्सी हजार, द्वापर की सात लाख बीस हजार और कलियुग के वर्षों की संख्या तीन लाख साठ हजार होती है। चारों युगों का संन्ध्यांश तैंतालीस लाख बीस हजार वर्ष और चारों युगों की साधिका की संख्या इकहत्तर होती है। मनुष्य वर्षों के हिसाब से तीस करोड़ सरसठ लाख बीस हजार वर्ष का समय सम्पूर्ण काल होता है।

जब इन चारों युग का चतुर्युग का एक सहस्त्र समाप्त हो जाता है तब एक कल्प होता है। कल्प के अतीत के अतीत हो जाने पर पुनः सृष्टि होती है और इस बीच प्रलय काल में सभी जन्तु महलोक से जगलोक में जाते हैं और एक हजार कल्प का ब्रह्मा का एक वर्ष होता है। अठारह हजार ब्रह्मवर्षों का एक बह्मयुग होता है और ब्रह्मा के एक हजार युगों का विष्णु का एक दिन होता है और विष्णु दिनों के नौ हजार कालात्मा प्रभु रुद्र का काल अर्थात् दिन होता है। भयोद्भव, तप, भव्य, रम्भ, ऋतु, सावित्र, कुषिक, तुषिक, मध्यम, वैराज, निषाद्, मुख्य, पंचम, चित्रक आदि तैंतीस कल्प होते हैं।

महाप्रलय के समय रात-दिन में होने वाले शेष विकार से विश्व में प्रलय होती है और इस विकार स्वरूप प्रलय की स्थिति और मात्रा भगवान् शिव के अधीन होती है। इसमें प्रधान और पुरुष दोनों की स्थिति बनी रहती है। गुणों का वैषम्य होने पर सृष्टि का निर्माण होता है और साम्य होने पर प्रलय होती है। एक ही देव भिन्न गुण कर्म के कारण ब्रह्मा, विष्णु और महेश रूप में होते हैं। जो कभी-भी आदि, मध्य और अन्त को प्राप्त नहीं होते।

प्रलय काल में ब्रह्म के चारों ओर से जल व्याप्त रहता है इसीलिए इन्हें नारायण कहा जाता है। रात्रि की समाप्ति पर नारायण प्रबुद्ध होकर जब इस चर-अचर जगत को देखते हैं, ऐसे ही परम श्रेष्ठ ब्रह्मा जी ने सृष्टि रचने का विचार किया था। सनातन प्रभु ने जल मग्न पृथ्वी को जल से बाहर निकाला, वराह रूप में अवतरित होकर पहले की तरह ही इसको स्थापित किया, पहले की भांति ही इसमें नदी, नाले, तालाब, समुद्र आदि की स्थिति की, सर्व प्रथम अग्नि से क्षतिग्रस्त पर्वत बनाए। चारों लोक भी पहले की ही भांति स्थित किए।

सर्व प्रथम ब्रह्मा ने जब सृष्टि रचने का विचार किया तो उनके मन में मोह उपज गया और तम, महामोह, तामिस्र तथा अन्ध आदि पांच अविद्याएं–स्वयं-भू में उत्पन्न हुईं। ऐसी स्थिति में ब्रह्मा द्वारा सर्व प्रथम तिर्यक गति वाले पशु उत्पन्न हुए। तत्पश्चात् देवादि ने जन्म लिया। फिर प्रभु के अनुग्रह से मनुष्य का प्रादुर्भाव हुआ। ब्रह्मा ने यह तत्त्व प्रथम सर्ग, भूततन्मात्राएं दूसरा सर्ग, श्रवणादि ऐंद्रिय तीसरा सर्ग, चतुर्थ, मुख्यसर्ग, तिर्यक योनि पंचम सर्ग तथा दैविक षष्ट सर्ग कहा था। हे द्विजोत्तमो, सप्तम मनुष्य सर्ग, अष्टम अनुग्रह सर्ग तथा नवम कुमार सर्ग था। ब्रह्मा ने प्रथम सनकादिक का सृजन किया, जो वैराग्य लीन होकर परमगति को प्राप्त हुए। तत्पश्चात् भृगु, वशिष्ट, अंगिरा, पुलस्त्य, पुलह, मरीचि, दक्ष, क्रतु, को योगविद्या के द्वारा रचा। ब्रह्मा के ये सभी मानस-पुत्र ब्रह्म-ज्ञाता, उत्तम ब्राह्मण और ब्रह्म के समान ही थे। ब्रह्मा द्वारा सृष्टि को आगे चलाने के लिए उत्पन्न स्वायम्भू मनु अयोनिजा शतरूपा से दो पुत्र और दो कन्याएं उत्पन्न की। इसमें प्रिय व्रत ज्येष्ठ और उत्तानपाद कनिष्ठ था तथा आकूति ज्येष्ठ पुत्री और प्रसूति कनिष्ठ पुत्री थी। आकूति का विवाह रुचि नाम के प्रजापति से हुआ और प्रसूति का विवाह दक्ष से हुआ।

आकूति ने दक्षिणा के साथ यज्ञ को प्रसूत किया था और फिर दक्षिणा ने बारह पुत्रियों को जन्म दिया। दक्ष प्रसूति ने चौबीस कन्याओं को जन्म दिया। इनमें श्रद्धा से कीर्ति तक तेरह पुत्रियों ने धर्म का वरण किया, ख्याति का विवाह भृगु से हुआ, अंगिरा मुनि के साथ स्मृति का विवाह हुआ, पुलस्त्य का प्रीति के साथ, मरीचि का सम्भूति के साथ, पुलह का

क्षमा के साथ, ऋतु का सन्नति के साथ, स्वाहा का अग्नि के साथ और पितृगण का स्वधा के साथ विवाह हुआ।

सती ने, जो कि दक्ष-पुत्री थी शिव को अपना पति चुना और त्रिभुवन में समस्त स्त्रियां उसी अर्द्धनारीश्वर के अंश से उत्पन्न हुई और उसके अंश से ग्यारह रुद्र उत्पन्न हुए।

ब्रह्माजी ने दक्ष को देखकर और सुव्रता का अवलोकन करके कहा था कि इस जगत्धात्री की सेवा करो। यही आगे चलकर सती के नाम से तुम्हारी पुत्री होगी। इस प्रकार ब्रह्म के आदेश से ही दक्ष ने साक्षात् सती को आदरपूर्वक रुद्र को सौंप दिया।

धर्म की तेरह पत्नियों ने क्रमशः काम, दर्प, नियम, संतोष, लोभ, श्रुत, दण्ड, समय, महाद्युति, बोध, अप्रमाद, विनय, व्यवसाय, क्षेम, सुख, यश, पुत्र उत्पन्न हुए। भृगु मुनि की पत्नी ख्याति ने भगवान् विष्णु की प्रिया श्री को जन्म दिया। प्रसूति से मरीचि मुनि के यहां धाता और विधाता दो पुत्र हुए। ये मेरु के जामाता थे। मरीचि की ही अन्य पत्नी पूर्णमासी से तुष्टि, दृष्टि, कृषि और अपरिचित चार कन्याएं हुईं। क्षमा ने पुलह से ऋषि-पुत्रों को जन्म दिया। पुलस्त्य ऋषि के यहां प्रीति से पृथ्वी के समान कनक पिता की उत्पत्ति हुई।

सन्नति ने ऋतु मुनि से दो पुत्रों को जन्म दिया। इसी के ऋतु ने साठ हजार पुत्रों को जन्म दिया। ये सभी बालखिल्य कहलाए। इस प्रकार प्रजापति दक्ष की सभी पुत्रियों ने ऋषियों के द्वारा ओजस्वी पुत्र उत्पन्न किए।

सूत ने अग्नि, पितृगण और रुद्र से उत्पन्न सृष्टि का वर्णन करते हुए बताया कि पवमान, पावक और शुचि, अग्नि और स्वाहा के पुत्र हुए। इनके पुत्र और पौत्रों की संख्या उनचास बताई। ये सभी उनचास प्रकार की अग्नियां हैं। ये सब प्रजापतियों के पति और भगवान् रुद्र की आत्मा कहे गए। स्वधा ने मेना को मानसी रूप में जन्म दिया। जिससे उमा और हेमवती गंगा उत्पन्न हुई। मेरुराज की पत्नी सुधा ने ही यज्ञ याजिनी मानसी धरणी को जन्म दिया।

दाक्षायणी सती भगवान् रुद्र के पास चली गई। इसी सती ने अपने

पिता दक्ष का यज्ञ ध्वंस करके अपनी देह त्याग दी और फिर भगवान् भव को ही अपना पति बनाया। उसका ध्यान करके नील लोहित रुद्र ने अनेक रुद्रो का विसर्जन किया। उन्हीं भगवान् रुद्र की, जो जरा-मरण से मुक्त थे, स्तुति करते हुए कहा कि हे प्रभु—आप सर्वज्ञ, सर्वत्र गमन करने वाले, दीर्घ, ह्रस्व और लघु रूप वाले, हिरण्य केश दृष्टि का हनन करने वाले, नित्य, बुद्ध और निर्भय हैं। मैं आपकी स्तुति करता हूं।

आप वीतराग, विश्व की आत्मा रूप तथा भगवान् भव के आत्मज हैं। इस प्रकार ब्रह्मा ने भगवान् शिव की प्रदक्षिणा करते हुए उनसे कहा कि मेरी विनती है, आपने ऐसे रुद्रों का सृजन किया है जिनकी कभी मृत्यु नहीं होगी। आप यदि सृजन करें तो ऐसा करें कि जिनकी मृत्यु भी हो। ब्रह्माजी की प्रार्थना सुनकर महादेव शिव ने कहा कि मृत्यु से युक्त रहने वाली प्रजा का सृजन आप अपनी इच्छानुसार ही करें। इस पर ही ब्रह्मा ने चराचर, जरा और मरण युक्त सृष्टि की रचना की थी।

जो जीव भगवान् शंकर के आश्रय से उनकी शरणगति को प्राप्त होते हैं, वे भले ही कितने ही महापापी क्यों न हों सद्गति को प्राप्त होते हैं और शाश्वत पद को प्राप्त करते हैं। लेकिन जो विपरीत आचरण करते हैं वे घोर नरक भोगते हैं।

सूत जी से ऐसा सुनकर ऋषियों ने कहा कि हे मुनिवर, हमारे मन में इस बात का भारी कुतूहल है, इसलिए आप कृपा करके हम पर अनुग्रह करते हुए यह बताए कि प्राणी किन कर्मों के फलस्वरूप नरक यातना पाते हैं। सूत जी ने ऋषियों की जिज्ञासा को देखते हुए कहा—चित्तवृत्ति के निरोध का स्वरूप ही योग है। इसके यम, नियम आदि आठ अंग होते हैं और भगवान् शिव ने जगत के कल्याण के लिए ही इनका सम्पादन किया।

गले के नीचे के भाग में और नाभि के ऊपर उत्तम योग का स्थान मूलाधार कहलाता है। य० हतत्पुण्डीक होता है। समस्त अर्थों से सम्बन्ध रखने वाले ज्ञान की निष्पत्ति ही आत्मा का योग होता है। मनुष्य इसे अभ्यास से प्राप्त कर सकते हैं। जिस ज्ञान से संसार रूपी सागर से उद्धार होता है, वह ज्ञान योग पापों का दहन करके इन्द्रिय वृत्ति का निरोध करने

में सहायक होता है। इसके आठ साधनों में यम, नियम, आसन, प्राणायाम, प्रत्याहार, धारणा ध्यान और समाधि होते हैं। यम के भेद में अहिंसा, सत्य, अस्तेय, ब्रह्मचर्य और अपरिग्रह कहलाते हैं।

इसमें देखा-सुना अनुमान द्वारा प्राप्त किया अथवा यथार्थ कथन सत्य कहलाता है और सुख-दुख की दृष्टि से समस्त प्राणियों को समझते हुए उनका हित सम्पादन अहिंसा कहलाता है। अश्लील बात को कहना, आपत्ति के समय में भी विचारपूर्वक पराये धन का ग्रहण न करना अस्तेय, मन-वाणी और कर्म द्वारा मैथुन की अप्रवृत्ति ब्रह्मचर्य और संचय से मुक्त रहना अपरिग्रह कहलाता है। यदि विषय भोगों में बराबर रति बनी रहे तथा व्यक्ति लोभ, मोह, अहंकार में डूबा रहे तो उसे अमरत्व की प्राप्ति नहीं होती। नियमों का वर्णन करते हुए सूतजी ने बताया कि शौच, तप, दान, स्वाध्याय, उपस्त्य का निग्रह, व्रत, उपवास, मौन और स्नान—ये दस नियम होते हैं। नियम आभ्यंतर और बाह्य दो प्रकार के होते हैं। जल में अवगाहन से जीव बाह्य रूप से शुद्ध हो जाता है, लेकिन आत्मज्ञान रूपी जल में अवगाहन करने से व्यक्ति आभ्यंतर शुद्ध होता है। जो शुद्ध होता है उसी को सिद्धियां मिलती हैं और अशुद्ध को सिद्धियां नहीं प्राप्त होती हैं।

प्रणव के जप को ही स्वाध्याय कहा गया है। यह वाचिक, मुख्य और उपांशु तीन प्रकार का होता है। इनमें उपांशु सर्वोत्तम होता है। पंचाक्षर कल्प में विस्तार से ही मानस कहा गया है। मन, वाणी और कर्म के द्वारा शिव का प्रणिधान, शिव का ज्ञान और गुरु की अचल भक्ति प्रतिष्ठित होती है और इन्द्रियों को विषय से हटाकर रखना निग्रह कहलाता है। इसी को संक्षेप में प्रत्याहार कहते हैं। चित्र का नियमन संक्षेप में धारण कहलाती है और धारणा का स्वात्याय से ध्यान और विचार से ही समाधि होती है।

प्रत्यांतर से वर्जित दत्त-चित्त हो जाने को ध्यान तथा अर्थमात्र का चित्त अर्थात् चैतन्य ही जिसमें झलके तथा स्थूल लिंग और स्थूल देह जिसमें लीन हो जाए, ऐसी देह शून्यता का नाम ही समाधि है। प्राणायाम सर्वहेतु होता है। अपने देह से उत्पन्न होने वाले प्राण वायु का निरोध न करना ही प्राणायाम कहलाता है। प्राण और अपान दोनों ही प्रकार के वायु

का इसमें निरोध होता है।

यह नीच, मध्यम और मुख्य नाम भेदों से द्वादश, चौबीस और छत्तीस मात्राओं वाला कहलाता है। इसमें जिस समय प्राणायाम के श्रम से स्वेद उत्पन्न करने वाली समाधि संज्ञा वाली मूर्च्छा होती है तो इसे उत्तमोत्तम प्राणायाम कहा जाता है। जिसमें प्राण वायु को भीतर प्रविष्ट कराके निरोध किया जाता है, कुम्भक कहलाता है। हठयोग में आठ प्रकार के कुम्भक बताए गए हैं—यह ध्यान रहे कि प्राणायाम शुद्ध और स्वस्थ वायु में करने चाहिए।

योगाभ्यास की प्रक्रिया से जो अभ्यास करता है—तो कुछ भी व्यसन नहीं उत्पन्न होता और मन, वाणी तथा प्राण शरीर के दोषों से मुक्त हो जाते हैं और कर्त्ता की देह की रक्षा होती है। प्राणयाम की क्रिया पूर्ण और सिद्ध होने पर दिव्य शांति प्राप्त होती है।

द्विजो! आदि में शांति, प्रशांति, दीप्ति और प्रसाद—क्रम से इन चारों को ही शांति के नाम से पुकारा गया है। इसमें सहज और आगन्तुक पापों के प्रशमन को शांति कहा जाता है, वचनों के प्रकर्ष रूप के संयम को प्रशांति, सर्वभांति और सब ओर से प्रकाश हो जाने की दीप्ति तथा इंद्रियों, बुद्धि और मारुत का प्रसाद ही प्रसाद कहलाता है। प्रसाद स्वान्तः होता है तथा मारुतों के संदर्भ में यह वायुओं से सम्बंधित होता है। प्राण, अपान, समान, उदान, व्यान, नाग, कूर्म, कृकल, देवदत्त और धनंजय ये—दश मरुत कहलाते हैं।

जो वायु शरीर त्याग कर प्रयाण कर जाता है उसे प्राण वायु कहते हैं। आहार आदि को अपानीत करने वाला अपानीत, अंग को व्यानामयित करके व्याधि आदि का प्रकोप होने से व्यान कहलाता है। धर्मों का उद्व्रजन करने वाला उदान वायु कहलाता है।

जो गात्रों के समान रूप से नयन करता है, वह समान वायु, उद्‌गार में नाग वायु तथा उन्मीलन का कर्म करने वाला कूर्म कहलाता है। क्षुतक के लिए सकल वायु, विजृम्भण करने में देवदत्त नामक वायु कहलाता है। महाघोष तथा सर्वगामी धनंजय वायु कहलाता है। यह प्राण वायु के निकल जाने पर भी स्थित रहता है। इसे मृत्यु पर्यन्त कपाल भंजन करके

निकाला जाता है। इस प्रकार प्राणायाम द्वारा प्रसाद सिद्ध होता है।

विप्रवर! द्वन्द्वों का विस्वरी भाव ही विस्वर कहलाता है। समस्त भूतों का अग्रज अर्थात् सबसे पूर्व उत्पन्न होने वाला और परिणाम महान् हैं। इससे ग्रहा प्रज्ञा होती है। मन अवबुद्ध होता है।

चिति ही योग करने के लिए समस्त कर्मों का चयन किया करती है, स्मृति से सब स्मरण किया जाता है। सम्विद से सकल लाभ होता है। जिससे ख्याति मिलती है उसी को ख्याति कहा जाता है। समस्त तत्त्वों का स्वामी सबको जानता है अतः ईश्वर है। अवबोधन और मन्यमानता के कारण ही मतिमानों में मति श्रेष्ठ होती है, अर्थ का बोध कराने वाली बुद्धि होती है। इसका प्रसाद ही प्राणायाम के द्वारा सिद्ध होता है।

यह प्राणायाम धर्म के प्रतिपालक पुरुष के समस्त दोषों को दूर करता है। धारणाओं के पालक को नष्ट करता है तथा विष की भांति प्रत्याहार के विषयों को और अनीश्वरवादी विचारों को खत्म करता है परमश्रेष्ठ यति पुरुष समाधि के आठों अंगों को क्रम से करते हैं। जो आत्म की खोज में लगे हैं, उन्हें अभ्यास से आसन सिद्ध करना चाहिए। असमय और किसी के आदेश पर किया अभ्यास योग-दर्शन नहीं करा पाता।

योगासन ध्यान समाधि के लिए स्थान का बड़ा भारी महत्त्व है। हमेशा ध्यान रहे कि अग्नि के पास, जल में, सूखे पत्तों के ढेर के पास, जन्तुओं से घिरे स्थान पर, अजीर्ण की दशा में, चौराहे पर अथवा अधिक शोरगुल के स्थान पर, भय के स्थान पर, वाल्मीकि के स्थान में, किसी अशुभ स्थान में अथवा दुष्टों से घिरे स्थान में कभी यमादि अंगों का आसन-ध्यान, प्राणायाम, समाधि आदि का अभ्यास नहीं करना चाहिए। शरीर में किसी प्रकार का रोग होने पर, मानसिकता सही न हो पाने पर, चिन्ता की स्थिति में भी अभ्यास नहीं करना चाहिए।

अभ्यास करने के लिए गुप्त स्थान, रमणीय, शुभ स्थान, एकान्त, पर्वत गुफा, वन गृह, जीव-जन्तुओं से रहित स्थान, शांत, निर्मल नदी का किनारा, सुगंधित, फूलों में सुरक्षित, कुश पुष्पों से युक्त स्थान अभ्यास के लिए श्रेयस्कर एवं उचित होते हैं। अभ्यास से पूर्व प्रसन्न मन होकर गुरु चरणों में विनत होकर प्रणाम करके शिव, जगदम्बा तथा गणेश को

स्तुति-प्रणाम करके अभ्यास प्रारम्भ करना चाहिए।

इसमें पद्मासन बांधकर बैठना चाहिए। श्रीमान पुरुष को सम जातु होकर दोनों चरणों को संहृत कर बन्द मुंह तथा बद्ध नेत्रों वाला होकर उरू भाग को तानकर गर्दन सामने रखते हुए, दांतों को परस्पर स्पर्श से बचाते हुए, नासिका के अग्र भाग की ओर दृष्टिपात करते हुए तम का रज में, रज का सत में आच्छादन करके भगवान् शिव में ध्यान लगाकर ॐकार से कर्णिका में ध्यान करना चाहिए। अपनी नाभि के नीचे कमल का ध्यान करें।

अपनी शक्तियों से युक्त आग्नेय सौर तथा सौम्य का विधान रखते हुए अग्नि के निचले भाग में ज्ञान, वैराग्य और ऐश्वर्य की प्रकल्पना करके क्रम से तीनों-गुणों को मण्डल के ऊपर के भाग में भावित करना चाहिए तथा सत्व में स्थित शक्तिवान रुद्र का चिन्तन करना चाहिए। नाभि, गले, भ्रू मध्य, ललाट में यथा प्रकार ध्यान करना चाहिए।

इसके लिए सुवर्ण आभा वाला, रक्तिम तप्त अंगार वाला 12 सूर्यों के समान प्रदीप्त, चन्द्रबिम्ब अथवा विद्युत की चमक के समान स्थान पर भगवान् महादेव का ध्यान करना चाहिए। अग्नि के वर्ण वाले, विद्युत चक्र की शोभा वाले, वज्र की शोभा से युक्त, पद्मराग-मणि के समान या नील लोहित बिम्ब में लीन होकर ध्यान करना चाहिए।

ध्यान स्थान के बारे में बताते हुए सूतजी ने कहा–हृदय में महेश्वर का ध्यान करें, नाभि में शिव का, ललाट पट्टिका में चन्द्रचूड़ शिव का, भ्रू मध्य में भगवान शंकर का, ध्यान करें, इनका रूप निर्मल, ब्रह्म के समान, शान्त और ज्ञान रूप है। यह लक्षण रहित, उत्पत्ति से वर्जित, अल्पतम, शुभ निरालम्ब, अतर्क्य और अविनाशी है।

इनका रूप कैवल्य, निर्वाण, निश्रयस, अनुपम, अमृत, अक्षर, ब्रह्म, अपुनर्भव और अद्भुत है, मंगलमय, महानन्द दाता, परमानन्द, योगानन्द सूक्ष्मता से सम्पन्न है। स्वयं संवेद्य, अवेद्य पर ज्ञानमय, इन्द्रियों से परे परस्पर, परमतप परतत्त्व हैं। समस्त उपाधियों से विशेष रूप से निर्युक्त विचार, धारणा और ध्यान से ही सहजमय तपोगुण से परे संस्थित और स्वयं पर है।

ऐसे महाभाग महादेव का चिन्तन करना चाहिए। देह के मध्य में शुद्ध ज्ञानमय विभुदेव का चिन्तन करें। सुषुम्ना नाड़ी रूप मार्ग के द्वारा तथा द्वादश भाग कुम्भ के द्वारा शंकर का ध्यान करें। इस प्रकार चिन्तन का अभ्यास करते हुए आरम्भ में कन्या और फिर सुव्रत का ध्यान करते हुए उत्तम कुम्भक का अभ्यास करना चाहिए।

रेचक और पूरक का त्याग करके केवल कुम्भक का ही अभ्यास करना चाहिए। देह के मध्य में समरस स्थिति में शिव का ध्यान करते हुए ब्रह्मानन्द प्राप्त होता है। यही द्वाद्वश धारण वाला ध्यान होता है जिसे समाधि भी कहते हैं। व्रत और अभ्यास से यह सम्भव होता है यद्यपि नये अभ्यास कर्त्ता को सिद्धि काफी साल बाद होती है लेकिन गुरु के सहयोग से सभी विघ्न दूर हो जाते हैं।

विघ्नों का वर्णन करते हुए सूतजी ने बताया कि सबसे पहला विघ्न आलस्य है, जो कि व्यक्ति को कर्म के प्रति प्रवृत्त होने से रोकता है। दूसरा विघ्न व्याधि होती है। चित्त का स्थिर न होना, श्रद्धा का अभाव और भ्रान्ति होना, ये तीन प्रकार के दुःख आध्यात्मिक, आधि-भौतिक और आधिदैविक कहलाते हैं।

शारीरिक और मानसिक स्तर पर आध्यात्मिक दुःख होता है। अन्य प्राणियों द्वारा किया गया दुःख आधिभौतिक होता है तथा वातावरण से उत्पन्न होने वाला दुःख आधिदैविक कहा जाता है। मुनियों के योगाभ्यास में दस प्रकार के विघ्न बाधक होते हैं। इनमें आलस्य, कर्म के प्रति अरुचि पैदा करता है। धातु विषमता के कारण दोषज और कर्मज व्याधियां उत्पन्न होती हैं। समाधि के साधनों के अभाव को प्रसाद विघ्न कहा गया है।

संशय स्वयं एक विघ्न है। चित्त का स्थिर न रहना अप्रतिष्ठा और नियत स्थान होने पर भी चित्त-वृत्ति का न लगना अश्रद्धा कहलाती है। गुरु ज्ञान, आचार, और शिव आदि में विपरीत ज्ञान का उत्पन्न होना भ्रान्ति। दुर्मनस दोष परम वैराग्य के द्वारा दूर किया जा सकता है, इसकी उत्पत्ति तमोगुण और रजोगुण से मन के प्रभावित होने से होती है। जीव स्वाभाविक रूप से चंचल स्वभाव का होता है जिसे योगाभ्यास से स्थिर स्वभाव वाला किया जा सकता है और दृढ़ निश्चय से इन विघ्नों पर

विजय पायी जा सकती है।

हे विप्रगण, जो उपसर्ग होते हैं, वे समाधि में असिद्धि के सूचक उपद्रव हुआ करते हैं और व्युत्थान में सिद्धि रूप होते हैं। प्रथम सिद्धि प्रथमा, द्वितीय सिद्धि श्रवणा कही गई है। वार्ता तृतीय, दर्शना चतुर्थी, आस्वादा पंचमी और वेदना छठी सिद्धि होती है। इनके त्याग से भोग से व्यावृत्त मननशील मुनि को अणिमा आदि सिद्धियां होती हैं। प्रतिभा वृत्ति और प्रतिभाव प्रतिभा की स्थिति होती है और योगियों को विवेचना बुद्धि से योग्य ज्ञान प्राप्त होता है। बिना प्रयत्न के समस्त शब्दों का श्रवण, श्रवणा सिद्धि कहलाती है।

इस प्रकार योगी अपने योग साधन से ब्रह्माण्ड का भी ज्ञान प्राप्त कर लेते है और इस जगत् में चौंसठ देह में रहने वाले औपसर्गिक कहे जाने वाले गुण विद्यमान होते हैं। सच्चिदानन्द रूप आत्मा के सभी औपसर्गिक दुःख देने वाले अतएव त्यागने योग्य हैं। पिशाचों के लोक में पार्थिक दुःख देने वाले अतएव त्यागने योग्य हैं। पिशाचों के लोक में पार्थिव राक्षसों के पुर में, यक्षों के पुर में गन्धर्वों के पुर में ये तेजस वायु आदि रूपों में पाये जाते हैं।

जो जीव योग के द्वारा औपसर्गिकों का परित्याग करता है, वह योग का वेत्ता असीमित समय तक परम सुख को प्राप्त करता है और ये सभी चौंसठ औपसर्गिक सिद्धियां, जो व्यवहार काल में सिद्धियां कही जाती हैं, समाधि काल में विघ्न-कारक होती हैं। इनका विरोध वैराग्य के द्वारा ही प्रयत्नपूर्वक किया जाना चाहिए। विषयों और भयों में नाश की अतिशयता को समझकर अश्रद्धा के द्वारा इनका त्याग करना चाहिए। इन सभी औपसर्गिकों का परित्याग करके ही भगवान् महीश्वर प्रसन्न होते हैं और उनके प्रसन्न होने पर ही विमल मुक्ति की प्राप्ति होती है।

जो जीव इन सिद्धियों का विरोध करके उन्हें प्राप्त करने की चेष्टा करता है वह भी सुख प्राप्त करके किसी भूमि का त्याग करके आकाश में श्री के साथ क्रीड़ा करता है। कहीं वेदों का, कहीं परम सूक्ष्म अर्थों का, कहीं शास्त्रबद्ध श्लोकों का वर्णन, उच्चारण करता है। वह पशु-पक्षियों की आवाज का भी ज्ञान प्राप्त कर लेता है। ब्रह्म आदि से लेकर

जड़-जंगम सभी वस्तुओं का ज्ञान उसे हस्तामलक हो जाता है।

ऐसे मुनि को अनेक प्रकार का ज्ञान प्राप्त होता है और अभ्यास से वह विशुद्ध ज्ञानी हो जाता है। ब्रह्मा, विष्णु, महेश, इन्द्र, यम, वरुण, अग्नि समेत सभी ताराग्रह नक्षत्रों की वह देख सकने की क्षमता में होता है। समाधि अवस्था में वह स्थित योगी, पाताल में स्थित लोकों को भी देखता है और प्रसाद रूपी अमृत से भरे सत्य स्वरूप पात्र में अज्ञान का ध्वंस करके वह महान आत्मा भगवान् शिव का साक्षात्कार प्राप्त करता है और इस प्रकार महेश्वर की कृपा से उसे धर्म, ज्ञान, वैराग्य, ऐश्वर्य आदि प्राप्त हो जाते हैं। हे मुनिगण, सारा यही है कि पाशुपात योग में निष्ठा से प्रवृत्त होना चाहिए।

ब्राह्मणों को सम्बोधित करते हुए सूतजी ने बताया कि सत्पुरुषों, स्वयं को संयम में रखने वाले, साक्षात् द्विजाति, धर्मज्ञानी साधु, आचार्य शिव की आत्मा रूप होते हैं और उन पर भगवान् शिव सदैव प्रसन्न रहते हैं। इसी प्रकार परम् दयालु, तपस्वी, विरक्त संन्यासी और आत्मा को वश में रखने वाले ज्ञानी पुरुष, दानी महात्मा, सत्य भाषी, अपरिग्रह सेवी, श्रुतियों और स्मृतियों के ज्ञाता पुरुषों पर शिव सदैव कृपालु रहते हैं। ये लोग ब्रह्मा के सायुज्य को प्राप्त करने से सन्त कहलाते हैं। ऐश्वर्य में भी ये कभी हर्ष और क्रोध नहीं करते इसलिए जितात्मा कहलाते हैं। सामान्य अथवा विशेष पदार्थों में भी उनका कोई आकर्षण नहीं होता। ये सभी ब्राह्मण, क्षत्रिय, वैश्य धर्मों से युक्त विजातिगण स्वर्ण सुख को प्राप्त करने के अधिकारी होते हैं।

जो पुरुष श्रुतियों और स्मृतियों द्वारा प्रतिपादित धर्मानुसार ज्ञान और विवेक से आचरण करते हैं वे धर्मज्ञ कहलाते हैं। विद्या की साधना से साधु और गुरु हित के कारण ब्रह्मचारी कहलाते हैं। जो गृहस्थी में भी इन साधनों को करते हैं, वे भी साधु कहलाते हैं। अरण्य तप साधना करने के कारण साधु वैखानस कहलाते हैं। योग का साधन करने वाले यति साधु कहलाते हैं।

इस प्रकार अपने-अपने आश्रमों में ब्रह्मचर्य, गृहस्थ, वानप्रस्थ और संन्यस्थ में धर्मानुसार आचरण करने से ये साधु कहलाते हैं।

लौकिक और पारलौकिक कल्याण के लिए जो साधन अपनाया जाता है, वही धारण के अर्थ में महान् शब्द धर्म कहा गया। अकल्याणकारी होने से जिसे धारण नहीं किया जाता और जिसका कोई महत्त्व नहीं होता वह अधर्म कहा जाता है।

आचार्यों ने अभीष्ट को प्राप्त कराने वाला धर्म और अनिष्ठ फल देने वाला अधर्म कहा है। वृद्ध, आत्मवान, अलोलुप्त, विनयशील और दम्भ रहित तथा अत्यन्त सरल स्वभाव के पुरुष आचार्य कहलाते हैं। स्वयं भी ये धर्मानुकूल आचरण करते हैं तथा अन्य सभी लोगों को धर्म के साधनों की ओर प्रेरित करते हैं। शास्त्र के अर्थों का चयन करने वाले ये आचार्य कहलाते हैं।

श्रवण करने से श्रोत और स्मरण से स्मार्त कहा जाता है। ब्रह्मचर्य व्रत का परिपालन तथा मौन व्रत का धारण और निराहार रहना, तीनों कार्य ही तप कहे गए हैं। अहिंसा व्रत का पालन और शान्ति व्रत का धारण करना भी तप के अन्तर्गत आते हैं। अपनी आत्मा के समान ही समस्त प्राणियों के हित-अहित को सोचकर किया गया व्यवहार दया कही गई है और जो भी अत्यन्त अभीष्ट पदार्थ न्याय के द्वारा आया है, वही किसी गुण युक्त वरिष्ठ व्यक्ति को दिया जाना दाता के दान का लक्षण होता है।

यह दान भी कनिष्ठ, मध्यम ज्येष्ठ तीन प्रकार का होता है। मायाभय कर्मों के फल को त्यागने वाला शिव की आत्मा कहा जाता है तथा सभी संगों से निवृत्त होने वाला युक्त योगी कहलाता है और जो जन्म, मृत्यु के भय से विषयासक्ति से परे रहता है, वह संयमी पुरुष होता है तथा अनिष्ट फलों के सामने आने पर भी जो उद्विग्नता से रहित होता है तथा अभीष्ट फलों की प्राप्ति पर भी हर्षित नहीं होता; प्रेम, घृणा, विषय-विकारों से जो मुक्त होता है वही विरता कहलाता है। अपने लिए जो अपनी इन्द्रियों की मिथ्या प्रवृत्ति में लीन नहीं होता, वह कृत कर्मों को अकृत कर्मों से अलग करके आचरण करता है, वह संन्यास कहलाता है।

इस प्रकार जो ज्ञान से युक्त और श्रद्धा से पूर्ण होता है, उस पर भगवान् शंकर सदैव प्रसन्न रहते हैं। यही धर्म है। भगवान् शिव का यदि कोई भक्त अयोग्य भी होता है तो भी शिव उस पर प्रसन्न होते हैं। इसमें

कुछ भी संशय नहीं कि ज्ञान, ध्यान यज्ञ, तप, श्रुत, दान, अध्ययन अध्यापन सभी शिवभक्ति के लिए ही होते हैं। हे मुनिश्रेष्ठों! जिन मनुष्यों की भव में भक्ति होती है, वे सहज ही उत्तम स्थान को प्राप्त करके मुक्त हो जाते हैं।

शिव-भक्तों के दर्शन से स्वर्ग आदि की प्राप्ति सुलभ हो जाती है, तो फिर स्वयं शिव-भक्तों की स्थिति का तो और भी अधिक महत्त्व है।

यह पूछे जाने पर कि तप विद्या अथवा योग में किसके द्वारा आप को सरलता से वश में किया जा सकता है। बालेन्दु तिलक शिव ने पार्वतीजी को बताया कि तुमने परम रम्य पुरी प्राप्त कर ली है, इसलिए तुम ऐसा पूछने के लिए उद्विग्न हो। ऐसा ही पितामह विष्णु के द्वारा भी पूछा गया था। जब हे शुभे, श्वेतवर्ण से युक्त मुझे देखकर कहा था कि हे देवों के देव महेश्वर, मैंने आपको गायत्री से देखा है, आप किसके द्वारा वश में होते हैं और किस स्थान पर आपका ध्यान किया जाए। तो शंकर ने कहा कि मैं केवल श्रद्धा से ही वश में होता हूं और दृश्यमान होता हूं।

द्विजों द्वारा श्रद्धा भाव में मैं लिंग में पूज्य हूं। श्रद्धा परम और सूक्ष्म धर्म है। श्रद्धा ही ज्ञान और तप है, श्रद्धा ही स्वर्ग और मोक्ष है। मैं सदा श्रद्धा के द्वारा ही दृश्यमान होता हूं, अन्य किसी प्रकार नहीं।

सूत ने बताया कि परमेष्ठी ब्रह्मा एक बार पुत्र की कामना से जिस समय ध्यान-मग्न थे, उस समय पीले वस्त्र धारण करने वाला एक महान तेजस्वी कुमार उपस्थित हुआ। वह पीत गन्ध से लिप्त अंगों वाला था, उसके शरीर पर पीत मालाएं थीं और पीत वस्त्रों से वह सुशोभित था। उस महान भुजाओं वाले कुमार ने पीत पगड़ी धारण की थी। ध्यान में लीन ब्रह्मा ने उस लोक महेश्वर, लोकों के धाता, विभु को मन के द्वारा शरण देते हुए महेश्वर के मुख से निकली परम श्रेष्ठ विश्व रूप वाली माहेश्वरी गौ को देखा।

सभी अंग-प्रत्यंगों से सुशोभित वह चार पैर, चार मुख, चार हाथ, चार स्तन, चार सींग, चार आंखों वाली चर्तुमुखी, बत्तीस गुणों की युक्त साक्षात् ईश्वरी, महादेवी महीश्वरी को अपने समक्ष देखकर ब्रह्मा ने उसकी स्तुति गायन किया और कहा–हे महादेवी आइये। आइये, वह विभु

के समक्ष हाथ जोड़कर खड़ी हो गई, यही बाद में रुद्राणी बनी। परमार्थ स्वरूप ब्राह्मणों का हित करने वाली हुई। उसे पुत्र की इच्छा से ध्यान करने वाले परमेष्ठी ब्रह्माजी को दे दिया गया। ब्रह्मा ने ध्यान योग से परमेश्वरी ज्ञान प्राप्त करके गायत्री के नाम से कही गई वैदिक रौद्री विद्या को जपना प्रारम्भ कर दिया और महादेव की शरण में आ गए सूत ने कहा कि स्वयंभू के पीत बाल कल्प के व्यतीत हो जाने पर अल्प प्रवृत्त हुआ। इसका नाम असित कल्प था। दिव्य एक सहस्र वर्ष बीत जाने पर सृष्टि की इच्छा से ब्रह्मा ने अत्यन्त दुःखी होकर पुत्र का मन से पुनः चिन्तन किया।

अब की बार जिस प्रभु का ब्रह्माजी ध्यान कर रहे थे। उनका श्याम वर्ण हो गया। उस महा तेज वाले कुमार का कृष्ण वर्ण, महान वीर्यवान, अद्‌भुत तेज से देदीप्यमान, वह कृष्ण बली यज्ञोपवीत धारण किए कृष्ण मौलि से युक्त, कृष्ण रंग से अनुलिप्त को देखकर ब्रह्मा ने उन्हें नमस्कार किया। फिर प्राणायाम में तत्पर होकर महेश्वर का ध्यान किया और उस अघोर रूप ब्रह्म का चिन्तन किया। तब श्री ब्रह्मा को अघोर देव ने दर्शन दिए। तब ब्रह्मा के पार्श्व से कृष्णवर्णी कुमार उत्पन्न हुए। वे सब कृष्ण, कृष्ण शिखा, कृष्ण मुख, कृष्ण वस्त्र धारी थे।

एक सहस्र वर्ष तक वहां रहकर योग से परमेश्वर की उपासना करके शिष्यों को महायोग देकर मन के द्वारा शिव में प्रवेश करके निर्मल निगुण, स्थान में शिव ईश्वर में प्रविष्ट हो गए। इसी प्रकार योग के द्वारा मनीषी लोग भी महादेव का चिन्तन करके अव्यय रुद्र को निकटता से प्राप्त कर लेते हैं। इसके बाद भगवान् कृष्ण वर्ण वाले बाल कल्प के जाने पर ब्रह्मा ने ब्रह्मरूप अदेवों के देव की स्तुति की।

इससे तुष्ट और प्रसन्न होकर अनुग्रह से युक्त ब्रह्मा से देवाधिदेव महेश्वर ने कहा–मैं इसी स्वरूप से सबका संहार किया करता हूं। ब्रह्म हत्या, महापातकों और अन्य सभी पापों एवं हीनताओं का संहार करता हूं। मानस पाप, प्रासंगिक पाप, बुद्धिपूर्वक किए आगन्तुक पापों को संह्वत कर देता हूं। कालमेह में उत्थित पाप, पितृ देह में होने वाले पापों का नाश करता हूं। समस्त पातकों से उत्पन्न दोषों को एक क्षण के लिए भी ध्यान

करने से ब्रह्मा भी अघोरी से मुक्त हो जाते हैं। इसके लिए अधिक्षण का जाप भी मानस व वाचिक पाप से छुटकारा दिला देता है। ईशानोद्भव पंच ब्रह्मात्मक श्रोत का वर्णन करते हुए सूतजी ने बताया कि हे मुनिपुंगवो! चराचर सृष्टि के संहार से निवृत्त होने पर पुत्रों की कामना रखने वाले ब्रह्मा ध्यानमग्न थे।

उस समय महान नाद वाली विश्व माता आकाश को धारण करने वाली शिवरूपा सरस्वती प्रगट हुई। ये महान् ओष्ठ वाली थीं शुद्ध स्फटिक मणि के समान आभरणों से सुशोभित थीं। ध्यानमग्न पितामह ने सर्वस्वामी, सर्वगामी, ओ३म् ईशान प्रभु को प्रणाम करते हुए कहा—हे महादेव, हे परमेश्वर, समस्त विद्याओं के ईशान, ब्रह्म के अधिपति, हे सदा शिव, ओंकार मूर्ति वाले देवेश मैं आपकी शरण में हूं। आपको बारम्बार प्रणाम करता हूं। अभव, भव और नातिभव, भवोदभव, भवेशान, महाद्युते, वामदेव, ज्येष्ठ और वरद, रुद्र, काल, कलन, विकरण, कालवर्ण, बल का प्रमथन करने वाले, ब्रह्मरूप, भूतेश्वर तथा भूतों का दमन करने वाले हे देव, आपको मेरा नमस्कार है। ज्येष्ठ रुद्र, श्रेष्ठ और वरद, कालहन्ता महात्मा, मैं आपको प्रणाम करता हूं।

इस स्तोत्र के द्वारा ब्रह्मा ने वृषभध्वज को प्रणाम किया। जो कोई भी यह पाठ करता है, वह अथवा श्रद्धाभाव से जो इसका द्विजों को श्रवण कराता है वह, सीधा परमगति को प्राप्त करते हुए ब्रह्मलोक को जाता है। ब्रह्मा से इस प्रकार प्रणाम प्राप्त करते हुए भवानीपति ने उनसे पूछा, मैं तुमसे प्रसन्न हूं—कहिए आप क्या चाहते हैं। भगवान् ब्रह्मा ने इस पर महेश्वर से कहा कि हे देव, ये चार पैर, चार मुंह, चार सींग, चार दृष्टि, चार हाथ, चार नेत्र, चार स्तन वाली यह भगवती देवी कौन है और ये विश्वरूपा कैसे हो गई, इसका नाम गोत्र क्या है, इसका स्वामी कौन है, इसका कर्म और पराक्रम क्या है?

ब्रह्मा के वचन सुनकर वृषभध्वज ने कहा—समस्त मन्त्रों से परम-पावन और सर्वथा गोपनीय रहस्य आदि सर्ग में यह कल्प विश्वरूप कहा गया है। यह ब्रह्म स्थान है, जिसे आपने प्राप्त किया है। आपसे भी परतर विष्णु देव हैं। उनका शुभ स्थान उसके भी ऊपर है। आपसे भी पहले शत-सहस्रों

के शत्रु स्वयंभू हो चुके हैं। हे महाव्रते, अब तुम उनका श्रवण करो। माण्डव्य गोत्र वाले तप के द्वारा तुम मेरे पुत्र हुए थे और आनन्द के रूप में व्यवस्थित थे। यह ब्रह्म रूप आनन्द जानने योग्य है।

ब्रह्मरूप के बत्तीस गुण

उस समय तुममें बत्तीस गुण थे। जो इस प्रकार हैं। योग, सांख्य, कृच्छ, आदितप और उनकी क्रियाविधि, ऋत, सत्य, दया, ब्रह्म, अहिंसा, सन्मति, क्षमा, ध्यान, ध्येय, दम, शान्ति, विद्या, अविद्या, मति, मेधा, धृति, कान्ति, ख्याति, लज्जा, दिव्यज्ञान सरस्वती, तुष्टि, पुष्टि, क्रिया, ऐसी बत्तीस अक्षरों की संज्ञा से, बत्तीस रूपों वाली है विश्वरूपा महेश्वरी। हे ब्रह्मा, आपकी प्रसूति प्रकृति आपके लिए ही उत्पन्न की। यह जगत् की योनि चतुर्मुखी प्रकृति गौ के रूप में प्रतिष्ठित भगवती देवी है। तत्त्व चितक जिसे गौरी, माया विद्या, कृष्णा, हेमवती, प्रधान और प्रवृत्ति नाम से पुकारते हैं, उसको अजा, प्रजा, सरूपा, सृजमाना, लोहिता, शुक्ला, कृष्णा, विश्वरूपा, गौ, गायत्री समझ कर मुझे अज मानिए।

ऐसा कहते हुए परमेश्वर महादेव ने सृजन करते हुए देवी के पार्श्व से गमन करने वाले सर्वरूप धारी कुमार, जटी-मुण्डी, शिखण्डी और अर्धमुण्डी को उत्पन्न किया। इसके पश्चात् योग के द्वारा महान् शक्ति वाले वे एक हजार दिव्य वर्ष तक महेश्वर की उपासना करके सम्पूर्ण योगमय दृढ़ धर्म का उपदेश करके रुद्र में लीन हो गए।

जिज्ञासावश ऋषियों ने सूत से निवेदन किया कि पादप कल्प में पद्म से ब्रह्मा की उत्पत्ति और ब्रह्मा के साथ पुरुषोत्तम द्वारा भव का दर्शन किस प्रकार किया-इस पर सूत ने उन्हें बताया कि उस समय एक दम अंधकार से पूर्ण और अविभक्त एक समुद्र था, जहां बीच में शंख, चक्र गदा को धारण करने वाले और मेघ के समान कान्ति वाले, कमल नयनों वाले, किरीट धारी, लक्ष्मीपति श्रीविष्णुहरि विराजमान थे।

नारायण के मुख से निकले सर्वात्मा पुरुषोत्तम, आठ भुजाओं वाले और महान् वक्ष-स्थल वाले समस्त लोकों की योनि कहे जाते हैं। योग के पूर्ण ज्ञाता और योगात्मा अचिंत्य योग में स्थित एक हजार फनों से युक्त

महायोगपति शेष पर विराजमान प्रभु उस एकार्णव में शयन कर रहे थे। उन्हीं अक्लिष्ट कर्म करने वाले, अपनी ही आत्मा में रमण करने वाले और क्रीड़ा करने वाले विष्णु ने लीला के लिए सौ योजन के विस्तार से युक्त और तरुण सूर्य के समान वज्रदण्ड वाले महान् उत्सेद से नाभि में कमल का सृजन किया। वहां हेमगर्भ ने रुक्म के समान वर्ण वाले अतीन्द्रिय और चार मुंह वाले ब्रह्मा ने जन्म लिया। ब्रह्मा ने दिव्य पद्म से क्रीड़ा करते हुए उन शेषशायी को देखकर कहा कि आप महासमुद्र के मध्य में आश्रय लेकर शयन करने वाले कौन हैं? इस पर श्रीविष्णु ने कहा कि दिवा, अन्तरिक्ष और भूमि लोकों में जो कुछ भी कर्त्तव्य है, अथवा किया जा रहा है, उसका रचनाकार नियन्ता मैं ही हूं।

विष्णु ने अपने समीप विराजमान ब्रह्माजी से पूछा कि आप कौन हैं, मेरे समीप कहां से आए हैं, आपका निवास स्थान कहां है और मुझसे आपको क्या काम है? बैकुण्डठनाथ से ऐसा सुनकर पितामह ब्रह्मा ने कहा कि हे देव, मैं जनार्दन को भूलकर भगवान् शम्भु की माया से मोहित हो गया हूं। जिस प्रकार आप सृष्टि के पालक हैं, मैं उसका आदिकर्त्ता प्रजापति हूं। ब्रह्मा के मुख से ऐसा सुनकर श्री विष्णु अन्तर्ध्यान हो गए और कुतूहल से ब्रह्मा के मुख में प्रविष्ट हो गए, वहां उन्होंने पर्वतों, समुद्रों से युक्त अठारह द्वीपों, सनातन सात लोकों को ब्रह्मा के उदर में देखा।

उन्हें यह देखकर आश्चर्य हुआ, हजारों वर्षों तक भ्रमण करने पर भी विष्णु को उनका कहीं अन्त नहीं मिला। इस पर ब्रह्मा के मुख से बाहर आकर उन्होंने कहा—हे अनग, आप तो आदि, मध्य और अन्त हैं, काल, दिशा और नभ हैं। उन्होंने यह भी कहा कि मैं भगवान् ही हूं, मेरा उदर भी शाश्वत है। आप भी मेरे उदर में प्रवेश करके इन अनुपम लोकों को देख लें।

पितामह ने नारायण की प्रसन्नदायिनी वाणी को सुनकर अभिनन्दन करते हुए उनके मुख में प्रवेश किया और विष्णु के गर्भस्य सभी लोकों को देखा। ब्रह्मा ने वहां पूरा पर्यटन किया किन्तु देव हरि के अन्त को उन्होंने नहीं देखा। पितामह की गति को जानकर विष्णु ने बहिर्गमन के सभी रास्ते बन्द कर दिए थे और सुखपूर्वक सो गए। नारायण के शरीर

के समस्त रास्तों को बन्द देखकर पितामह ने अपना सूक्ष्म रूप बनाकर नाभि से निष्क्रमण किया। पितामह ने नाभिद्वार को पद्म के सूत्र अनुसार देखा था। ब्रह्मा ने उस कमल से अपने स्वरूप को प्रगट किया था।

समुद्र के मध्य से मद्मपत्रों में ब्रह्मा के भार से आक्रान्त होने के कारण परस्पर संघर्ष उत्पन्न हो गया। उस समय जहां पर जगपति हरि थे, वहीं अपरिमेय आत्मा वाले भूतेश्वर महादेव पहुंचे। उनके शीघ्र गमन से अक्रान्त स्थूल जल की बूंदें शीघ्र ही आकाश में उद्‌भुत हो गईं। जिसके फलस्वरूप अत्यन्त शीतोष्ण वायु बहने लगी। ऐसा देखकर ब्रह्मा ने विष्णु से संशायित होकर पूछा, हे प्रभु आपकी मंशा क्या है। मैंने क्या अपराध किया है?

ऐसा सुनकर विष्णु ने कहा–''आपको ऐसा भ्रम क्यों हुआ?''

इस पर ब्रह्मा ने बताया कि जिस प्रकार आपने मेरे उदर में प्रविष्ट होकर सभी लोकों का भ्रमण किया उसी प्रकार आपके आदेशानुसार आपके उदर में प्रवष्टि होकर मैंने लोक-दर्शन किया। मैं एक सहस्र वर्ष आपके उदर में रहा। मत्सरता के भाव से मुझको वश में करने की इच्छा से आपने मेरे बाहर निकलने के सभी रास्ते बन्द कर दिए। तब मैंने अपने ही तेज से चिन्तन करके आपके नाभिप्रदेश के द्वारा बाहर निकलने का रास्ता अपनाया। इसमें भाव नहीं था कि आपके मन को किसी भी प्रकार का कोई कष्ट नहीं हो। विष्णु ने ब्रह्मा से ऐसा सुनकर उन्हें बताया कि आपको ज्ञान प्राप्त कराने के लिए ही मैंने ऐसा किया। आप मेरे पूज्य हैं, मैंने आपका जो अपकार किया। उसके लिए क्षमा चाहता हूं, आप इस समय मेरे द्वारा वहन किए जा रहे हैं, इसलिए इस पद्म से नीचे उतरिए, आपका स्वरूप तेजस्वी है, आप गुरु हैं। मैं आपको वहन नहीं कर सकता।

ब्रह्मा ने जब अपने स्थापित होने के लिए वरदान मांगा तो महाभाग विष्णु ने उनसे कहा–हे पद्मयोनि, आज से आप सबके ईश, मेरे पुत्र होकर सात लोकों के स्वामी बनेंगे। श्वेत उष्णीय सुशोभित होंगे। आप प्रणव रूप, महान योगी हैं, इसीलिए हमारे स्तवन के योग्य हैं।

विष्णु से ऐसा सुनकर ब्रह्मा मात्सर्य से रहित हो गए और अपने समीप बाल सूर्य के समान आभा वाले अद्‌भुत भव को देखकर ब्रह्मा ने

नारायण से कहा–हे विष्णु, यह तेज–पुरुष कौन है? समस्त दिशाओं में व्याप्त यह त्रिशूल चिह्न धारी प्रलयकारी भीषण नादकारी कौन है? इस पर भगवान् विष्णु ने बताया–हे पद्मसंभव, अत्यन्त स्थूल जलों के द्वारा जो समस्त विश्व को सिंचित कर रहा है, उसकी नासिका से निकली हुई वायु से तुम्हारे सहित यह कमल कांप रहा है और मेरी नाभि से उत्पन्न यह कमल विलोड़ित होते हुए देखकर मुझे लगता है, भवानीपति महादेव आ गए हैं, जो स्वयं तो अनादि हैं परन्तु समस्त विश्व का अन्त करने वाले हैं। अब आप और मैं दोनों ही इनका स्तवन करें।

इस पर क्रुद्ध ब्रह्मा ने कमल नेत्र वाले भगवान् केशव से कहा, आप अपनी आत्मा को नहीं जानते, आप स्वयं लोकनाथ हैं और मैं सब लोकों की रचना करने वाला हूं। यह शंकर नाम वाला हम दोनों के अलावा कौन है? उस पर विष्णु ने उन्हें शान्त करते हुए कहा–हे महात्मन्, ऐसा मत बोलिए। यह शिव जगत् का हेतु है, यह पुराण पुरुष अव्यय, समस्त बीजों का केन्द्र है। यह ऐसी ज्योति है जो स्वयं प्रकाशमान है। प्रधान, अव्यय, अयोनि, अव्यक्त, आदि जो मेरे नाम हैं, यह शिव जन्म, भरण आदि दुःखों से विरक्त हो जाने वाले यतियों द्वारा ही देखे जाते हैं। यह विश्वात्मा बीजी हैं, आप बीज हैं, मैं सनातन योनि हूं।

ब्रह्मा ने महेश्वर के बीजी स्वरूप की व्याख्या जाननी चाही, तो विष्णु ने बताया कि यह शिव अध्यात्मवादियों का गम्य पद है, अपनी आत्मा को निर्गुण और सगुण रूप से दो रूपों में विभक्त करके व्यवस्थित है, उसमें निष्फल, निर्गुण, अव्यक्त अगोचर है और सकल सगुण महेश्वर है। माया की विधि से ज्ञाता अगम्य और गहन, जिसका पहले आदिसर्गिक लिंगोद्भव मेरी योनि में हुआ था, वह बीच काल के पर्याय से अकुमार योनि में हिरण्यमय अण्ड के रूप में उत्पन्न हुआ। एक सहस्र वर्ष बीतने पर वायु के द्वारा उसके दो भाग कर दिए गए। ऊपरी भाग से द्यौ उत्पन्न हुआ और नीचे के भाग से भूमि।

उस अपर भाग में कनक पर्वत बना और भिक्ष हुए। अण्ड के उपजे शरीर वाले देवों के देव हिरण्यार्म आपका जन्म हुआ। आपने सूर्य, चन्द्र, नक्षत्र आदि को देखकर मैं कौन हूं–यह प्रश्न किया था। फिर एक हजार

वर्ष के बाद तुम्हारे प्रियदर्शन वाले कुमार अवस्था वाले पुत्र उत्पन्न हुए। सनत्कुमार और विनु ऊर्ध्वरेता थे और सनक, सनातन और सनन्दन, बुद्धि से अतीन्द्रिय थे। जगत् की स्थिति के हेतु स्वरूप और तीनों प्रकार के तापों से रहित सृष्टि के विकास के प्रति ये वैरागी रहे। इसी प्रकार आध्यात्म की ओर प्रवृत्त हुए। यह मेरु पर्वत देवों के निवास का लोक कहा जाता है। जब आप वेदों में श्रेष्ठ उसके माहात्म्य का ज्ञान प्राप्त करें।

इस प्रकार ईश्वर से सद्भाव का ज्ञान प्राप्त करके और अम्बुज के समान नेत्र वाले मुझ विष्णु को जानकर समस्त प्राणियों को वर प्रदान करने वाले महादेव शंकर के बारे में ज्ञान प्राप्त करें और जगत् गुरु को प्रणव तथा सामवेद के द्वारा नमस्कार करें, अन्यथा यह क्रोधित होकर हम दोनों को विश्वास की अग्नि से निर्दग्ध कर देंगे। ऐसा कहते हुए श्री भगवान् विष्णु ने ब्रह्मा जी को अपने आगे करके, अग्नि के समान आभा वाले भगवान् शंकर को स्तवन किया।

भगवान् महेश्वर ब्रह्मा और विष्णु को अत्यन्त विनम्र होकर, स्तवन करते देखकर प्रसन्न हो गए और कहा–आप दोनों परस्पर एक-दूसरे का हित चाहने वाले कौन महात्मा हैं? आपने यहां आने का कष्ट कैसे किया। इस पर दोनों ने आपस में एक-दूसरे को देखकर कहा–हे रुद्र, महामायावी, हम दोनों को ही आपने अपनी इच्छा से बनाया है। आप तो हमें जानते हैं। उनके इन वचनों का श्रवण कर भगवान् महादेव ने अक्षर से युक्त और निरन्तर होने वाली उनकी भक्ति से प्रसन्न होकर कहा–आप दोनों ही मेरे अधिप्रिय हो गए हो, मैं आपको वरदानों में परम वरदान देना चाहता हूं।

विष्णु ने भगवान् शंकर के मुख से ऐसा सुनकर उनसे केशव के चरणों में प्रतिष्ठित भक्ति की कामना की। जिस पर शंकर ने केशव को पहचानकर उनसे कहा–हे समस्त लोक के कर्ता आधिदेव, हे कमलनयन, मैं आपके कल्याण के लिए ही गमन करूंगा। तत्पश्चात् परमेश्वर ब्रह्मा की ओर अनुग्रह करते हुए उनका स्पर्श करके शंकर ने कहा–हे ब्रह्मन, आप मेरे ही समान मेरे परभ भक्त हैं। हे सुव्रत, आपका कल्याण हो। मैं यह भी वरदान देता हूं कि आपके हृदय में पदार्थ का ज्ञान हो जाए।

इसके पश्चात् महेश्वर अन्तर्धान हो गए। पद्मयोनि पितामह ने गोविन्द

से पदार्थ ज्ञान कर प्रजाओं के सृजन के लिए उग्र तपस्या की। बहुत लम्बा तप करने के पश्चात् भी जब कोई परिणाम नहीं निकाला तो दुःख और क्रोध से उत्पन्न ब्रह्म नेत्र के अश्रुधार बह निकली। आंसुओं की ये बूंदें, बात, पित्त, कफ, रूप वाले महाभाग स्वस्तिकों में अल्का और महासत्व रूप में परिवर्तित हो गई।

जो लम्बे केशों वाले महाविषधारी सर्प में बदल गईं। उन सर्पों को देखकर ब्रह्मा ने अपने आप की निन्दा की और कहा–मेरे इतने बड़े तप का यह फल निकला, धिक्कार है ऐसे तप को। प्रारम्भ में ही लोक का विनाश ही करने वाली ऐसी प्रजा उत्पन्न हुई। यह सोचकर पितामह को मूर्च्छा आ गई। यह मूर्च्छा क्रोध और अमर्श के कारण उत्पन्न हुई थी। मूर्च्छा के कारण ब्रह्मा को बहुत अधिक परिताप हुआ और उससे प्रजापति ने प्राणों का त्याग कर दिया।

अप्रतिम रूप वाली उस देह से करुणा के साथ रुदन करने वाले एक आदर्श रुद्र निकल पड़े। उनमें रुद्रत्व, रौदन करने से ही उत्पन्न हुआ था। जो रुद्र थे वे ही उसके प्राण थे, जो प्राण थे वे ही तद्रूप थे। प्राण वालों के प्राण जानने के योग्य होते हैं, जो समस्त प्राणियों में अवस्थित होते हैं। भगवान् त्रिशूली ने फिर से ब्रह्म को प्राणवान कर दिया, प्राणों को प्राप्त करके ब्रह्माजी ने उमापति का श्रद्धापूर्वक स्तवन किया और गायत्री के द्वारा विश्वरूप वाले ईश्वर को देखा। सर्वलोक भय देव का दर्शन करके ब्रह्मा ने उनका स्तवन किया और भगवान् शंकर से पूछा कि हे प्रभु, आपका तुरन्त ही प्रादुर्भाव कैसे हुआ?

ब्रह्मा के ऐसे वचन सुनकर उन्हें प्रबोधित करते हुए मन्द मुस्कान के साथ भगवान् शंकर बोले–जिस समय श्वेत कल्प था, उस समय मैं ही हुआ था। श्वेत अम्बरों को धारण करने वाला, श्वेत अस्थियों, श्वेत रोमों, श्वेत रुधिर युक्त मैं हुआ। इसी के कारण कल्प का नाम श्वेत कल्प हुआ। हे देवेश! मुझसे उत्पन्न श्वेत अंगों वाली गायत्री उद्भुत हुई। यह गुह्य तत्त्व अपने तप के प्रभाव से आपने जान लिया है। इसको पाकर जो गण मेरे समीप आयेंगे उनकी पुनरावृत्ति दुर्लभ है अर्थात् वे फिर इस संसार में जन्म ग्रहण नहीं करेंगे। वही मैं पुनः उत्पन्न होकर लोहित रूप में हुआ।

यह लोहित कल्प कहा गया है।

उस समय सब कुछ लोहित वर्ण का हुआ और लोहित नेत्रों वाली, लोहित स्तनों वाली मुझसे गायत्री गौ हुई। इसके पश्चात् लोहित तत्त्व और वर्ण के विपर्यय से देव के वामत्व होने से वामदेव ख्याति को प्राप्त हुआ। जो द्विजाति गण वामदेव के स्वरूप का ज्ञान प्राप्त कर लेंगे व सीधे रुद्रलोक को चले जाएंगे उनका दुबारा जन्म नहीं होगा।

पुनः युग क्रम से पीत वर्ण वाला मैं हुआ और इस पीत वर्ण के कारण ही इस कल्प का नाम पीत कल्प कहलाया। मुझसे उत्पन्न होने वाली देवेशी गायत्री पीतांगी ब्रह्म संहिता कहलायी। यहां भी योग युक्त चित्त द्वारा योग में तत्पर मानस वाले उनके द्वारा मैं पहचान लिया गया। वहां आपने मुझे फिर से तत्पुरुषत्व रूप से जाना था। हे कनकाण्डल! जो लोग तप से युक्त विमल और ब्रह्मसंगत हैं वे मुझे रुद्र और वेदमाता रुद्राणी गायत्री को जान लेंगे। वे सब रुद्रलोक में गमन करेंगे, उनका संसार में फिर आगमन दुर्लभ होगा।

तृण कल्प में मैं भयानक कृष्ण वर्ण वाले रूप में उत्पन्न हुआ था। इस समय मैं काल के समान और लोकों में प्रकाशित करने वाला काल था तब आपने मुझे घोर पराक्रम वाला जाना। मुझसे उत्पन्न होने वाली गायत्री कृष्णांगी हुई, इससे धोरत्व को प्राप्त जो लोग मुझे जान पाएंगे, वे भी पुनः संसार में नहीं आ पाएंगे। हे ब्रह्मा! जिस समय मैं विश्वरूपत्व को प्राप्त हुआ, अपनी समाधि के द्वारा तुमने तब भी मुझे जान लिया और वह गायत्री लोकधारिणी विश्वरूपा हो गई। मैंने यह विश्वरूप कल्प समुदाहन कर दिया है। इसी प्रकार से वह सावित्री विश्वरूपा हो गई।

जिस प्रकार समस्त रूप वाली गायत्री है, वैसे ही सब मेरे पुत्र एक साथ उत्पन्न हुए जो चार लोकों में ख्यात हैं। इन्हीं से प्रजाओं का सारा वर्णत्व होगा। धर्म, अर्थ, काम और मोक्ष इनका चतुष्टय होता है, चार प्रकार के पुरुषार्थ होते हैं। जिस प्रकार जरायुज, अण्डज, स्वदेज और उद्भिज हैं, उसी प्रकार आश्रम भी चार प्रकार के होते हैं।

धर्म के दया, दान, सत्य और तप चार पैर होते हैं। इसलिए यह जगत् चार युगों की अवस्था वाला, चार पादों वाला होगा। भूलोक, भुवः, स्वः,

महः, जन, तप, सत्य लोक और इन सबसे परे विष्णुलोक है। अष्टाक्षर रूप लोक है और स्थान-स्थान पर वह अक्षर है। भू, भुवः, महः और स्वः–ये चार ही पाद होते हैं। जो महालोक तक समाप्त हो जाते हैं, इससे आगे जनलोक, तपलोक, सत्यलोक और विष्णुलोक पुनः न लौटने वालों के लिए होते हैं। इनमें भी विष्णुलोक से पुनरावृत्ति बहुत दुर्लभ कही गई है। योगियों के लिए परम रमणीय स्थान रुद्रलोक है।

ममता से रहित, अहंकार के शून्य, काम-क्रोध से वर्जित तथा ध्यानपरायण जन ही इस स्थान का दर्शन करते हैं। इसी कारण तुमने भी यह चार पैरों वाली सरस्वती देखी है। अंत में विष्णुलोक स्थापित है। कुमार स्कन्द का 'कौमार' परमशान्त उत्तम स्थान है। इसी के समीप महेश्वर शैवलोक हैं। इसमें सभी पशुगण चार पैरों वाले होते हैं। इनके चार स्तन होते हैं। मंत्रों के द्वारा हुत सोम मेरे मुख से निकल गया था, यही प्राणधारियों का जीव है। हे ब्राह्मण! वे पीतस्तन कहे गए। सोममय अमृत जीव रूप वाला होता है, दूध का श्वेतत्व सोम रूपत्व के कारण ही होता है, जिस कारण से यह द्विपक्ष महेश्वरी देखी है उसी प्रकार वह लोक भाविनी सावित्री है और मनुष्य भी दो पादों वाले होते हैं, दो स्तनों वाले होते हैं।

अज होकर वह माहेश्वरी सर्ववर्णा है। तुम्हारे द्वारा महान् सत्व वाली, समस्त भूतों को धारण करने वाली वह देवी जो देखी गई है, इसी कारण प्रजाओं का विश्वरूप होगा। महान् तेजवाला विश्वरूप होगा। इसके मुंह में हुताशन है। तप के द्वारा भावित आत्मा वाले जो निज केश दर्शन करेंगे वे तमोगुण तथा रजोगुण से मुक्त होकर मनुष्य शरीर का त्याग करके उसका सान्निध्य प्राप्त करेंगे।

इस प्रकार रुद्र भगवान् से प्रबोधित होकर ब्रह्मा ने उनको विधिवत स्तवन करते हुए प्रणाम किया और कहा–हे महेश्वर देव भगवान्! गायत्री के साथ आपको विश्वात्मा सब जानते हैं और जो विद्वान आपके विश्व रूपत्व को जान लेंगे वे ब्रह्म के साम्राज्य को प्राप्त कर लेंगे।

हे देव! आप विश्वरूप देवों के देव, सभी लोकों द्वारा अभिवादित, मैं आपको नमस्कार करता हूं। आप कृपया यह बताएं कि किस तप और

किस ध्यान योग से आपके दर्शन सुलभ हो सकते हैं।

इस पर भगवान् महेश्वर ने ब्रह्माणों को बताया कि ऋग्, यजु और साम के द्वारा जो सम्भव है, मैं यहां पर तप, दान, धर्म, वेदाध्ययन, शास्त्र ज्ञान आदि के द्वारा अगम्य हूं। मुझे केवल ध्यान-साधन के द्वारा ही देखा जा सकता है। हे पितामह! सप्तम वाराह कल्प में समस्त लोक को प्रकाशित करने वाला कल्पेश्वर भगवान् मैं और वैवस्वत मनु आपके पौत्र होंगे। उस युगान्तकारी कल्प में लोकों के ऊपर अनुग्रह करने के लिए और ब्राह्मणों को हित सम्पादन करने के लिए युग की प्रवृत्ति के अनुरूप मैं जन्म लूंगा।

उस समय युगात्मा वाले वेदों के पारगामी ब्राह्मण महेश्वर योग की प्राप्ति करके ऊर्ध्वरेता हो जाएगे और रुद्रलोकवासी होंगे। हे ब्रह्मा! वहां से पुनर्वापसी नहीं होती है। ये पशुवत सिद्ध भस्मवत शरीर वाले, लिंग अर्चना रत रहने वाले, भक्ति-भावना द्वारा मुझमें योग से ध्यानिष्ठ होते हैं। ये इन्द्रियजित संसार-बंधन से मुक्त ज्ञानमार्गी, पशुपत योग सिद्ध होते हैं।

यों तो योग के अनेक मार्ग हैं, किन्तु पंचाक्षरी मन्त्र 'ओ३म् नमः शिवाय' जप के बिना कोई भी निवृत्ति को प्राप्त नहीं कर पाता। समस्त द्वंद्वों से मुक्त होकर जो इस मंत्र का जापवन करता है, वह मुक्त हो जाता है। अट्ठाईस युग के क्रम के अवतारों के लक्षण में जब कृष्ण द्वैपायन का अवतरण होगा, श्रुतियों के समूहों का धर्म-लक्षण विभाग होगा।

इस प्रकार महान तेज वाले प्रजापति ने महादेव शंकर द्वारा कहे गए अमृत वचनों का श्रवण करके रुद्रावतार को श्रद्धापूर्वक प्रणाम किया। भगवान् शंकर ने बताया कि समस्त देवता विष्णुमय हैं, विष्णु के समान अन्य किसी गति का विधान नहीं। वह देवाधिदेव विष्णु की लिंग अर्चना में निरत रहते हैं। ऐसा सुनकर महेश्वर ब्रह्मा का अनुग्रह करके अपने लोक लौट गए और ब्रह्मा ने सृष्टि की अनुज्ञा प्राप्त कर ली।

लिंग की मूर्ति वाले महेश्वर

ऋषियों के द्वारा यह पूछे जाने पर कि लिंग की मूर्ति वाले महेश्वर किस तरह पूजा के योग्य हो गए। इस पर सूत ने बताया कि एक बार

कैलाश पर्वत पर देवी भवानी पार्वती ने जब यह पूछा तो महादेव ने उस पर्वत-पुत्री को अपनी गोद में लेकर लिंग-अर्चन की विधि को स्पष्ट किया। भगवान् शंकर के समीप उस समय शाल्यायन-पुत्र नन्दी उपस्थित था। उसने इस पूरे विधान का श्रवण करके ब्रह्मा के पुत्र को सुनाया। यह परम शुभ लिंग-अर्चना की विधि सनतकुमार द्वारा महामुनि वेदव्यास ने श्रवण की और उनके श्रीमुख से जिस प्रकार यह योगोपचार मैंने सुना, उसे मैं आपको बताता हूं। ब्राह्मणों के हित का सम्पादन करने वाली और समस्त पापों का हरण करने वाली यह परम पूज्य अर्चना विधि सर्वप्रथम शिव के द्वारा ही संभव हुई थी।

इसमें सर्वप्रथम विधि-विधानपूर्वक स्थान करके, शंकर का पूजन करके और ब्रह्मकूर्च का पान करके मनुष्य सभी प्रकार के पापों से मुक्त हो जाता है। इसमें तीन प्रकार से स्नान की व्यवस्था है, जिसमें वरुण जल का स्नान, आग्नेय स्नान और इसके बाद मार्जन मन्त्र स्नान आता है। इसके बाद परमेश्वर की पूजा और भावना की शुद्धि आवश्यक है। प्रकृति से दुष्ट व्यक्ति भस्म करके भी शुद्ध नहीं होता, उसके लिए भाव से शुद्ध होकर शुद्धि करनी आवश्यक है।

मनुष्य का चित्त जो कमल के समान है, इसका विकास ज्ञान रूपी सूर्य से होता है, तभी वह पवित्र होता है। मिट्टी, गोमय, तिल, पुष्प और भस्म किनारे पर लाकर स्नान तीर्थ पर कुशाओं का प्रक्षेप करके, पैरों को धोकर आचमन करें और तब देह में मल का विशोधन करना चाहिए। इसके बाद पूर्ण स्नान करना चाहिए। समस्त पापों की मुक्ति के लिए वरुण का आवाहन करके ध्यान यज्ञ से मन द्वारा महादेव का पूजन करना चाहिए। तीन बार आचमन करके भव का स्मरण करते हुए तीर्थ में अवगाहन करना चाहिए और ऋतं च सत्यं च मन्त्र का जप करते हुए सूर्य सोम और अग्नि का स्मरण करना चाहिए। पलाश के पत्तों के दोनों को जल से धोकर कुशा और पुष्प से पूरित करके भृंग मंत्र द्वारा उस जल से अभिषेक करना चाहिए। फिर यो रुद्र, शन्नो मित्र तथा शन्नो देवी मन्त्रों से अधिष्ठाता देवों और उनके ऋषियों का स्मरण और अभिषेक करना चाहिए।

हे द्विजगणो! इस प्रकार पांच मुख वाले त्रयम्बक देव का स्मरण करना चाहिए। आचमन करके अपने-अपने तरीके से सूत्रोक्त समीक्षण व आचमन करना चाहिए। फिर पवित्र हाथों से स्वच्छ पवित्र स्थान पर बैठकर कुशा से जल-सिंचन करके पान करना चाहिए। यह क्रिया तीन बार करनी चाहिए। इसके बाद पाप-शांति के लिए उस पिण्ड की प्रदक्षिणा करनी चाहिए। इस प्रकार आचमन, स्नान और प्रदक्षिणा से यह पूजा-विधि सम्पन्न से ब्राह्मणों का सदा ही हित-सम्पादन होता है।

पूर्वोक्त विधि वाचन के पश्चात् नन्दी ने कहा कि वेदमाता गायत्री देवी का आह्वान करना चाहिए। इसके लिए आपातु वरदा देवी मंत्र का उच्चारण करना चाहिए। तब फिर उस देवी को ऊर्ध्व पाद सेवन विधि अर्चित-पूजित करना चाहिए, तीन प्राणायाम करें, आसन दे दें तथा एक हजार अथवा पांच सौ अथवा एक सौ आठ बार प्रणव सहित जाप करें। इसमें उत्तम, मध्यम अथवा अधम में से किसी एक प्रकार का जाप करें। तत्पश्चात् सूर्य देव को जल दें, अर्चन करें शिर को प्रणाम करके उत्तमे शित्वरे देवीं-इत्यादि मंत्र से देवी का उद्यापन करें-फिर पूर्व की दिशा में देखते हुए मां गायत्री की अभिवन्दना करते हुए भगवान् भुवन भास्कर की अर्चना करें।

आत्मा, अन्तरात्मा, परमात्मा की अभिवन्दना करके ब्रह्मा सूर्य विभावसु तथा मुनिगणों और पितरों का यथा-विधि आह्वान करके-अन्त में सबका आह्वान करता हूं, ऐसा कहकर फिर प्राङमुख तथा उदङमुख होकर तर्पण करें।

इसके पश्चात् उनके स्वरूप का ध्यान करके क्रमानुसार उनके तत्त्व का स्मरण करें। पुष्प युक्त जल से देवों का, कुशयुक्त जल से ऋषियों का तथा तिल तथा गन्ध युक्त जल से पितरों का तर्पण करें। यज्ञोपवीती होकर देवों का, निवीत होकर, ऋषियों का तथा प्राचीन-अवीती होकर पितरों का तर्पण करना चाहिए। देवों का तर्पण अंगुली के अग्रभाग से, ऋषियों का कनिष्ठ अंगुली से तथा पितरों का तर्पण अंगूठे से करना चाहिए। हे मुनिसत्तम! इसी भांति निज को ब्रह्म यज्ञ करना चाहिए। देव-यज्ञ, मानुष-यज्ञ, भूत-यज्ञ और पितृ-यज्ञ से भूत आत्मा वाला यज्ञ में

पारायण पुरुष जप वेद-समस्त शाखा का अध्ययन करता है, यही ब्रह्म-यज्ञ होता है। अग्नि में अन्न का हवन देवयज्ञ विधान-पूर्वक समस्त भूतों का बलिदान भूत-यज्ञ होता है। यह सभी शरीरधारियों को मूर्ति प्रदाता होता है। वेदवेत्ता और तत्त्वज्ञाता ब्राह्मणों को सपत्नीक प्रणाम करके जो अन्न दान करता है वह मानुष-यज्ञ कहलाता है।

पांच महायज्ञ का वर्णन

इस प्रकार ये पांच महायज्ञ सभी प्रकार की सिद्धि देने वाले होते हैं। इसमें भी ब्रह्म-यज्ञ करने वाला जीव ब्रह्म-लोक में महिमा पाता हुआ प्रतिष्ठत होता है। इससे इन्द्रादि सभी देवता प्रसन्न होते हैं। विष्णु तथा शिव भी सन्तुष्ट होते हैं। वेद और पितृगण भी सन्तृप्त हो जाते हैं।

ब्रह्म-यज्ञ करने का विधान बनाते हुए सूत ने कहा कि ब्रह्म-यज्ञ करने वाले ब्राह्मण को ग्राम से बाहर वास करना चाहिए। झोंपड़ी में वास करना चाहिए। ब्रह्म-यज्ञ के लिए पुष्प का आचमन करें। ऋचाओं की प्रीति के लिए पल्लवित करके, शत्रुओं के लिए करि द्वारा, साम के लिए मस्तक से उपस्पर्श करके, अथर्व की प्रीति के लिए तेल द्वारा तथा आंगीरसों की प्रीति के लिए नासिका द्वारा जल का सिंचन करें। पुराणों, वृक्षादि, सौर आदि की प्रीति के लिए यथा-क्रम करें। पुण्यकथा-इतिहास की प्रीति के लिए, शैवादि के लिए श्रोत में स्पर्श करें और इसके पश्चात् तुष्टि के लिए हृदय का स्पर्श करें तथा तीर्थ का ग्रहण करें, शिविर में प्रविष्ट होए। इस प्रकार सम्पूर्ण प्रयत्नों के साथ शुभ की इच्छा रखने वाले को ये पांच महायज्ञ अवश्य ही करने चाहिए।

लिंग अर्चन की विधि

लिंग अर्चन की विधि वैसे तो विस्तारपूर्वक कहने पर सौ वर्ष में भी समाप्त नहीं होती है किन्तु संक्षेप में यह इस प्रकार है कि पूर्वोक्त विधि से स्नान तथा न्यायपूर्वक पूजा आदि करके तीन प्राणायाम करें और त्र्यम्बक भगवान् का ध्यान करें। यह स्मरण रहे कि त्रयम्बक भगवान् के पांच मुख, दस भुजा तथा स्फटिक मणि की तरह प्रदीप्त प्रत्येक अंग है।

उनका शरीर आभूषणों से सज्जित है, विचित्र आवरणों से अलंकृत है। देह-शुद्धि करके मन्त्र को नमः शिवाय का न्यास करके सर्वत्र प्रणव द्वारा ही न्यास करना चाहिए। जिस प्रकार वट के फल में सूक्ष्म रूप बीज होता है जिसमें विशाल बीज का सूक्ष्म रूप निहित रहता है वैसे ही इस संक्षिप्त मन्त्र में महान ब्रह्म सूक्ष्मवत् संस्थित रहता है।

देवार्चन स्थान की गन्ध चन्दन से मिश्रित जल द्वारा सिंचित करके प्रक्षालन, प्रोक्षण करके आचमनी तथा अन्य यज्ञ-पात्रों को प्रक्षालित कर लेना चाहिए। बुद्धिमान पुरुष द्रव्यों को देखकर उन पर प्रणव क्षेपण करते हैं। पाद्य में शरीर और चन्दन को कल्पित कर लेना चाहिए। आचमनीय के पात्र में जल जाति कपूर आदि पदार्थों का चूर्ण करके क्षेपण करना चाहिए। इस तरह सभी पात्रों में चन्दन लगवा देना चाहिए। कुशा का अग्रभाग, तंडुल, भव, व्रीहि, तिल, धृत, पुष्प, भस्म आदि द्रव्यों से अर्घ्य पात्र में प्रक्षेपण करें फिर पात्र में कुशा आदि भस्म डाल दें फिर पंचाक्षरी मंत्र तथा गायत्री मंत्र का न्यास करें।

इसके बाद ईशान सर्व विद्यानाम् से रुद्राय नमः का परायण करें। वेद के दक्षिण पार्श्व में प्रदीप्त अग्नि के दश सहस्त्र गुणित नन्दी कहे गए हैं। उत्तर पार्श्व में उनकी पत्नी (नन्दी की भार्या हैं) यह परम पुण्यमयी मरुता, अतिशुभा, सुपक्षा, सुब्रता, सर्वज्ञ जगदम्बा भवानी के बांहों के अलंकरण की क्रिया में तत्पर रहने वाली हैं।

नन्दी और उसकी भार्या का इस प्रकार पूजन करके तब भगवान् परमेष्ठी के भवन में प्रवेश करें और पांचों मस्तकों को शीश नवाकर भावांजलि दें। गन्ध, पुष्प, धूप आदि से विधिपूर्वक उपचार करके शंकर महादेव की पूजा करें तथा स्कन्द, गणेश और देवी की अर्चना करें और लिंग शुद्धि करें। ओ३म् निधतप तपे से प्रारम्भ करके लिंगाय नमः तक समस्त मंत्रों का जाप करके पद्मासन लगाएं। इसका पूर्वदल अणिमा सिद्धि, दक्षिण लघिमा सिद्धि रूप वाला, पश्चिम दल महिमा सिद्धि रूप वाला तथा प्राप्ति सिद्धि ने ऋतु तथा वंदना सिद्धि वायु कोण का, सर्वसत्य ऐशान्य का मध्य भाग सोम का वाचक है। सोम के नीचे सूर्य की स्थिति है। सूर्य के नीचे पावक अवस्थित है।

इस प्रकार यज्ञ, धर्म, ज्ञान वैराग्य रूप वाले चार आग्नेय उपदिशाओं में कल्पित करके महत्तत्त्व, अहंकार और चित् तथा अव्यय को पूर्व दिशाओं में तथा सोम के अन्त में सत्व, रज तम की कल्पना करनी चाहिए। इन सबके ऊपर विश्व, तेजस तथा प्राज्ञ रूप वाले आत्मत्रय को प्रतिष्ठित करके इसके ऊपर शिव पीठिका की वेदी प्रकल्पित करें तथा इसके बाद में संद्योजात भगवान् की शरण में आ गया हूं, कहकर परमेश्वर का आह्वान करें। ईशान सूर्य विधानाम् कहकर विभु की सेवा, अर्ध्य पाद्य, आचमन से पूजा करके गंध, चन्दन मिश्रित जल से भगवान् का स्नान कराएं।

विधान सहित बनाकर ग्रण कराएं और शुद्ध पात्र में अभिमंत्रित करें। घी, मधु, ईख का रस तथा पुष्पादि से प्रभु का अभिसिंचन करें तथा उत्तम मंत्र द्वारा जल कलशों को शिव के ऊपर डालें। यह जल कपड़े से छानकर चम्पा आदि फूलों तथा चन्दनादि से युक्त होना चाहिए। अभिषेक सबसे अच्छा फल होता है। इसमें भी पूजा से अधिक होम, होम से अधिक तर्पण, तर्पण से अधिक जप और जप से अधिक अभिषेक को उत्तम बताया गया है। देवता का इस प्रकार स्नापयन करने से सभी पाप शमित हो जाते हैं। इसके बाद कपड़ा, शिवोपवीत तथा आचमनीय देना चाहिए।

हे ऋषियों! शिव सर्वलोकमय, परम और ब्रह्म, रुद्र, विष्णु, आदि देवों के अगोचर वेदों के वेत्ता तथा वेदान्तों के भी अगोचर हैं। श्रुति में भी ऐसा ही कहा गया है। लिंग के मूर्धा में इसी प्रकार का ध्यान करना चाहिए। आदि-अन्त से रहित, सांसारिक रोगों से मुक्त कराने वाला भेषज स्वरूप वाला ऐसा सदा लिंग में ही अवस्थित रहता है। प्रणव के द्वारा लिंग के मस्तक की पूजा करें। फिर विधि-विधान पूर्वक स्त्रोत पाठ करके नमस्कार करके प्रदक्षिणा दें। अर्ध्य और चरणों में पुष्पांजलि देकर उस शिव तत्त्व को हृदय में धारण करें। इस प्रकार से यह सर्वोत्तम लिंग पूजा विधान सम्पन्न करने से प्रभु की सदैव कृपा बनी रहती है, अभीष्ट से युक्ति और सभी प्रकार से उत्तम गति प्राप्त होती है।

साधक पुरुष के हृदय में भी एक कमल स्थित है। इसमें सौर, अमृत बिम्ब, आग्नेय की भावना करके पुण्यत्रय और आत्मत्रय की भावना करें

तथा शुद्ध सम्पूर्ण आकृति वाले कान्ता के द्वारा अर्धांग पर अरुण शरीर वाले शिव को ध्यानपूर्वक अर्चना करें। साधक पुरुष को चिन्तन करने के स्वरूपों में अभेद करके ही चिन्तन करना चाहिए। इसके लिए ध्येय, ध्यान, यजमान, प्रयोजन, रूप उस शिव का स्मरण ही श्रेयस्कर है।

यह शरीर ही पुर है। इसमें शयन करने वाला ही पुरुष कहलाता है। यज्ञ के द्वारा यजन करने के योग्य होने से ही यजमान होता है। ध्येय स्वयं साक्षात् भगवान् महेश्वर हैं, जो यह सत्य जानता है वही शिव को प्राप्त करता है। उन महेश्वर का चिन्तन ही ध्यान कहलाता है। निवृत्ति का होना ही उस ध्यान का फल होता है। यह सही समझने वाला पुरुष ही प्रधान ईशान प्रभु का यथातथ्य रूप प्राप्त कर लेता है।

छब्बीस तत्त्वों की व्याख्या

छब्बीस तत्त्वों की व्याख्या करते हुए बताया कि महत्त्वपूर्ण अहंकार और पांच तन्मात्राएं (कुल सात) पांच कर्मेन्द्रिय, पांच ज्ञानेन्द्रिय, मन तथा पांच महाभूत हैं। इस प्रकार लिंग में निहित सभी छब्बीस तत्त्व शिव के ही छब्बीस तत्त्व हैं। यह महेश्वर ही विधि का कर्त्ता-भर्त्ता-हर्त्ता हैं। इसी ने हिरण्यगर्भ को उत्पन्न किया। जिस प्रकार माता-पिता के बिना संसार में पुत्रोत्पत्ति संभव नहीं। उसी प्रकार सोम के बिना जगतत्रय की उत्पत्ति भी नहीं होती है।

श्री सनतकुमार द्वारा यह पूछे जाने पर कि यदि सब कुछ करने वाले शिव निष्कल हैं तो फिर करता कौन है? इस पर शेलादि ने कहा महेश्वर स्वयं निष्फल है, सब कुछ काल किया करता है। ये महेश्वर ही काल को करने के लिए प्रेरित करते हैं। निष्कल मन ही विश्वरूप शिव को साक्षात् करता है, इसीलिए वह भी निष्कल है। यह जगत उसी के कर्म से प्रतिष्ठित है।

हे द्विजोत्तमो! ऋषियों का कथन है कि भगवान् का रूप जानने से परे है। यह ऐसा रूप है जहां वाणी और मन की भी पहुंच नहीं है। ब्रह्मानन्द को प्राप्त विद्वान कहीं भी भय नहीं खाता। सर्वत्र रुद्र की विभूतियां भावना से ही प्राप्त हैं। महादेव पुरुष हैं और महाईशान शिव

सबसे ऊपर हैं। इस चतुर्व्यूह का विचार करके यही निष्कर्ष निकलता है कि संसार का हेतु संसार है और मोक्ष का हेतु निवृत्ति है। इस चतुर्व्यूह में अन्नमय कोश स्थूल है उसका परित्याग करके प्रणमन, विज्ञान, आनन्द मय कोश को ग्रहण करते हुए ध्येय, ध्यान, यजमान और प्रयोजन में ही ध्यान लगाना चाहिए। चिन्तन वाला योगी चतुर्व्यूह कहा गया है।

अतः इस चराचर जगत को ब्रह्ममय ही मानना चाहिए तथा ब्रह्मात्मक शिव के रूप का स्मरण करके चराचर के भाव को ही त्याग देना चाहिए। जो अकृत है वह त्यागने योग्य है और अलभ्य कृत्य ग्रहण करने योग्य है इसीलिए आभ्यन्तर के अर्चन करने वाले नमस्कारादि से पूज्य होते हैं। ब्रह्मवादी विरूप और विकृत होकर भी अनिन्दनीय हैं।

सन्तकुमारों से ऊर्ध्वरेता दिगम्बर भगवान् नील लोहित के विकृत रूप से दारु वन में आगमन और उद्देश्य को लेकर पूछे गए प्रश्न के उत्तर में सूत जी ने बताया कि इन वचनों को सुनकर शैलादि ने कहा दारु वन में अपनी स्त्री, पुत्र और अग्नि के साथ मुनिगण तपस्या कर रहे थे और वे भवदेव को तुष्ट करने के लिए तपलीन थे। जगत् नाथ भगवान् रुद्र उनकी तपस्या से प्रसन्न होकर उन पर कृपा करने हेतु उपस्थित हुए लेकिन परीक्षा के भाव से उन्होंने अपना रूप विकृत कर लिया। इसमें प्रवृत्ति के ज्ञान में मन लगाने वाले वनवासियों मुनियों के निवृत्ति लक्षण ज्ञान की प्रतिष्ठा के लिए अपना विकृत रूप करके दिगम्बर होकर, कृष्णायी बनकर स्वयं को प्रगट किया। वहां पहुंचकर इस लीलाधारी ने परम सुन्दर स्त्रियों में कामदेव को उत्पन्न करने वाला मन्द मुस्कान वाला गायन प्रारम्भ कर दिया।

स्वयं अनंग को भस्म करने वाले भगवान् रुद्र ने उन नारियों के समुदाय को देखकर उनके काम की वृद्धि कर दी। वे उस विकृत के प्रति और अधिक आकृष्ट हुईं कि पतिव्रता स्त्रियां भी वस्त्राभरणों का त्याग कर चेष्टाहीन हो गईं। यहां तक कि वृद्धाएं भी मद से घूर्णित नेत्रों वाली भव को देखकर भ्रू-विलास करने लगीं। अन्य अनेक नारियां गायन करने लगीं। वे मद में इतना डूब गई कि वस्त्र रहित हो गईं।

कुछ एक-दूसरे को देखकर चारों ओर से आलिंगन करने लगीं। वे

सभी पतिव्रताएं भव की माया से बंधी विपरीत आचरण करने लगीं। अपनी स्त्रियों को इस प्रकार की चेष्टा करते देखकर विरूपाक्ष शंकर को उन मुनियों ने अत्यन्त कठोर वचन कहे। शंकर ने उन्हें कुछ नहीं कहा लेकिन जो तपस्याएं शंकर के लिए की जा रही थीं वे सूर्य के प्रकाश के सामने छिपे तारों की तरह हन्यमान हो गईं। वे मुनिगण भी शंकर की माया से इस प्रकार मोहित हुए कि उनके वास्तविक रूप को नहीं पहचान पाए।

शिव ऐसा देखकर अन्तर्धान हो गए और मुनियों के मन में उन्हें इस प्रकार अन्तर्धान देखकर संदेह हुआ। प्रातःकाल ही वे दारुवन से पद्मासन पर विराजमान श्री ब्रह्माजी के पास गए और उन्हें सारा किस्सा कह सुनाया। ब्रह्मा ने एक क्षण विचार किया और फिर भगवान् महादेव को मन-ही-मन श्रद्धापूर्वक हाथ जोड़कर प्रणाम किया और फिर मुनियों से बोले—आप लोग बहुत भाग्यहीन हैं। आपने वास्तव में सर्वोत्तम महानिधि को प्राप्त करके भी गंवा दिया और अपने सारे तप को विनष्ट कर दिया। दारुवन में जिस अनंग और विकृतरूप धारी को आपने देखा था वे ही तो साक्षात् महादेव थे।

हे द्विजो! गृहस्थी को अतिथि की कभी निन्दा नहीं करनी चाहिए, चाहे वह विरूप हो या रूपवान, मलिन हो या अपड़ित, अतिथि सदा आदर का पात्र होता है। द्विजों में परम शिरोमणि सुदर्शन के द्वारा काल मृत्यु भी जीत लिया गया था। गृहस्थियों के द्वारा सन्तरण करने का अन्य कोई साधन नहीं है और अतिथि सत्कार को छोड़कर आत्म शोधन का भी कोई उपाय नहीं है।

सुदर्शन ने अपनी पतिव्रता भार्या से कहा था कि हे सुभगे! अपने समस्त प्रयत्नों से भी तुम्हें अतिथि का सदैव सत्कार ही करना चाहिए। अतिथि साक्षात् महादेव के रूपधारी होते हैं। पति के यह वचन सुनकर उस विवशा से रोकर कहा—"हे प्रभु! आपने यह क्या कहा। सुदर्शन ने उसे बताया कि अतिथि स्वयं शिव रूप होते हैं इसलिए उनके समक्ष कुछ भी समर्पण करने में नहीं हिचकना चाहिए। स्वामी के द्वारा इस प्रकार प्रबोधित पतिव्रता भार्या ने उसकी सम्पूर्ण आज्ञा को शिरोधार्य करके वैसा ही आचरण किया था।

उनकी श्रद्धा की परीक्षा करने के लिए स्वयं धर्मश्रेष्ठ द्विज का रूप धारण करके सुदर्शन मुनि के यहां पहुंचा। उस द्विज को देखकर अतिथि-सत्कार-परायण मुनि पत्नी ने अर्घ्य, पाद्य आदि से उसका अर्चन किया तो उस द्विज ने कहा कि हे आर्या! यह अन्न आदि मुझे नहीं चाहिए। आज तो तुम अपना शरीर मुझे प्रदान कर दो। यह सुनकर वह नारी लज्जा से नतशिर नेत्र मूंदकर धर्म में अपनी बुद्धि को लगाकर दृढ़ स्वर में बोली–मैं प्रस्तुत हूं।

इसी समय उस पति-परायण का स्वामी सुदर्शन द्वार पर आ गया। उसने अपनी पत्नी को पुकार कर कहा–देवी! तुम कहां हो? सुदर्शन का स्वर सुनकर अतिथि ने कहा–हे महाभाग! आज मैं तुम्हारी इस भार्या के साथ मैथुनरत हूं, बताइये अब क्या करना चाहिए। इस पर सुदर्शन ने उत्तर दिया–हे देव! आप नारी का इच्छापूर्वक परम, संतुष्टि के साथ उपभोग करें, मैं यहां से जाता हूं।

धर्मराज इस प्रकार की अतिथि परायण भावना को देखकर साक्षात् रूप में प्रगट होकर बोले–हे विप्रेन्द्र! मैंने तुम्हारी सुशोभना पत्नी का मन से भी उपभोग नहीं किया। मैं तो तुम्हारी श्रद्धा की परीक्षा के लिए यहां आया था। हे सुव्रत! तुमने अपने इस तपस्या से मृत्यु को भी जीत लिया है।

इस तपस्या में बड़ी भारी शक्ति होती है। यह वृत्तान्त सुनाते हुए ब्रह्माजी ने बताया कि हे विप्रगण! तुम सब बहुत ही भाग्यहीन हो। अब केवल स्वयं शंकर की ही शरणागति तुम्हारा उद्धार कर सकती है! ब्रह्मा से इस प्रकार आदेश पाकर और दुःखित होकर उन मुनियों ने पश्चात्ताप रूप में ये कहा कि उस विकृत रूपधारी को देखकर स्त्रियों की काम दशा से विचलित उन महादेव को हमने निंदित किया।

हमारी बुद्धि उस समय कुंठित हो गई। उस पर पितामह ने कहा–कि हे ब्राह्मणो! सबसे पहले गुरु से श्रद्धापूर्वक वेदों का अध्ययन करके, अर्थ विचार करके मुनि धर्म की प्रतिज्ञा ग्रहण करें। बारह वर्ष तक इस नियम का पालन करके स्नान और समापवर्तन करके भार्याओं के साथ गमन करें और सुव्रत पुत्रों की उत्पत्ति करें। इसके पश्चात् अनुरूप वृत्तियों का पुत्रों में विभाजन करें। यज्ञ-यजन करें।

बारह पक्षों तक देवताओं का भली-भांति पूजन करें। अग्नि, होम, मन्त्र आदि से पार्थिवों का जल में विसर्जन करें तथा सम्पूर्ण धन बिना किसी शंका के पतियों को त्याग देना चाहिए। शिखा सहित केशों को कटवाकर उपवीत का भी त्यागकर भू-स्वाहा आदि ऋचाओं से विचक्षण पुरुष को जल से हवन करना चाहिए। इस प्रकार यति को शिव विमुक्ति के लिए आचरण करना चाहिए। अपने देह के प्रस्थान आदि का कर्म द्वारा आचरण करते हुए यति शिव के साम्राज्य को प्राप्त कर लेता है।

इस प्रकार भक्ति युक्त मनुष्य मुक्ति-लाभ पाता है। मेरी शुभकामना है और मैं आशीर्वाद देता हूं कि आप शुभव्रतों, यज्ञ, दान, होम आदि करते हुए शास्त्रों और वेदों से भगवान् भव की भक्ति पाएं।

श्वेत मुनि की परम कथा

पितामह ब्रह्मा से जब ब्राह्मणों ने ऋषियों में श्रेष्ठ श्वेत मुनि की परम कथा को सुनना चाहा तो पितामह ने बताया कि श्वेत नामधारी मुनि गिरी गौहर में गिरकर निरन्तर निवास करने लगा। देवेश्वर की अभ्यर्थना और भक्ति से 'नमस्ते रुद्र मन्थये' का जाप करते हुए महेश्वर का स्तवन करने लगा। उस मुनि ने काल रूप शंकर को देखकर उस पुण्यात्मा त्र्यम्बक का स्मरण करते हुए पूजा की। मृत्यु मेरा क्या करेगी, मैं मृत्यु का मृत्यु हूं। श्वेत को इस प्रकार देखकर लोक में भय भरने वाले ने कहा—हे श्वेत! जाओ। इस विधि से कुछ लाभ नहीं होगा।

मेरे द्वारा ग्रस्त प्राणी को विष्णु अथवा जगदीश्वर कोई भी नहीं बचा सकता। मैं एक ही क्षण में यमलोक ले जाने के लिए उठकर खड़ा हूं। तुम्हारी आयु समाप्त हो चली है अतः मेरे साथ चलो। काल को प्रत्यक्ष देखकर घबराया हुआ श्वेत बोला, हे महाबाहो। काल वृषध्वज हमारा स्वामी है और समस्त देवों का उद्धार करने वाले भगवान् शंकर इस लिंग में विद्यमान हैं। आप महावाहो, जैसे आए हैं वैसे ही वापिस लौट जाइए। श्वेत से ऐसा सुनकर सिंहनाद करते हुए काल से गर्जना करके मुनि को बांध लिया और कहा—"अब मैंने तुम्हें ले जाने के लिए बांध लिया है। बता तेरे रुद्र ने तेरी क्या सहायता की? तू ने जो उसकी इतनी भक्ति और

पूजा की उसका क्या लाभ हुआ? कहां मैं और कहां तेरा भव!

तेरा यह महेश्वर कैसा है, जो लिंग में स्थित और चेष्टाहीन हो रहा है। काल और श्वेत के इस प्रकार परस्पर वार्तालाप के बीच ही काल का हनन करने के लिए यज्ञ का ध्वंस करने वाले और कामदेव को भस्म करने वाले परम शिव त्रिलोचन स्वयं उधर से घूमते हुए निकल आए। उनके साथ देवी भवानी जगदम्बा, नन्दी और गणेश भी थे।

उन्हें देखते ही उस कलिकाल ने जीव को छोड़ दिया और शीघ्र ही मुनि के चरणों में गिरा पड़ा। हे विप्रगण! उस उत्तम बुद्धि वाले श्वेत ने भव के दर्शन मात्र से मृत उस काल को देखकर और भगवान् शिव को साक्षात् और जगतमाता पार्वती को प्रणाम किया। नन्दी के इस प्रकार से उस बलि अंतक को मृत देखकर भगवान् शंकर को प्रणाम करके कहा कि हे प्रभु! आप इस पर प्रसन्न हो जाइए। प्रभु के दर्शन से ही अंतक जीवित हो उठा। अतः हे द्विजगणों! मृत्यु पर जय प्राप्त करने वाले भगवन् शंकर की भक्ति-भाव से पूजा मुक्तिदायिनी होती है।

देवदारु ने वन में निवास करने वाले मुनियों का उद्धार किस प्रकार हुआ, इसका विस्तार से वृत्तान्त सुनाते हुए शैलादि ने बताया कि स्वयं ब्रह्मा ने उन्हें बताया था कि देव महेश्वर ही देवाधिदेव और सबसे बड़े हैं। वे पितृगण और ऋषियों के भी गुरु हैं। ये भी कालरूप होकर एक हजार वर्ष तक प्रलय करते हैं और यही अपने तेज से सारे संसार का सृजन करते हैं, यही चक्र को धारण करने वाले, यही वत्स का चिह्न धारण करने वाले सत्तयुग में योगी त्रेता में ऋतु द्वापर में कालाग्नि और कलियुग में धर्मकेतु इन्हीं को कहा गया है। विद्वान लोग इन्हीं की मूर्ति का अभिदान करते हैं। भीतर से पिण्ड के रूप में वृत्त वाला लिंग शंकर का ही प्रतिरूप है, इन्हीं का पूजन करना चाहिए। तमोगुणी अग्नि, रजोगुणी ब्रह्मा और सतगुणी प्रकाश वाले विष्णु ये त्रिगुण-मूर्ति शिव के ही तीन रूप हैं।

एक अंगुष्ठ परिमाण का लिंग विधानपूर्वक सही होता है, इससे कम नहीं होना चाहिए। उसकी दुगुनी आकार की वेदी से तीन गुनी गोमुखी होनी चाहिए। इसके चारों ओर यव के परिमाण वाली पट्टिका होनी चाहिए तथा पंचाक्षर मन्त्र से अभिमन्त्रित लिंग का सेवन करना चाहिए।

ऐसा ब्राह्मणी के द्वारा विधान जानकर उन गुनीश्वरों ने आराधना आरम्भ कर दी। विचित्र पर्व, गुफाओं, नदियों, शैवाल के आसनों तथा जल के भीतर शयन करते हुए अनेक प्रकार से सभी मुनियों ने पूजा और तप के द्वारा एक वर्ष व्यतीत किया। वसन्त ऋतु के आगमन पर हिमालय के शुभ पर्वत पर उसी प्रकार से नग्न और विकृत रूप में अंगों पर धूलि मले परमेश्वर महादेव ने तपस्या से प्रसन्न होकर उन्हें दर्शन दिए। उनके हाथ उसी प्रकार हिलते और पैर नृत्य करते। वे आश्रम में उसी प्रकार भिक्षाटन करते हुए घूमने लगे। मुनियों ने एकत्रित होकर विविध भांति की मालाओं-पुष्पों के साथ उनका स्तवन करते हुए निवेदन किया कि हे प्रभो! अज्ञानतावश हमसे जो अपराध हुआ उसे क्षमा करें। हम आपकी गति और अगति से बिल्कुल अपरिचित थे।

आप वैद-मन्त्रों में परम प्रधान, जड़-चेतन जगत् के नियन्ता, पालनकर्ता और हर्ता देवी जगदम्बा के स्वामी त्रिशूलधारी, हम आपके सामने आपका अभिनन्दन करते हैं। मनुष्य अज्ञान अथवा विशेष ज्ञान से जो कुछ भी करता है वह आपकी योग-माया के वशीभूत ही है। इस प्रकार भगवान् शंकर का स्तवन करते हुए मुनियों ने श्रद्धापूर्वक अपनी भावांजलि प्रस्तुत की। उनके स्तवन से प्रसन्न शंकर भगवान् ने अपने वास्तविक स्वरूप में आकर दारुवन के उन मुनि-श्रेष्ठों को शाप-मुक्त किया।

इस प्रकार भगवान् महादेव का आशीर्वाद पाए उन मुनियों ने उनकी सेवा में अर्चना करते हुए बारम्बार नमस्कार किया और कहा, समस्त लोकों द्वारा पूजित, रुद्रों के नील लोहित, प्राणियों के आत्मा, नक्षत्रों में चंद्रमा, ऋषियों में वशिष्ठ, सांख्य सिद्धान्तियों के द्वारा, उक्त पुरुष, जंगली पशुओं में परमेश्वर आप सिंह, ग्राम्य पशुओं में आप वृषभ, पर्वतों में महामेरु, वेदों में श्रेष्ठ साम, आपकी हम वन्दना करते हैं। हे परमेश्वर परमनिधान कृपया हमें काम, क्रोध, लोभ, मद और विषाद के दहन का उपाय बताएं। हे महेश्वर! मनुष्य आदि भूत और स्थावर तथा चर प्राणी, जो आपकी अग्नि से दग्ध हो रहे हैं। आप कृपया उससे मुक्ति दिलाएं। हम आपके सामने यही विनती करते हैं।

ऋषियों द्वारा इस प्रकार स्तवन से प्रसन्न भगवान् शंकर ने स्वयं शैव-भक्तों की महिमा का वर्णन किया, जिसका वृत्तान्त सुनाते हुए नन्दी ने बताया कि आपने जो मेरा इस प्रकार श्रद्धा से स्तवन किया है उसे जो कोई भी सुनेगा, या पढ़ेगा, वह परम पद प्राप्त कर लेगा। ऐसा कहते हुए भगवान् महादेव ने उन सभी ऋषियों का उद्धार किया और उन्हें अपना सान्निध्य प्राप्त कराया। उन्होंने बताया कि संसार में जितने भी स्त्रीलिंग हैं वे सब मेरी देह से उत्पन्न होने वाली प्रकृति देवी हैं और पुलिंग मेरी देह से जन्मे पुरुष।

हे मुनिगण! इन्हीं दोनों के परस्पर मिथुन से यह सृष्टि होती है। इसलिए यति पुरुष, जो केवल दिशाओं के ही वस्त्र धारण करने वाले हैं, उनकी निन्दा नहीं करनी चाहिए। मेरी भस्म में ही अपनी रति रखने वाले, स्वभाव से दमनशील, धर्म में परायण, मन और शरीर से महादेव की अर्चना करने वाले, विप्रगण, ऊर्ध्वरेता, सदैव रुद्रलोक को प्राप्त किया करते हैं और वहां से फिर कभी वापस नहीं लौटते, वे जीवन-मरण के बंधन से मुक्त हो जाते हैं। यह व्यक्त लिंग वाले, अव्यक्त महादेव का दिव्य व्रत है।

जो महादेव का व्रत करने वाले हैं, मुंडित शिर वाले हैं, विश्वरूपी हैं, उनका विद्वान् पुरुष को कभी परिहास, उल्लघंन नहीं करना चाहिए। कभी भी अप्रिय नहीं बोलना चाहिए। जो पुरुष नित्य-प्रति अर्चना करते हैं, वे भगवान् शंकर का ही पूजन करते हैं। यह शिव के द्वारा तर्पण किया हुआ विधि-विधान श्रवण करके पुरुष अपना कल्याण करते हैं।

उन मुनियों ने भी उस महान-भव के प्रणाम का परम पद का हेतु जानकर योग और मोह से मुक्त शिव को सिर से नमन करके प्रसन्न होकर पुष्प-गन्ध युक्त जल आपूरित कलशों से परमेश्वर को स्नान कराकर स्तोत्र मंत्र के द्वारा जप करके उनका स्तवन किया। इसके पश्चात् कहा कि मैं तुम्हें वरदान देता हूं, जो अभीष्ट हो मांग लो।

उन मुनियों ने महात्मा ऋषियों को प्रणाम करते हुए और महेश्वर के सामने नत होते हुए सेवित और असेवित के भेद को जानने की इच्छा प्रकट की। उनकी ऐसी अभिलाषा देखकर भगवान् महेश्वर ने बताया कि

मैं सोम का कर्ता, स्वयं नित्य, संयुक्त सोम हूं। सोम भूतों को उज्जीवित करता है, मेरी भस्म की समार्थ्य से सभी पाप नष्ट हो जाते हैं। मैं महान तेज वाला अग्नि हूं, यह भस्म मेरा वीर्य है, मैं इसे अपने शरीर द्वारा धारण करता हूं। पाशुपत और सांख्य योगशास्त्र मैंने ही बनाए हैं। लज्जा, मोह और भय रूप वाली यह सृष्टि भी मैंने ही उत्पन्न की है। ग्राम के जन वस्त्रों से रहित को नग्न कहते हैं लेकिन आरम्भ में तो अभी लोक में बिना वस्त्र ही उत्पन्न होते हैं।

शास्त्र में उन्हें नंगा नहीं कहा जा सकता। जो इन्द्रियजित नहीं होता वही वस्त्रों से शरीर को ढकता है। इन्द्रियजित के गुण ही विशिष्ट होते हैं। वस्तुतः क्षमा, धृति, अहिंसा, वैराग्य तथा मान-अपमान में समान भाव रखना ही मनुष्य का सर्वोत्तम गुण है। सिहावलोकन न्याय के अनुसार भस्म का बहुत महत्त्व है। भस्म स्नान से जो मनुष्य दग्ध अंग वाला भी होता है; यदि मनोयोग से भव का ध्यान करे तो वह भव अपनी कृपा से उसके सभी अंगों की दग्धता को जला देता है। यत्न परायण जो भक्त तीनों कालों में भस्म स्नान करता है, वह गणेश पद को प्राप्त होता है।

मन से वेद-विहित पंच महायज्ञ करने वाला जो जीव व्रत स्वरूप महादेव का ध्यान करता है वह मोक्षगामी होता है। श्मशान आदि मार्गों का सेवन करने वाला आठों सिद्धियों को प्राप्त कर लेता है। जो जीव पाशुपत योग का श्रद्धा से स्तवन, चिंतन, श्रवण करता है, उसका पवित्र पाठ करता है वह सभी पापों से मुक्त विशुद्ध आत्मा होकर रुद्रलोक को जाता है। परमेष्ठ द्विज वसिष्ठ आदि भी इसी योग का श्रवण करके रुद्र लोक में स्थित हैं।

अतः हे पूज्य विप्रगण! मलिन रूप वाले तथा विकृत अतिथि का कभी अनादार या निन्दा नहीं करनी चाहिए। इनकी तो सदा पूजा और सत्कार ही करना चाहिए। यहां तक कि शिव की उपासना-अर्चना करने वाले भक्तों की भी शिव की ही भांति अर्चना करनी चाहिए। महर्षि दधीच रुद्रदेव की भक्ति के बल पर ही देवों के भी देव नारायण को जीत सके। अतः ऐसे आत्मा पूजा के योग्य हैं। उनकी कभी भूल कर भी उपेक्षा नहीं करनी चाहिए।

मुनि सनत्कुमार के द्वारा यह पूछे जाने पर कि, हे प्रभु! आपको महादेव शंकर का सामीप्य किस प्रकार प्राप्त हुआ? शैलादि ने बताया कि हे महामुनि! मेरे पिता शिलादि अन्धे थे और संतान के इच्छुक थे। उन्होंने बहुत समय तक कठोर तप किया था, जिससे प्रसन्न होकर इन्द्रदेव ने उनसे वरदान मांगने के लिए कहा। इस पर देवराज इन्द्र के समक्ष हाथ जोड़कर विनती करते हुए शिलादि ने कहा कि हे देवराज, आप मुझे देवताओं के शत्रुओं का नाश करने वाले और सहस्त्र नेत्रों वाले देव यह वरदान दें कि मेरा होने वाला पुत्र अयोनिज हो और जीवन मृत्यु के संकट से मुक्त हो।

इस पर देवराज ने कहा कि हे मुनीश्वर, मैं आपको पुत्र होने का वरदान दे सकता हूं लेकिन वह योनि से ही उत्पन्न होगा। अगर आप अपने वचनों पर दृढ़ हैं तो मैं तो क्या, स्वयं ब्रह्मा और विष्णु भी यह वरदान देने में अक्षम हैं क्योंकि ब्रह्मा और विष्णु भी किसी-न-किसी कारण से योनिज ही हैं। आप अयोनिज और मृत्यु से रहित पुत्र की कामना छोड़कर योनिज और मृत्यु सहित पुत्र को प्राप्त कर लें, इसी में आपका हित है और तप की सफलता भी। इन्द्रदेव का वचन सुनकर मेरे पुण्यात्मा पिता ने उनसे कहा कि हे भगवान्! मैंने विष्णु का अण्डयोनि होना, ब्रह्मा का पद्मयोनि होना और महेश्वर के अंग से उत्पन्न होना सुना है। हे महाबाहु, यह सब कैसे सम्भव हुआ, कृपया इसका विस्तार से आख्यान सुनाएं।

इस पर इन्द्र ने उन्हें बताया कि पद्मसंभवा ब्रह्मा के पुत्र प्रजापति दक्ष थे और दक्ष की कन्या दाक्षायिणी ब्रह्मा की पौत्री थी। फिर उसका ब्रह्मासुत कैसे पैदा हुआ। इसका कारण बताते हुए इन्द्र ने उनसे कहा कि परमेश्वर! शिव ने सृष्टि के निर्माण के योग्य श्री ब्रह्माणी को उत्पन्न किया और मेघवाहन कल्प में जगत् के स्वामी ने महादेव को एक हजार दिव्य वर्ष तक मेघ रूप में वहन किया। अपनी आत्मा में हरि-भाव देखकर महादेव ने ब्रह्मा को सृजन का आदेश दे दिया। यह कल्प मेघवाहन के नाम से जाना जाता है। उनकी देह से उत्पन्न हिरण्यगर्भ ने उसको देखा था। जनार्दन पुत्र ने तपस्या के द्वारा संकट को प्राप्त करके उनसे कहा कि मैं आपके वाम अंग से उत्पन्न हुआ हूं। अच्युत ब्रह्म ने मेरे

साथ सम्पूर्ण जगत् का सृजन किया। विष्णु ने ही आपको मेघ रूप में वहन किया। हे शंकर! अब आप प्रसन्न होकर मुझे अपना आत्मतत्त्व प्रदान करें। इसके पश्चात् साक्षात् भगवान् भव ने क्षणमात्र में ही सर्वात्म प्राप्त किया।

वह पुरुषोत्तम दुर्जनों को दुष्प्राप्य, पुण्यात्माओं से द्वारा अगोचर, शेषनाग की शैया पर शयन करने वाला, कमल के समान नेत्रों वाला, चार भुजाओं, सम्पूर्ण आभरणों से अलंकृत, शंख, चक्र गदा और पद्म को धारण करने वाला है। वह परम पुरुष श्रीवत्स के चिह्न वाला, प्रसन्न मुख वाला और लक्ष्मी के कोमल कर-कमलों के स्पर्श से, श्वेत पद कमल वाला ईशान परमात्मा, तमोगुणी से कालरूपी, रजोगुण से समस्त लोकों की रचना करने वाला और सत्त्वगुण से सर्वभूतों को स्थापित करने वाला हुआ। वह परमात्मा सबकी आत्मा, महान आभा वाला अमृतमय ईश्वर, सागर में शयन करने वाला है। ऐसे भगवान् भव को देखकर जर्नादन ने ब्रह्मा से कहा—शिव के प्रसाद से जिस प्रकार आपने मुझे ग्रसित किया था, उसी प्रकार जब मैं आपको ग्रसूंगा।

इस प्रकार विस्मित होते ब्रह्मा को देखकर भगवान् भव ने अण्डज में प्रवेश किया। इसके पश्चात् ब्रह्मा ने भृकुटियों के बीच से उस अच्युत भगवान् को उत्पन्न किया। उनके द्वारा सृजित हुए हरि ने उन्हीं की शरण में स्थिति ली और फिर दोनों ने साक्षात् भगवान् भव को समक्ष कालाग्नि के रूप में देखकर शिव का स्तवन किया। शिव उन पर अनुग्रह करके अन्तर्धान हो गए।

भगवान् के अन्तर्धान होने पर पद्मयोनि पितामह से श्री विष्णु ने कहा कि हे ब्रह्मा! जगत् के स्वामी भगवान् शंकर ही परम ईश्वर हैं, वे ही अखिलेश्वर हमारे रक्षक हैं। मैं स्वयं उनके बाएं अंग से उत्पन्न हुआ हूं और आप उनके दक्षिण अंग से उत्पन्न हुए हैं। इसलिए ऋषिगण हमें प्रधान प्रकृति और पुरुष की संज्ञा देते हैं। वस्तुतः महादेव ही हमारे कारणभूत हैं। इसके पश्चात् भूमि को वाराह रूप में धारण करके जनार्दन ने पहले की भांति ही स्थापित कर दिया।

सम्पूर्ण नदियों और उनके आस-पास की भूमि को पहले की तरह कर दिया। समस्त पर्वतों को उठाकर खड़ा कर दिया। चारों लोकों की

स्थिति यथावत कर दी। इसके पश्चात् परमेष्ठी भगवान् सृजन के विचार से वृक्ष, पशु, देव और मानव की रचना की। इसमें सनक, सनन्दन आदि कुमार उत्पन्न हुए। इसके पश्चात् योग विद्या द्वारा मरीचि, भृगु, अंगिरा, पुलस्त्य, पुलह, क्रतु, दक्ष, अत्रि और वसिष्ठ की रचना हुई। तत्पश्चात् धर्म, अधर्म और संकल्प प्रकट हुए। इस तरह अव्यक्त जन्मा ब्रह्मा की सृष्टि हुई। सनत्कुमार, ऋभु का सृजन हुआ ओर ये दोनों दिव्य ब्रह्मवादी अग्रज कहलाए।

युगों का सविस्तार वर्णन

महात्मा शिलाद के द्वारा बहुविधि स्तवन, पूजन के बाद इन्द्र ने उन्हें बताया कि सृष्टि में सबसे पहले क्रतयुग, जिसे सत्तयुग कहा गया, इसके पश्चात् त्रेता, द्वापर और कलियुग हुए। सत्तयुग में ईश्वर चिन्तन, त्रेता में योग, द्वापर में भजन और कलियुग में दान ही परम उत्कृष्ट कर्म होता है। सत्तयुग चार हजार दिव्य वर्षों का होता है। इसमें चार सौ वर्ष संध्या और उतना संध्यांश होता है।

इस युग के मनुष्य की आयु चार सहस्त्र वर्ष होती है। इसके संध्यांश के समाप्त हो जाने पर इसका एक पैर नष्ट हो जाता है। इस प्रकार चौथे भाग से ही त्रेता होता है और इससे आधा द्वापर और द्वापर का आधा कलियुग हुआ करता है। इनमें क्रम से संध्या और संध्यांश, तीन सौ, दो सौ और एक सौ वर्षों के होते है। सत्तयुग में सनातन धर्म चतुष्पादी होता है, त्रेता में त्रिपादी, द्वापर में द्विपादी और कलियुग में वह एकपादी होता है और केवल सत्ता मात्र में ही अधिष्ठित रहता है।

सत्तयुग में प्रजा परम तृप्त, सब प्रकार का आनन्द भोग करने वाली; आयु में समान, पारस्परिक प्रेम से युक्त, द्वन्द्व और ताप से मुक्त, पर्वतों, वनों और समुद्रों में वास करने वाली, तत्त्व-गुण प्रधान, स्वर्ग-नरक के कारण-रूप पाप और पुण्य से निवृत्त हुआ करती है। त्रेता युग में योग से रस का प्रादुर्भाव होता है, पृथ्वी-तल पर वर्षा के साथ संयोग होने पर जल से ग्रह के समान वृक्ष उत्पन्न होते हैं, जिनमें जीव सब प्रकार की वृत्तियों का उपभोग करते हैं। अधिक समय तक प्रजा के जीवों का व्यवहार में

लाने के कारण राग और लोभ के भाव के उत्पन्न होने से विपर्यय गुण के कारण घर की संज्ञा वाले वृक्ष नष्ट हो जाते हैं।

इसके पश्चात् मैथुन से भ्रान्त होते हुए, सत्य का ध्यान करने से उन्हें सिद्धि प्राप्त होती है और गृह-संज्ञा वाले वृक्ष फिर उत्पन्न होते हैं। वे सब वस्त्रों, फलों, आभूषणों को उत्पन्न करते हैं और जीव सिद्धि प्राप्त करके सब प्रकार से दुःख रहित हो जाते हैं। शीत, वर्षा और ताप से प्रभावित होकर दुखित जन पर्वतों, गुफाओं में आश्रय लेते हैं। यहीं से उनमें निर्वाह की चिन्ता का सूत्रपात होता है। ऐसे समय भूख-प्यास से दुखित अनेक विवादों से व्याकुल, ये जन सिद्धि के माध्यम से निर्वाह का एक अन्य साधन दृष्टि पाते हैं। वर्षा के होने से स्रोतों के स्थल नदी रूप में प्रवाहित होने लगते हैं।

स्रोतों के जल का भूमि से स्पर्श अनेक महत्त्वपूर्ण औषधियों का कारण बनता है। बीज के कारण से रहित ये औषधियां उत्पन्न होकर प्रजा के निर्वाह में सहायक होती हैं। विपर्यय के कारण चौदह प्रकार की औषधियां जब नष्ट हो गई तो समस्त प्राणियों के हित के लिए फिर से पृथ्वी का दोहन किया गया। यह कृषि-कर्म कहलाया। युग के प्रभाव से स्त्री, पुत्र और धन आदि का बलपूर्वक ग्रहण कर लेने की प्रवृत्ति से दुखित ब्रह्मा ने क्षत (दुःख) से त्राणात अर्थात् दुःख से मुक्ति दिलाने वाला क्षत्रिय वर्ण का सृजन किया।

ब्रह्मा ने अपने ही तेज से, स्वयं अपने धर्म से वर्णाश्रमों की प्रतिष्ठा का निर्माण किया। इसलिए त्रेता युग में यज्ञ का प्रवर्तन हुआ। द्वापर युग में भी मनुष्यों के परस्पर विचार में भेद रहने के कारण लोभ, क्लेश, धर्मों का संकट, वर्णों और आश्रमों का नाश, राग, लोभ, काम, मद आदि प्रवृत्तियां देखी गईं।

त्रेता युग में चतुष्पाद एक ही वेद था, द्वापर में महामुनि व्यास ने चार भागों में विभक्त करके ऋक्, यजु, साम और अथर्व रूप में प्रस्तुत किया। विधि, प्रशंसा और मन्त्रों का विनियोग करने वाला ब्राह्मण, क्रिया का प्रतिपादन करने वाला, कल्पसुत, मन्त्र-प्रवचन मीमांसा वाला न्यायसुत रचा। इतिहास-पुराण भी अनेक भेद वाले रचे गए। परम कल्याण करने

वाला लिंग-पुराण द्वापर में ही रचा गया। वेद और पुराणों के विभाजन करने वाले मुख्य ऋषियों में याज्ञवल्क्य, कुशना, अंगिरा आदि ऋषियों के नाम प्रमुख हैं।

वैराग्य के बिना ज्ञान दृढ़ नहीं होता। वैराग्य के बिना दोष-दर्शन नहीं होता। दोष का दर्शन दुःख के बिना नहीं होता। दोष-दर्शन के बाद निर्वेद से प्राणी के मन में दुःख से छुटकारा पाने का भाव पैदा होता है। ऐसा विचार आने की स्थिति को ही वैराग्य कहते हैं और यही स्थिति ज्ञान प्राप्त होने की है। सत्तयुग और त्रेतायुगों में स्वाभाविक रूप से ज्ञान में प्रवृत्ति होती है, द्वापर में यह प्रवृत्ति रजोगुण और तमोगुण युक्त हो जाती है, सत्तयुग में जो धर्म है, त्रेता में वह प्रवृत्ति है और द्वापर में वह भूत हो जाता है तथा कलियुग में नष्ट हो जाता है।

कलियुग में तमोगुण के प्रभाव से व्याकुल इन्द्रियों वाले मनुष्य माया के कारण तपस्वियों का वध किया करते थे। प्रामाणिकता का क्षय हो जाता है, परस्पर विश्वास में कमी आती है। प्रमाद, रोग, भय आदि दोष बढ़ने लगते हैं। मनुष्य अधर्मी, आचरणहीन और छोटे विचारों के होते हैं। प्रजा लोभी और मिथ्याभाषिणी होती है। दूषित मनोवृत्ति के कारण वे जो अध्ययन करते हैं वह कुत्सित विचार पैदा करता है। विप्रों के ऐसे दूषित कर्मों से प्रजा में भय व्याप्त हो जाता है। ऐसे समय वेदों का अध्ययन और यजन कर्म के प्रति उपेक्षा बढ़ती है। क्षत्रिय, वैश्य और शूद्र सभी क्रम से उत्पन्न होते हैं। राजा शूद्र होते हैं और ब्राह्मणों को बाधित करते हैं।

सामाजिक जीवन-व्यवहार में व्यभिचार की व्याप्तता के कारण भ्रूण-हत्या होने लगती है, शूद्र ब्राह्मणों के समान व्यवहार करने लगते हैं और ब्राह्मण शूद्रों का आचरण करते हैं। राजा के व्यवस्थापक चोर व्यक्ति भी होते हैं। पत्नी और पतिव्रत केवल नाम-शेष रह जाते हैं। सब ओर व्यभिचारिणी नारी होती हैं। जब-जब पृथ्वी पर ऐसी दशा उपस्थित हुई है, तब-तब कम पैदावार हुई है, लोग रक्षा की अपेक्षा हरण में लीन रहने लगते हैं।

शूद्र ज्ञानी हो जाते हैं। उनका सोना, भोजन तथा आसन-ग्रहण में ब्राह्मणों के समान होता है। राजा की बहुधा शूद्र होते हैं। ब्राह्मण शूद्रों की

चाटुकारिता करते हैं। शूद्र ब्राह्मणों से भी उच्चासन पर बैठते हैं। ब्राह्मण उनके सामने नीच की भांति निवेदन किया करते हैं। कलियुग के समय काल के प्रभाव से राजा सब कुछ जानते हुए भी हिंसा नहीं करता, शास्त्र का अल्प-ज्ञान, खोटा भाग्य और कम शक्ति वाले लोग फूलों, सुगन्धित पदार्थों और अनेक ऐसे ही शुभ मंगल प्रतीकों के द्वारा शूद्रों की अर्चना किया करते हैं और इस कारण शूद्र घमण्डी हो जाते हैं, ब्राह्मण उनकी सेवा करते हैं।

अनेक स्तुतियों के द्वारा उनका स्तवन करते हुए ब्राह्मणगण अपने तप और यज्ञ के फल का विक्रय करते हैं। ऐसे ही वेशधारी कलियुग में संन्यासी हो जाते हैं। स्त्रियां संख्या में अधिक और पुरुष कम होने लगते हैं। ब्राह्मण वेद-विद्या और वैदिक कार्यों की कलियुग में निन्दा करते हैं। शंकर भी उच्छिन्न भिन्न लिंग स्वरूप वाले, धर्म की प्रतिष्ठा के लिए प्रकाशित होते हैं। शंकर की ही सेवा के द्वारा कलियुग के लोग दोषों के ऊपर विजय पाकर परम-पद की प्राप्ति करते हैं।

सच्चे और वास्तविक साधुओं का कलियुग में अभाव हो जाता है। दान का सूक्ष्म रूप भी दुर्लभ दिखाई देता है। आश्रम-व्यवस्था में शिथिलता के कारण धर्म प्रस्थान कर जाता है। राजा प्रजा की रक्षा के दायित्व की अपेक्षा केवल अपनी रक्षा में लग जाते हैं। स्त्रियां वेश-सज्जा के साथ केवल भग-विक्रय करने वाली हो जाती हैं। इस अधम कलियुग से समस्त वणिक लोग भी दम्भी, अवैदिक और कुत्सित आचरण वाले हो जाएंगे। परस्पर क्रूर वाक्य बोलने वाले अव्यवहारी और कपटी तथा निन्दा करने वाले हो जाएंगे। कोई भी किसी के लिए उपकार या प्रत्युपकार नहीं करेगा। इस युग के अन्त का यही लक्षण होता है।

कलियुग में पृथ्वी पर ऐसा समय भी उपस्थित होगा जब वह रक्षा करने वाले राजाओं से रहित हो जाएगी। धन-धान्य का अभाव हो जाएगा, चारों तरफ जन-शून्यता व्याप्त हो जाएगी। सारी पृथ्वी अल्प फल वाली और अल्प जल वाली हो जाएगी। इसकी रक्षा करने वाले ही इसका विनाश करेंगे, कोई भी भूमि पर सोने वाला न बचेगा। अधिकांश लोग दूसरे की सम्पत्ति हरण करने वाले, दूसरी स्त्रियों के साथ बलात शारीरिक

सम्बन्ध रखने वाले, काम-वासना में डूबे, दुष्ट आत्मा, बुरे काम में साहस से आगे बढ़ने वाले, अनुद्योगी, निर्लज्ज, बीमार तथा पुण्य स्त्रियों के साथ सम्पर्क रखने वाले, शुक्ल-दन्त, मृगचर्म और रुद्राक्ष धारण करके गेरुआ वस्त्र पहनकर शूद्र ही युग में अन्त में धर्म का आचरण करेंगे। वस्त्रों और धन-धान्य की चोरी तथा चोर, चोरों के ही धन का हरण करने वाले होंगे।

योग आदि उत्तम कर्मों के समाप्त हो जाने पर जन अधिकार क्रियाहीन होंगे और योगी शक्तिवान और कुशल प्राणी सर्वत्र दुर्लभ हो जाएंगे। ऐसे समय लोग कौशिकी नदी की ओर भूख और प्यास से पीड़ित होकर भागने लगेंगे। उस समय उनकी आयु केवल सौ वर्ष की होगी। सब ओर धर्म-पीड़ित गेरुआ वस्त्रधारी, मूर्ख, कापाली ही नजर आएंगे। अन्य लोग वेदों और तीर्थों का विक्रय करते दिखाई देंगे। कलियुग के अंतिम समय में ऐसे ही दम्भी, पाखण्डी, कुकर्मी और कुमार्गी लोग उत्पन्न होंगे। उस समय शूद्र ही महापंडित और धर्म का अर्थ बताने वाले होंगे। वे ही वेदों का अध्ययन करेंगे। शूद्र योनि में उत्पन्न राजा ही कलियुग में अश्वमेध यज्ञ करेंगे। ये ही स्त्री, बाला और गऊ का वध करके एक-दूसरे को मारेंगे।

पूरी तरह अधर्म का ही बोल-बाला होगा, प्रजा में ब्रह्म-हत्या महापाप की प्रवृत्ति बढ़ जाएगी, इसी कारण मनुष्य की आयु, बल और रूप क्षीण हो जाते हैं। यह समय की ही विशेषता है कि मनुष्यों को अत्यन्त कम समय में ही सिद्धियां प्राप्त हो जाती हैं। वे ब्राह्मण श्रेष्ठ परम धन्य भागी और महान है जो धर्म का आचरण करेंगे। जो लोग वेदों और स्मृतियों द्वारा प्रतिपादित धर्म का आचरण करते हैं, वे बड़े भाग्यशाली हैं। सत्तयुग में जो शुभ फल दस वर्ष धर्माचरण करने में प्राप्त होता है वह त्रेता में एक वर्ष के धर्माचरण से प्राप्त हो जाता है, वही द्वापर में एक मास में प्राप्त हो जाता है तथा क्लेश के साथ पंडित उसी धर्म का आचरण करके कलियुग में एक दिन में प्राप्त कर लेते हैं।

इस प्रकार कलियुग का संध्यांश काल उपस्थित होगा और इस समय युग के अंत में एक युग-पुरुष प्रमित जन्म लेगा जो उन असाधुओं पर शासन करने के लिए तथा प्राणियों की मृत्यु के पश्चात् उत्पन्न होने वाला

मनु-पुत्र के अंश से उत्पन्न सोम शर्मा नाम के ब्राह्मण के यहां जन्म लेगा। बीस वर्ष तक वह पृथ्वी पर भ्रमण करता हुआ हाथियों, घोड़ों, रथों को सज्जित सेना पर आरूढ़ अस्त्रों-शस्त्रों से सुसज्जित विप्रों को साथ लेकर शूद्र योनि में उत्पन्न सभी राजाओं का वध करके उन सभी को समाप्त करके ऐसा चक्र प्रवृत्त करेगा कि सर्वत्र ही म्लेच्छों का अन्त कर देगा। यह पूर्व जन्म में मनुदेव के अंश से उत्पन्न प्रमिति के नाम से उत्पन्न हुआ था। वही वीर्यवान कलिकाल की समाप्ति पर सोम शर्मा नाम के ब्राह्मण गोत्र में जन्मेगा। बत्तीस वर्ष की आयु में ही वह पृथ्वी पर से कुकर्मियों, दुराचारियों, दुष्टों का वध करके पृथ्वी का उद्धार कर देगा। इस कल्कि अवतार की समाप्ति पर जो कलियुग का शेष भाग रह जाएगा, प्रजा बहुत ही अल्प रह जाएगी, मर्यादा शून्यता सभी ओर व्याप्त होगी। युग-धर्म के प्रभाव से चारों तरफ ही एक प्रकार की अराजकता व्याप जाएगी। लोग इतने दुःखी हो जाएंगे कि अपने घर तथा स्त्रियों को छोड़कर इधर-उधर मारे-मारे फिरेंगे। सारा श्रोत तथा स्मार्त समाप्त हो जाएगा। सोम इतने दुःखी होंगे कि आपस में ही मार-काट करते मरने लगेंगे।

यह एक ऐसा भीषण समय होगा कि लोग सब प्रकार की मर्यादा का त्याग करके निराक्रांत स्नेह-शून्य तथा लज्जाहीन हो जाएंगे। धर्म के नष्ट होने के कारण कद में बहुत छोटे केवल पच्चीस वर्ष की आयु वाले होंगे। नदियों तथा पर्वतों, सागर तथा कूपों के सहारे रहने लगेंगे। भोजन के नाम पर कन्दमूल, मधु, मांस पर निर्भर करने लगेंगे। वर्णाश्रम का त्याग कर भ्रष्ट तथा घोर संकट में पड़े भूख-प्यास तथा व्याधि से पीड़ित ये जन दुःख से दुखित होंगे तो इनके मन में साम्यावस्था का भाव जागेगा।

तभी लोगों के मन में धर्मशीलता जागेगी, इस समय कलियुग में जो लोग बच जाएंगे वे असामर्थ्य के कारण उपजी शांति से युक्त होंगे। उस अहोरात्र में प्रजा के सोये प्रमत्त की भांति सम्मोहन करके कलियुग निवृत्त हो जाएगा। इससे आगे कृतयुग का पुनः प्रारम्भ होगा। कलयुग की बची प्रजा ही सात सप्तर्षियों के नाम से व्यवस्था पाएगी। इन्हीं से आगे ब्राह्मण, क्षत्रिय, वैश्य और शूद्र का जन्म होगा।

सप्तर्षियों तथा अन्य लोगों के द्वारा धर्म का उपदेश पाने से लोग

पुनः कर्मनिष्ठ हो जाएंगे। मन्वंतर के अधिकारी मुनिगण, दावाग्नि से समाप्त होने के बाद शेष रहे वृक्ष, पर्वत, नदी का जो अंश रह जाता है, वही पहली वृष्टि के फलस्वरूप प्रदग्ध स्थिति से उबरकर अलंकरण प्राप्त करके, पुनः जीवन पाकर प्रकृति को हरा-भरा कर देता है। इसी प्रकार एक युग से दूसरे युग में परस्पर सन्ताप रहा करता है। पूर्ण रूप से जब तक मन्वंतर का क्षय होता, ये रहा करते हैं। मुख, आयु, बल, रूप, धर्म, और काम ये सभी कृत, त्रेता, द्वापर युगों में एक-एक पाद के क्रम से घटते रहते हैं। संध्यांश में धर्म सिद्धियां ह्रासमान हो जाया करती हैं।

इसी क्रम में चारों युगों का आगमन-गमन होता रहता है। इन युगों की आवृत्ति एक सहस्र से गुणा करने पर ही ब्रह्मा का दिन होता है। इतनी ही परिमाण में रात्रि हुआ करती है। चारों युगों के परिवर्तन के समान ही मन्वंतर के परिवर्तन के समय होता है। इसी प्रकार प्रत्येक सर्ग में भेद होता है। कुल 25 तत्त्व हैं जो न कभी कम होते हैं न अधिक। इन्हीं तत्त्वों से सब भेदों की उत्पत्ति होती है। युग तथा मन्वतर के समान ही कल्प की व्याख्या की जाती है। समस्त आगत, अनागत मन्वंतरों में इसी प्रकार हुआ करता है।

इस प्रकार सूत ने बताया कि शिलादि ने इन्द्र के जाने के बाद भगवान महादेव की आराधना करके भगवान् भव को पूर्ण रूप से संतुष्ट किया और यह दिव्य दस हजार वर्ष पलक झपकते ही बीत गए।

उन मुनि का शरीर वल्मीकों से घिर गया था। मुंह भी नहीं दिखाई देता था। बिना मांस, रक्त और त्वचा का हो गया था लेकिन फिर भी तपस्या में लीन था और निर्लेप था। धीरे-धीरे वह अस्थि-पंजर मात्र ही रह गया। उसकी ऐसी दशा देखकर भगवान् शंकर ने उस पर कृपा की। काम को भी भस्म करने वाले महादेव शंकर ने हाथ से उस मुनि का स्पर्श किया तो उस मुनि शार्दूल का तप पूर्ण हो गया। प्रभु उसकी तपस्या से प्रसन्न और संतुष्ट हुए और कहा, "मैं तुमसे प्रसन्न हूं। शंकर उसके तप का उद्देश्य जानते थे इसलिए शंकर ने उस मुनि को समस्त शास्त्रों के अर्थ का पारगामी सर्वज्ञ पुत्र प्राप्ति का वरदान दिया।

देवाधिदेव महेश्वर को विधिवत् प्रणाम और उनकी स्तुति करते हुए

गद्‌गद् कण्ठ से मुनि ने कहा, हे देवों के देव! मैं ऐसा पुत्र प्राप्त करना चाहता हूं जो अयोनिज हो और मृत्यु-भय से रहित हो। यह सुनकर शिलाद मुनि से शंकर ने कहा, तप-रूप हे महात्मन्! ब्रह्मा तथा अन्य देवों ने भी मुझसे अवतरण के लिए मेरी घोर तपस्या की, मैं तुम्हारी तपस्या पर पूरी तरह प्रसन्न हूं। मैं नन्दी के नाम से तुम्हारे यहां अयोनिज पुत्र के रूप में जन्म लूंगा। आप ही मेरे पिता होंगे। इस प्रकार हे महामुनि! रुद्र से वर प्राप्त कर मेरे पिता ने मुझे प्राप्त किया था। यज्ञ-ज्ञानियों में परम श्रेष्ठ उन शिलाद की इस प्रकार वह तपस्या पूर्ण हुई थी।

मेरे जन्म के समय मेघों ने वर्षा की, आकाशचारी किन्नरों, गन्धर्वों ने गायन किया, इन्द्र ने सुन्दर पुष्पों की वर्षा की। मेरी आभा काल-सूर्य के समान थी। जटा तथा मुकुट धारण किए, तीन नेत्र, चार भुजा, बाल रूप, हीरों के कुण्डल पहने, मेघ के समान ध्वनि करने वाला मैं सभी देवताओं, ब्रह्मादि के द्वारा स्तुत्य आराध्य हुआ। ऋषिगण ने वेदों के माहेश्वर मंत्रों द्वारा मेरा स्तवन किया और आनन्द अनुभव किया।

ब्रह्मा, विष्णु, रुद्र ने जगदम्बा पार्वती, चन्द्र, बृहस्पति, इन्द्र, सूर्य, अग्नि, ईशान, यक्ष, यम, वरुण ने और लक्ष्मी, सरस्वती, अदिति आदि देवियों ने मेरा आलिंगन करके मेरी स्तुति की। मुझे इस प्रकार स्तुत्य देखकर मेरे पिता शैलादि ने भी परम पुण्य को देने वाला मुझे इष्ट मान कर प्रणाम किया। उन्होंने त्रि-अम्बक और विनाश रहित रहते हुए, मेरी स्तुति की और अपनी भावांजलि प्रकट की और मुझसे आशीर्वाद मांगा कि मैं उनकी रक्षा करूं। वे मुझे पाकर अत्यंत आनंदित हुए इसीलिए मेरा नाम नन्दी रख दिया।

शिलादि मुनि ने मुझसे कहा, हे जगत् के स्वामी मेरे माता-पिता रुद्रलोक में चले गए हैं, पितामह भी चले गए हैं। आप उन पर प्रसन्न होइए। आपका मेरे घर में अवतरण से मेरा जीवन सफल हो गया है। देवों के भी देव, जगत् के गुरु आपको पुत्र मानकर जो आपका कीर्तन किया है, उसे क्षमा करें। आप तो देव-असुर सभी के द्वारा पूज्य एवं स्तुत्य हैं। मेरे इस कथन-स्तवन को जो कोई भी सुनेगा, पढ़ेगा या ब्राह्मणों को सुनाएगा, वह मेरे ही समान आनन्द को प्राप्त होगा। उन्होंने अपने भाग्य

की सराहना करते हुए कहा, मेरे यज्ञ में अविनाशी साक्षात् प्रभु नन्दी देव अवतीर्ण हुए हैं। मेरे समान सौभाग्यशाली इस पृथ्वी पर और कौन है। ये भगवान् नन्दी मेरे हित ही इस यज्ञ-भूमि में प्रकट हुए हैं। मेरे पिता ने इस प्रकार आनन्द-मग्न होकर भगवान् महादेव को प्रसन्न किया और फिर जैसे एक गरीब को बड़ी भारी सम्पत्ति मिल जाती है, उसकी खुशी की सीमा नहीं रहती, पिता भी प्रसन्न-मन अपने निवास-स्थान को लौट गए।

पिता के कुटिया में आते ही मैं सामान्य मनुष्य रूपधारी होकर उनके सामने प्रकट हो गया था। ईश्वर-इच्छा के अनुरूप रूप ही नहीं, मेरी पूर्व स्मृति भी समाप्त हो गई थी। पिता ने इस रूप में देखकर दुःख माना और फिर मेरे सारे जात-कर्म संस्कार सम्पन्न किए। मुझे ऋग्वेद तथा यजुर्वेद का उपदेश दिया। अंगों-उपांगों सहित सामवेद पढ़ाया, आयुर्वेद, धनुर्वेद तथा गन्धर्व शास्त्र पढ़ाया। हरि के चरित्र तथा मनुष्य के लक्षण बताए। सात वर्ष की आयु पाने पर मेरी चर्चा सुनकर मुझे देखने विभु की आज्ञा से मित्रावरुण वहां आश्रम में पहुंचे।

उन्होंने मेरी आयु मात्र दस वर्ष आंककर दुःख प्रकट किया। यह जानकर मेरे पिता अत्यंत दुःखी हुए और विलाप करने लगे। देव की विधि, विधाता की कृपा कहते हुए वह अत्यंत व्यथित हुए। आश्रमवासी भी यह भविष्य समाचार सुनकर शोक-सागर में डूब गए। सबने उमा पति की स्तुति-आराधना की। त्र्यम्बक मंत्र से मधु-मिश्रित दूर्वा द्वारा दस हजार मंत्रों का हवन किया। मेरे पिता उस समय भी निश्चेष्ट भूमि पर बेसुध पड़े थे। मृत्यु से डरा मैं पिता के सिर को अपनी जांघ पर लिटाए बैठा था। मैंने पिता की प्रदक्षिणा करके रुद्र मंत्र का जाप प्रारम्भ कर दिया। त्र्यम्बक प्रभु का चिंतन किया। महादेव ने प्रसन्न एवं तुष्ट होकर मुझसे कहा, हे नन्दी! तुम महान बाहुओं वाले हो, तुम्हें मृत्यु भय कैसे हो सकता है? मित्र वरुण तो मैंने ही भेजे थे। तुम तो मेरे ही तुल्य हो, तुम्हारी यह तो लौकिक देह है। तुम्हारा वास्तविक शरीर नहीं है।

यह तो प्रकृति का नियम है, जहां आना-जाना लगा रहता है जो जन्मता है वह मरता भी है। यहां दुःख-सुख लगा ही रहता है। विवेकी पुरुष जानते हैं कि नर योनि का परित्याग तो होना ही है। ऐसा कहकर

महेश्वर ने मेरे शरीर पर स्पर्श किया और कहा–तुम अजर हो, अमर हो, क्षयरहित हो, मेरे सर्वज्ञ मेरे ही समान वीर्य वाले, पराक्रम वाले हो, तुम मेरे ही समान योगबल से समन्वित होओगे और इस प्रकार अपनी कुशमाला शंकर ने मेरे बांध दी।

माला के ग्रहण करते ही मैं भी शंकर के समान आभा वाला हो गया। इसके बाद महादेव ने मुझे एक तरफ ले जाकर कहा कि आज मैं तुझे उत्तम वर प्रदान करता हूं और कहा तुम नदी हो जाओ। ऐसा कहते हुए शंकर ने अपनी जटा में रहने वाले जल को ग्रहण करके उसका उत्सर्ग कर दिया। अब वह दिव्य जल वाली परम शुभ कमलों से युक्त महानदी रूप में प्रवृत्त हो गई। एक ही जटा से प्रवृत्त होने के कारण पुण्यमयी सरिताओं में श्रेष्ठ यह नदी जटोदका हुई। जो कोई भी इसमें स्नान करेगा वह पवित्र हो जाएगा।

इसके बाद प्रभु ने शिलाद के पुत्र के लिए देवी से कहा, यह तेरा पुत्र कहा जाएगा और उस नदी के जल से मेरे चरण प्रक्षालित हुए। उस नदी के ममत्व से मेरा सिंचन किया। उस समय इसकी तीन स्रोतस्विनी हुई, उसका नाम त्रिस्रोतम रखा। इसके बाद भगवान् भव ने मणि-जटित मुकुट मेरे मस्तक पर बांध दिया। ऐसा देखकर देवों ने आकाश से मेध-वर्षा की। इसके बाद शिलाद मुनि का अभिसिंचन किया। इससे एक दूसरी नदी जाम्बू नदमय प्रवृत्त हुई। इसी को जम्बू नदी कहा गया। इस प्रकार जप्येश्वर के समीप पांच नदियों का समूह रहने लगा। जो इस पंच नद में स्नान करता है वह जप्येश्वर की ही अर्चना करता है।

ऋषियों की जिज्ञासा देखते हुए सूत ने उन्हें बताया कि भूः, भुवः, स्व, महः, जनः, तपः और सत्य तथा पाताल लोक और नरकार्णव करोड़ों ताराग्रह, सूर्य, चन्द्र, ध्रुव, सप्तर्षि आदि सभी कुछ भगवान् महादेव शंकर के प्रसाद से ही स्थित हैं। ये सभी भगवान् रुद्र द्वारा निर्मित और उन्हीं का रूप है। सबकी आत्मा और अन्तर्यामी रूप से सब जगह निवास करने वाले प्रभु को माया के वशीभूत ही सामान्य-जन उन्हें जान नहीं पाते हैं। यह त्रिभुवन उस महादेव का ही शरीर है अतः समष्टि स्वरूप जगत् आत्मा शिव को प्रणाम करते हैं। मैं जगत् के कल्याण के लिए आपसे

कहता हूं कि पूर्वोक्त सातों लोक शुभ हैं। इनका उद्भव इसी ब्रह्माण्ड से हुआ है।

पृथ्वी तल के नीचे ही महातल आदि सात तल हैं और उनके नीचे क्रमशः नरक है। महातल का निचला भाग हेम के समान तल वाला है तथा सारे प्रकार के रत्नों से शोभित है। भगवान् भव के विचित्र आयतन और प्रसादों से वह युक्त है। यहीं अनन्त भगवान् विराजमान रहते हैं। धीमान मुचुकन्द तथा राजा बलि पाताल रूपी स्वर्ग में वास करते हैं। सारा रसातल शैलमय है। तलातल रेतीला है। सुतल पीले वर्ण का है, वितल लोक की आभा वाला है, अतल श्वेतवर्णी है। तल श्यामवर्णी है। हे विप्रजनो! समस्त तलों की संख्या भूमि के विस्तार के समान है।

सघन आकाश का विस्तार महातल आदि के सात सहस्त्र योजन का होता है। इसके अन्त में तीन-तीन सहस्त्र व्योम से मूल तल प्रमाणित होते हैं। हे मुनि-श्रेष्ठों! इसी लोक के रसातल में वासुकि नाग का वास होता है। यहीं विरोचन, हिरण्याक्ष और नरकासुर आदि भी रहते है जो तलातल में कहे जाते हैं। सुतल में कालनेमि, पुरोगम तथा वितल में तारक अग्नि आदि और लोकतल में कुम्भ, धीमान हयग्रीव, शंकुकर्ण का वास रहता है। इन सभी तलों के स्वामी महादेव जगदम्बा पार्वती नन्दी के सभी तरफ विराजमान रहते हैं। इन्हीं सात तलों से ऊपर सात धरातल हैं।

सूत ने बताया कि समस्त पृथ्वी सात द्वीप वाली है जिसमें अनेक नदियां, पर्वत, वृक्ष तथा अनेक जीव विचरण करते हैं। ये द्वीप जम्बू, प्लक्ष, शाल्मलि, कुश, क्रौंच, शाक तथा पुष्कर के नाम से पुकारे जाते हैं। इनके सात अधिपति होते हैं और ये क्रमशः एक-दूसरे से दुगुने आकार के होते हैं जो क्रमशः सात सागरों से घिरे होते हैं। इनमें भगवान् शिव अपने गणों के साथ विराजमान रहते हैं। जिस समय भगवान प्रबुद्ध होते हैं यह जग भी प्रबुद्ध होता है और जब भगवान् सुप्त होते हैं यह जग सुप्त हो जाया करता है। उन्हीं के द्वारा यह जगत् सृजित हुआ है, वे ही इसके धारण करने वाले अनिरुद्ध का यजन करने वाले आत्मवेत्ताओं में श्रेष्ठ पुरुष अनिरुद्ध का ध्यान करते हैं। वे सब प्रकार की सम्पत्ति से सम्पन्न नारायण ही के समान हैं। सनक, सनन्दन, सनातन और सनत्कुमार

तथा बालखिल्यादि ऋषिगण उन्हीं परमेष्ठी का यजन करते हैं।

स्वायम्भुव मन्वंतर में इस धारा के जो भी अधिपति थे सभी बीते हुए मन्वतरों में रहे। समान अभिमानी और प्रियव्रत राजा के पुत्र थे। आग्नीध्र, अग्निबाहु, मेधा, शेषानधि, वसू, ज्योतिष्मान, द्युतिमान हव्य और सवन तथा पुत्र नाम से कहलाए। इनमें सात का प्रियव्रत ने सातों द्वीपों में अभिषेक किया। आग्नीध्र जम्बू द्वीप के अधिपति बने, मेघातिथि प्लक्ष द्वीप के, वपुष्मान शाकलि द्वीप के, ज्योतिष्मान कुश द्वीप के, द्युतिमान क्रौंच द्वीप के, हव्य शाक द्वीप के अधिपति बने तथा सवन पुष्कर द्वीप के अधिपति थे।

सवन के महावति और धातकी दो पुत्र हुए। ये दोनों ही परमश्रेष्ठ पुत्र हुए। महावति के नाम से महावति वर्ष तथा धातकी के नाम से धातकी खण्ड पुकारा गया। शाक द्वीप जलद, कुमार सुकुमार, मणिचक्र, कुसुमोत्तर मोदकी तथा महाद्रुम वाला था। अलद जलद का प्रथम वर्ष कहा जाता है। कुमार कौमार द्वितीय वर्ष, तृतीय सुकुमार वर्ष आदि उनके नाम के सात वर्ष कहलाए गए। क्रौंच द्वीप के स्वामी द्युतिमान के कुशल, मनुग, उष्ण, पीवर, दुन्दुभि नाम के पुत्रों के नाम पर वहां के वर्ष कहलाए। ये सात देश परम प्रकाशमान हुए। कुश द्वीप में द्युतिमान के सात पुत्र हुए। इस प्रकार इन द्वीपों के अधिपतियों की सन्तानों के नाम पर इनके वर्ष हुए और अपने-अपने वर्ष के ये सभी स्वामी कहलाए।

जम्बू द्वीप स्वामी आग्नीध्र बड़ा शिवभक्त, तपस्वी, सदा तरुण था। इसके यहां नौ पुत्र हुए। ये सभी महेश्वर के परम भक्त और उनकी पूजा में परायण रहने वाले थे। नाभि, किम्पुरुष, धी, इला, राय, हिरण्य, कुरु, मद्राश्व तथा केतुमान नाम से प्रसिद्ध हुए। इनके क्रमशः हेमालव, हेमकूट, नैषध, इलावृत्त, नीलाचल, श्वेत श्रमवर्ण, माल्यवान तथा गन्धमादन वर्ष हुए और इस प्रकार राज्य विभाजन कर पुत्रों को व्यवस्था सौंपकर राजा प्रियव्रत यथाक्रम तपश्चर्या में लीन हो गया।

महामति नाभि यज्ञ मेरुदेवी से ऋषभ नाम का पुत्र जन्मा। इसके यहां सौ पुत्र हुए। इनमें भरत ज्येष्ठ पुत्र हुआ। ऋषभ ने भरत को राज्य सौंप दिया। भरत के कारण ही इस प्रदेश को बुद्धिमान लोग भारतवर्ष के नाम

से पुकारने लगे। भरत का पुत्र सुमति अत्यन्त विद्वान और धार्मिक वृत्ति वाला था। भरत सुमति को राज्य भार सौंपकर वन में तपस्या के लिए चले गए।

सूर्य की उत्तम गति और ध्रुव तथा अभ्रमेघों की विशेषता बताते हुए सूतजी ने कहा कि हे ऋषिगणो! मानस के ऊपर भाग में पूर्व दिशा में माहेन्द्री नाम वाली पुरी स्थित है। दक्षिण में सूर्य पुत्र यम और वरुण की वारुणीपुरी है। सौम्य दिशा सोम की विपुलापुरी है, इसमें दिशाओं के देवता स्थित रहते हैं। यहीं अमरावती स्पगनी सुखा और विभा है। जब सूर्य दक्षिण दिशा की ओर चलते हैं तो गति त्वरित होती है। उस समय ज्योति चक्र चलता है और इन्द्रपुर के अन्त में जब गमन करते हैं तब उदयकाल होता है। जब सूर्य अग्नि दिशा में रहता है तो अपराह्न रहता है। नैऋत दिशा में पूर्वाह्न अर्थात् दिन का पूर्वार्द्ध होता है और जब वायव्य कोण से सुदारुण रहता है तो अररात्र होता है। ईशान दिशा में रात्रि का पूर्व भाग होता है। इस प्रकार जब वारि का पान करने वाला यह सूर्य आकाश के मध्य में होता है तो मेदिनी 30 अंश तक एक मुहूर्त में ही गमन करता है। सूर्य की एक मुहूर्त में होने वाली गति 31,50,000 योजन है।

मानस के उत्तर महान तेज वाला विभावसु 180 पूर्ण मण्डल हैं। सूर्य प्रतिनिधि इसमें ही विचरण करते हैं। जिस प्रकार कुम्हार का चाक बहुत तेजी से घुमता है उसी प्रकार सूर्य भी दक्षिणायन में द्वादश मुहूर्त में शीघ्रता से गमन करता है। कुलाल चक्र का मध्य जिस प्रकार मन्द गति से घूमना है। उसी प्रकार सूर्य भी मंद गति से घूमता है। सूर्य का यह रथ आदित्य तथा मुनियों द्वारा अधिष्ठित है जो आगे, पीछे, ऊपर, नीचे किरणों द्वारा प्रदीप्त रहता है। ग्रीष्म में दिन बड़ा व रात छोटी होती है और शीत-काल में रात्रियां बड़ी व दिन छोटा होता है। पुरावेत्ता मनीषीगण अहोरात्र की तीस मुहूर्त से युक्त कहते हैं। दोनों काष्ठाओं के बीच में मण्डलों का भ्रमण रवि करता है और कुलाल चक्र की नाभि के समान स्थिर ध्रुव होता है।

मुनियों और ज्योतिषयों का गण ध्रुव की इच्छा से ही गमन करता है। ध्रुव ने यह ध्रुवत्व भगवान् विष्णु के प्रसाद से पाया था। जगत् को दीप्त

करने वाला यह रवि भास्कर कहलाता है। जल का कभी नाश नहीं होता यह जगत् का प्राण है। सूर्य द्वारा किरणों से पिया गया जल ही वर्षा के रूप में पृथ्वी को सिंचित करता है। भगवान भव ही जल के स्वामी कहे गए हैं। समस्त जगत् का आधार भगवान् विष्णु है और विष्णु का निवास-स्थान जल है। समस्त चर और अचर के दहन होने पर पृथ्वी से जो धूम राशि आकाश में जाती है वही वायु के द्वारा प्रेरित होकर मेघ बन जाती है इसलिए धूम, अग्नि और वायु के संयोग को ही मेघ कहते हैं जो जल की वर्षा करते हैं। इसका स्वामी इन्द्र है।

यज्ञ से उत्पन्न होने वाला धुआं जिन बादलों को बनाता है वह सदा ब्राह्मणों का हितकारी है। दावानल के धुएं से वनों का हिंत होता है किन्तु शवदाह के धुएं से उत्पन्न बादल अशुभ होता है। अभिचार की अग्नि से अर्थात् अन्याय की अग्नि से उत्पन्न धुआं जिन बादलों को बनाता है वह समस्त भूतों के नाश करने वाला होता है। हे द्विजगण! अभ्रों की उत्पत्ति तीन प्रकार से होती है। जिनका नीचे की ओर भ्रंशन नहीं होता, वे अभ्र कहलाते हैं और जिनसे पृथ्वी का सिंचन होता है वे मेघ कहलाते हैं। लकड़ी और घी के संयोग से जो धूम्र उठता है वह काष्ठ, विरंच की निकली वायु से उत्पन्न वैरंचय और इन्द्र द्वारा पत्थरों से वज्र से वाहनेय अभ्र कहे जाते हैं।

इन तीनों के ही भिन्न-भिन्न कार्य होते हैं। इनमें कुछ शब्दहीन होते हैं। कुछ गर्जनायुक्त होते हैं और कुछ प्रलयकारी होते हैं। हे द्विजो! महान् तेज से समन्वित भानुदेव वर्षा के सृजन करने वाले, साक्षात् परमशिव सत्य हैं। इनकी कृपा से ही लोक में वर्षा होती है।

तीन नाभि वाले चक्र तथा पांच आरों से युक्त देवभास्कर का आवास सुवर्ण का है। इनके रथ का आयाम और विस्तार नौ सहस्र योजन है। रथ में सात अश्व हैं। इस प्रकार अश्वचक्र से युक्तरथ घूमता है। सूर्य की उत्तरायण और दक्षिणायण गति के बारे में बताते हुए सूतजी ने कहा–पुलस्तय से कौशिक तक सभी मुनिगण अपने स्तवन द्वारा सूर्य की स्तुति करते हैं और यातुधान अनुगमन करते हैं। बालखिल्य ऋषिगण उदयकाल से प्रारम्भ करके रवि का परिधारण कर उन्हें अस्ताचलगामी

बनाते हैं। वे सब यहां पर दो-दो मास तक दिवाकर में निवास करते हैं।

हे विप्रगण! मधु और माधव, शुक और शुचिनभ आदि मनुष्य वर्ष के बारह मास होते हैं। वसन्त, ग्रीष्म, शरद, हिम, ऋतुएं होती हैं। धाता अर्चना, मित्रवरुण, इन्द्र, विवस्वान, पूषा, पर्जन्य, अंशु, भग, त्वस्ता और विष्णु ये बारह आदित्य हैं। पुलस्त्य, पुलह, अत्रि, वसिष्ठ, अंगिरा, भृगु, भारद्वाज, गौतम, कश्यप, क्रतु, जमदग्नि और कौशिक, ये ऋषि सूर्य का यजन करते हैं, वासुकि, तक्षक आदि सर्प जातियां हैं। विश्ववासु उग्रेसन, सुरुचि, परावसु आदि गन्धर्व हैं। दिव्या, पुंजित, ब्रह्मलोचा, मनेका, धृताचि, विश्वाची, उर्वशी आदि अप्सराएं रथकृत, रथमित्र, सुबाहु और सत्यजित आदि इनके सारथी हैं। इनमें प्रत्येक में दो-दो प्रमुख अधिकारी हैं। जिनमें मुनिगण अपने वचनों द्वारा, अप्सराएं गायन और नृत्य द्वारा, रवि की उपासना करते हैं। इच्छा के अनुसार गमन करने वाले परम दिव्य और वायु के तुल्य वेग वाले विमान, ये सभी दिवस का अनुगमन करते हुए सूर्य के साथ भ्रमण करते हैं, वर्षा करते हैं, वर्षा करते हुए तपते हुए और शीत अनुभव करते हुए इस संसार में मनु के क्षय पर्यन्त समस्त भूतों की रक्षा करते हैं। ये चौदह सप्तक, जो सूर्य में वास करते हैं, चौदह मन्वंतरों में गण कहलाते हैं। सूर्यदेव एक पहिये वाले रथ से युक्त रात-दिन भ्रमण करते हुए लोक में सप्त अश्वों के साथ, सात द्वीपों और सात समुद्र वाली भूमि पर तेजी से भ्रमण करते हैं।

सोम के उत्तम रथ का निरूपण करते हुए सूतजी ने बताया कि अश्विनी आदि नक्षत्र अपने मार्ग में गमन करते हैं और चन्द्रमा अनुगमन से गमन करते हैं। चन्द्रमा के रथ में तीन पहिए होते हैं। दस अश्व होते हैं, जो परम हृष्ट-पुष्ट, दिव्य और मन के समान वेग वाले होते हैं। इस गमन से दो पक्ष उभरते हैं, शुक्ल-पक्ष और कृष्ण पक्ष। शुक्ल पक्ष में दिन के क्रम से और कृष्ण पक्ष में भ्रमण करता हुआ चन्द्रमा अमावस्या और पूर्णिमा की गतियां पाता है। शुक्ल पक्ष में यह इतना संतृप्त हो जाता है कि पूर्णमासी में शुक्ल सम्पूर्ण मण्डल वाला होता है तथा कृष्ण पक्ष की प्रतिपदा से चतुर्दशी तक चन्द्र सम्बन्धी मधुर जलमय अत्यन्त स्वच्छ अमृत को इन्द्र आदि देव पान करते हैं। सूर्य के तेज से आधे मास में इस अमृत

का पान करने के लिए पूर्णमासी की एक ही रात्रि में इन्द्र आदि देवगण, पितर और ऋषि एक साथ सेवन करते हैं। इस प्रकार देवताओं द्वारा चन्द्रमा का पान कर लेने पर वे सुरश्रेष्ठ अमावस्या में चले जाते हैं।

चन्द्रमा का पुत्र बुध आठ घोड़ों के रथ से युक्त जल और तेज से पूर्ण होता है। दैत्यों के आचार्य शुक्र का रथ पार्थिव अश्वों से युक्त होता है, भूमिपुत्र मंगल का रथ सुवर्णजटित अत्यन्त शोभनीय और आठ घोड़ों से युक्त होता है, बृहस्पति का रथ भी अष्टाश्व होता है। जबकि शनि का रथ बहुत धीमी गति से चलता है, कृष्णवर्णी होता है और लौह निर्मित। ये दस अश्वों वाला होता है। सूर्य के शत्रु स्वरभानु का रथ आठ घोड़ों से सम्पन्न होता है। ये सभी ग्रह बात रश्मियों द्वारा ध्रुव से बंधे होते हैं।

जितने नक्षत्र हैं उतनी ही रश्मियां होती हैं और सभी ध्रुव के साथ निबद्ध हैं। ये सभी ध्रुव के द्वारा अधिष्ठित होते हुए ध्रुव की प्रदक्षिणा करते हैं। रवि का मध्य भाग नौ हजार योजन वाला कहा गया है। सभी ग्रह-नक्षत्र गतिमान होते हुए सोम के ऊपरी भाग में गमन करते हैं। इनके ऊपर बुध गमन करता है। बुध से ऊपर शुक्र, शुक्र से ऊपर भौम और भौम के ऊपर बृहस्पति तथा इन सबसे ऊपर शनि गमन करता है। शनि के ऊपर सप्तर्षि मण्डल गमन करता है। इनके ऊपर ध्रुव की स्थिति है। दो सौ सहस्त्र योजन दूर विष्णुलोक है जिसका ज्ञान प्राप्त करके मानव सभी पापों से छुटकारा प्राप्त कर लेता है। ग्रह, नक्षत्र, तारकों से ऊपर यथाक्रम ग्रह होते हैं जो अपने दिव्य तेज से सूर्य-चन्द्रमा के आस-पास स्थित होते हैं। ये सभी निम्न, उच्च तथा ऋजु दशा में रहकर रात-दिन गमन करते हुए देखे जाते हैं, सूर्य की स्थिति पर ही ऋतुएं स्थिति पाती हैं। आधिपत्य स्थान में भगवान् भास्कर को अभिषिक्त किया। सत्पुरुषों को कार्य-अर्थ सिद्धि के लिए इन्हीं की पूजा श्रेयस्कर है।

ब्रह्मा ने ग्रहों के स्वामी के पद पर दिवाकर को अभिषिक्त किया। ऋक्षों और औषधियों के स्वामी के पद पर सोम का अभिषेक किया। जलों का स्वामी वरुण, धन का अधिपति अग्नि, प्रजापतियों का स्वामी दक्ष, देवों का अधिपति इन्द्र, दैत्यों और दानवों का स्वामी प्रह्लाद, पितृगणों का अधिपति यम, पशुओं का अधिपति रुद्र, भूतों तथा नदियों का

अधिपति गणनायक शैलादिक को बनाया। वीरों का अधिपति वीरभद्र, पिशाचों का भयंकर, माताओं की स्वामिनी चामुण्डा बनाई गई। रुद्रों के अधिपति भगवान् नील लोहित महेश्वर तथा विघ्नों के स्वामी गणेश बनाए गए। स्त्रियों की स्वामिनी उमा, वाणी की सरस्वती, मायावियोग अधिपति विष्णु तथा स्वयं को जगत् का स्वामी बनाया।

पर्वतों का अधिपति हिमालय, नदियों का आधिपत्य गंगा को दिया। समुद्र का अधिपति पयोनिधि, वृक्षों का अधिपति वीपत वृक्ष, गन्धर्वों-किन्नरों का अधिपति चित्ररथ, नागस्वामी प्रभवीर्य वासुकि, सर्पों का अधिपति उग्रवीर्य तक्षक को बनाया। गजों का स्वामी ऐरावत, पक्षियों का सुपर्ण, अश्वों का उच्चैश्रवा, मृगों का सिंह, गौओं का वृषभ, मृगाधिपों का शरग, सेनानियों का स्कन्द, श्रुतियों तथा स्मृतियों का अधिपति शिव को बनाया। दिशाओं के स्वामी सुवर्मा को बनाया गया।

सूर्य रश्मियों के कार्य और संख्या का वर्णन

सूर्य रश्मियों के कार्य और संख्या बताते हुए सूतजी ने कहा कि– रवि, चन्द्र आदि उसी प्रकार से स्थित हैं जिस प्रकार यहां देवों का स्थान होता है। उन्होंने कहा कि अग्नि तीन प्रकार की होती है–दिव्य, भौतिक और पार्थिव। अव्यक्त जन्म वाले ब्रह्मा की रात्रि जिस समय समाप्त होने को थी, उस समय सारा ब्रह्माण्ड अस्पष्ट था तथा रात्रि के अन्धकार से घिरा था। विशेष रूप से इस लोक के नष्ट होने पर केवल चौथा भाग ही शेष बचा था। भगवान् स्वयंभू ने जगत् की रचना की अपनी इच्छा से वहां विचरण कर रहे थे। उन्होंने लोक के आदि में पृथ्वी और जल से संषिप्त अग्नि का सृजन किया और फिर इसका संहार करके प्रकाश के लिए इसे तीन प्रकार की अग्नि से विभक्त किया। इस लोक में पवन को पार्थिव अग्नि कहा जाता है।

सूर्य की तपन शुचि, अग्नि, जल से उत्पन्न होने वाली वैद्युत अग्नि होती है। यह सूर्य किरणों के द्वारा जल का पान करता हुआ दिव्यमान होता है। मनुष्य की कुक्षि में स्थित अग्नि पावक अग्नि होती है। इसे जठर कहा गया है। दिवाकर के अस्त हो जाने पर सारी प्रभा एक पाद रह जाती

है और रात्रि से वह अग्नि में अविष्ट हो जाती है। इसलिए दूर प्रकाश देती है। सूर्य के उदय होने पर अग्नि की ऊष्मता सूर्य में समाविष्ट हो जाती है। इसीलिए सूर्य पार्थिव अग्निपाद से तपता है। सौर अग्नि का तेज प्रकाश और उष्ण रूप वाला होता है और इसके बाद पूर्ण पुनः जल में प्रवेश कर जाता है। इसीलिए दिन में जल ताम्रवर्णी और रात्रि में शुक्लवर्णी दिखाई देता है। जो सूर्य अपनी किरणों से जल को पीता और तपता है वह पार्थिव अग्नि से भिन्न दिव्य अग्नि कहा गया है।

सहस्त्र पाद वाला यह अग्निवृत्त कुम्भ के समान होता है। इसकी एक सहस्त्र रश्मियां शीत, ग्रीष्म और वर्षा प्रदान करती हैं। इनमें चार सौ चित्र मूर्तियां वर्षा करती हैं, ये भजना, मात्या, केनना, पतला और अमृता नाम वाली होती हैं। रेशा, मेघा, वातसा, ह्लादिनी, हिम का उद्वहन करने वाली रश्मियां हैं। ये सभी तीन सौ रश्मियां शीत उत्पन्न करती हैं। इसी प्रकार शेष तीन सौ रश्मियां शुक्ला, कुकुभा, गाव और विश्वद्धता ऊष्णता का सृजन करती हैं। इनसे सोम मनुष्य, देवता और पितृगण का भरण करते हैं। मनुष्यों को औषध द्वारा, पितृगण को स्वधा द्वारा और देवताओं को अमृत द्वारा सन्तृप्त करते हैं। मासों के क्रम में बारह आदित्य और उनकी रश्मियां ऋतु परिवर्तन करती हैं।

चैत्र में अंशु, वैशाख में धाता, ज्येष्ठ में इन्द्र, आषाढ़ में अर्यमा, श्रावण में विवस्वान, भाद्रपद में भग, आश्विन में पर्जन्य, कार्तिक में त्वष्टा, मार्गशीर्ष में मित्र, पौष में सनातन विष्णु रवि होते हैं। सूर्य के कर्म में वरुण की पांच हजार रश्मियां होती हैं। सूत ने ऋतुओं के भेद से वर्ण तथा मासों के भेद से सूर्य की रश्मियों की संख्या बताते हुए कहा कि पूषा रात्रि के छः हजार रश्मियां, अंशु की सात हजार, धाता की आठ हजार, विवस्वान की दस हजार, भग की ग्यारह हजार, मित्र की सात हजार, स्वष्टा की आठ हजार, अर्यमा की दस हजार, पर्जन्य की नौ हजार, विष्णु की छः हजार रश्मियों से मेदिनी का तापन होता है। वसन्त ऋतु में सूर्य का कपिल वर्ण होता है, ग्रीष्म में स्वर्ण वर्ण, वर्षा में श्वेत, शरद में ताम्र तथा शिशिर में लोहित वर्ण का रवि होता है। यह सूर्य ओषधियों में बल, पितरों में स्वधा, देवों में अमृत प्रदान करता है। इस प्रकार ये सूर्य रश्मियां

लोक में अर्थ की साधक होती हैं।

यह शुक्ल वर्ण वाला और देदीप्यमान सूर्य की संज्ञा वाला मण्डल, नक्षत्र, ग्रह और चन्द्रमा की प्रतिष्ठा का कारण रूप होता है। ये सभी सूर्य से उत्पन्न होते हैं। नक्षत्रों का अधिपति सोम है। यही शिव का वाम नेत्र है और दक्षिण नेत्र स्वयं भास्कर हैं। सूर्य और चन्द्रमा के अतिरिक्त शेष मंगल आदि पांच ग्रह, ईश्वर के जानने योग्य हैं। देवताओं का सेनापति स्कन्ध, भौम ग्रह, ज्ञान के वेत्ता विद्वजन नारायण देव बुद्ध और साक्षात् यमराज शनिश्चर होता है। देवों और असुरों के गुरु दो भानुमान ग्रह हैं। इन दोनों शुक्र तथा बृहस्पति को प्रजापति का पुत्र कहा गया है। इसी से सम्पूर्ण देव-असुर और मनुष्य सहित यह जगत् होता है और इन सबसे ऊपर समस्त लोक के स्वामी महादेव प्रजापति हैं।

वस्तुतः यह सूर्य की तीनों लोकों का स्वामी, जगत् का मूल और परम देवता है। लोक के भाव और अभाव पहले आदित्य से ही निकले थे। इस प्रभायुक्त-दीप्त वाले रवि से ही क्षण, मुहूर्त, दिन-रात, पक्ष, मास, ऋतु, सम्वत्सर और युग उत्पन्न होते हैं और इन्हीं में समाप्त हो जाते हैं। समस्त लोक की काल-संख्या के आदित्य पर ही निर्भर करते हैं। जगत् के स्वामी रुद्र रूप वाले भगवान् के बिना किसी भी रचना का होना संभव नहीं है। वह यही काल अग्नि और द्वादश रूप वाला प्रजापति है। हे द्विजश्रेष्ठों! तेजों का समूह सार्वलौकिक, चर-अचर से संयुक्त त्रिलोक में यह भुवन भास्कर का ही प्रताप है। ये सहस्त्र किरणों वाला ग्रहों का राजा, जगत् का प्रभु अपनी सहस्त्र किरणों द्वारा समस्त जगत् को प्रदीप्त करता है।

उसकी इन सहस्त्र रश्मियों में सात रश्मियां ग्रहों की योनियां होती हैं। हरिकेश ऋक्षों की योनि, नक्षत्रों को प्रकाशित करती हैं। विश्वकर्मा बुद्ध की, विश्वव्यचा शुक्र की, सर्वावसु काम वाली रश्मि बृहस्पति की योनि है। सन्नद्ध रश्मि लोहित की योनि है। स्वराट शनिश्चर की योनि है। इस प्रकार से सूर्य के प्रभाव और तेज से समस्त नक्षत्र, ग्रह और तारे अन्तरिक्ष में दिखाई देते हैं। यह विश्व और जगत् उसी प्रभामण्डल से प्रकाशमान है। जो क्षीण नहीं होते वे ही नक्षत्र होते हैं। जो तारण करते हैं, वे तारक हो

जाते हैं तथा दिव्य पार्थिव और निशा में होने वाले सब ओर से तेजोमय का आदान करने के कारण इसका नाम आदित्य पड़ा।

सवन करने के अर्थ से यह सविता माना गया। चन्द्र शब्द ह्लादन के अर्थ में बहुत से अर्थों का प्रतिपादक है। यह शुक्रत्व, अमृतत्व और शीतत्व को भी प्रकट करता है। सूर्य और चन्द्रमा के दिव्य आकाशगामी प्रभामण्डल जल और तेज से परिपूर्ण शुक्ल, शुभ वृत्त कुम्भ के समान हैं। शशि का मण्डल घने जल के स्वरूप वाला और भास्कर मण्डल में घने तेज से परिपूर्ण होता है।

सभी मन्वंतरों से सूर्य, नक्षत्र और ग्रह देवगणों के आश्रय होते हैं। इसीलिए इनको ग्रह कहा गया है। सूर्य और स्थान में, सोम, सौम्य में, शुक्र शौक्र में, बृहस्पति और लोहित, लोहित स्थान में, शनिश्चर शनिश्चर में, बुध बौद्ध में, स्वरभानु स्वरभानु में प्रवेश कर गए। समस्त नक्षत्र अपने-अपने स्थानों में प्रवेश किया करते हैं। ये समस्त ज्योतियां सुकृत आत्माओं के घर हैं। जो कल्प के आदि में प्रवृत्त हुए और स्वयंभू के द्वारा बनाए गए। ये ही समस्त देवों के स्थान हैं। वैवस्वत मन्वंतर में देवमाता अदिति का पुत्र विवस्वान सूर्य है। ऋषि का पुत्र द्युतिमान वसुदेव सोम, असुरों का याजक, भार्गव देव शुक्र, अगिरा का पुत्र वृहत् तेज वाला आचार्य बृहस्पति, ऋषिपुत्र मनोहर बुध, विकृत स्वरूप वाला विवस्वान द्यावा का पुत्र शनिश्चर और लोहित अर्चियों वाला रुद्र के प्रकाश से उत्पन्न भौम कहलाया। नक्षत्र और ऋभ नाम वाली दाक्षायिणी कही गई। सिंह का पुत्र स्वरभानु भूतों का संताप देने वाला असुर है। इस प्रकार ये सभी सूर्य की किरणों के संयोग से प्रकाश युक्त है।

समस्त ग्रहों के आदि में होने वाला आदित्य ताराग्रहों में शुक्र, केतुओं का धूमवान तथा विभक्त ग्रहों के चारों दिशाओं में ध्रुव, होता है। नक्षत्रों में शर्मिष्ठा, अयनों में उत्तरायण, वर्षों में सम्वत्सर, ऋतुओं में शिशिर, मासों में माघ, सबसे आदि वाले होते हैं। पक्षों में शुक्ल, तिथियों में प्रतिपदा, मुहूर्तों में रुद्र आदि काल हैं। शर्मिष्ठा के आदि से लेकर श्रावण के अन्त-पर्यन्त पांच वर्ष का युग होता है। भानु की गति की विशेषता से ही दिवाकर चक्र की भांति परिवर्तित होता है जो चार

प्रकार के भूतों को प्रवृत्त करने वाला है, उस दिवाकर का भी प्रवर्त्तक साक्षात् रुद्र वही एक रूप वाला प्रधान पुरुष, परम अद्‌भुत स्तुति करने योग्य है।

बालक ध्रुव की कथा

ऋषियों के द्वारा यह पूछे जाने पर कि ध्रुव ने किस प्रकार भगवान् विष्णु को प्रसन्न करके उनसे आशीर्वाद प्राप्त किया और ग्रहों के मध्य एक अटल नक्षत्र के रूप में प्रमुख स्थान पाया। सूत ने बताया कि–एक बार स्वयं उन्होंने मार्कण्डेय मुनि से यह चरित्र सुनने की इच्छा प्रकट की। तब मार्कण्डेय मुनि ने उन्हें यह आख्यान इस प्रकार सुनाया कि–श्रेष्ठ महान् तेजस्वी युद्ध निपुण चक्रवर्ती राजा उत्तानपाद इस पृथ्वी पर अधिपति के रूप में शासन करता था। राजा उत्तानपाद की दो रानियां थीं। बड़ी का नाम सुनीति तथा छोटी का नाम सुरुचि था। सुनीति का पुत्र ध्रुव बड़ा ही यश वाला था मेधावी था। जिस समय वह सात वर्ष का था, वह अपने पिता की गोद में बैठा हुआ था। छोटी रानी अपने रूप-सौंदर्य के गर्व में बहुत अधिक ईर्ष्यालु थी। उसे ध्रुव का इस प्रकार पिता की गोद में बैठना अच्छा नहीं लगा। उसने कुमार ध्रुव को राजा की गोद से उतारकर अपने पुत्र उत्तम को बैठा दिया।

बालक ध्रुव इस व्यवहार से दुःखी होकर अपनी मां के पास आकर रोने लगा। माता सुनीति ने पुत्र को दुःखी देखकर और कारण जानकर कहा–बेटा, सुरुचि अपने पति की प्रेमिका पत्नी है, उसका पुत्र भी उसी प्रकार राजा को प्रिय है। तू क्यों चिन्ता करता है, अपने अटल विश्वास और शक्ति द्वारा तू राज-सिंहासन से भी बड़ा पद पा सकता है। मां से ऐसा सुनकर बालक ध्रुव उसी समय वन को चला गया। ध्रुव को रास्ते में महर्षि विश्वामित्र के दर्शन हुए।

सर्वप्रथम मुनि को प्रणाम करके उसने उनसे अपने मन की व्यथा कही और सारा वृत्तान्त कहते हुए परम पद की प्राप्ति के लिए उपाय पूछा। विश्वामित्र ने ध्रुव के अटल विश्वास को देखकर कहा कि भगवान् शंकर के दाएं अंग से जन्म लेने वाले जगत् के स्वामी और क्लेशों के

नाश करने वाले भगवान् केशव की आराधना करो। वही तुम्हें अपना सान्निध्य प्रदान करेंगे। यह कहते हुए महर्षि ने ध्रुव को 'नमो भगवते वासुदेवाय' का दिव्य मन्त्र दिया और कहा कि जो श्रद्धापूर्वक इस सनातन मन्त्र का जाप करता है, वह निश्चय ही परम-पद प्राप्त करता है।

महर्षि से प्रबोधित होकर ध्रुव ने पूर्व की ओर मुख करके नियत होकर जप करना प्रारम्भ कर दिया। एक वर्ष तक निरन्तर अतीन्द्रिय रहते हुए उसने घोर तपस्या की। फल और शाक का आहार लिया और मन्त्र जाप करता रहा। उस काल में उसकी तपस्या को भंग करने उसे मोहित करने के लिए बेताल, राक्षस, सिंह आदि अनेक उपद्रवी उपस्थित हुए किन्तु भगवान् वसुदेव के द्वादश अक्षर मन्त्र की कृपा से बाल भी बांका नहीं हुआ। यहां तक कि एक पिशाचिनी उसकी मां सुनीति के रूप में भी आई तथा रुदन करते हुए, एक ही पुत्र का वास्ता देते हुए उसके सामने विलाप करने लगी। ध्रुव ने उस छलना की ओर देखा तक भी नहीं और वह अपने हरि नाम जप में लगातार मग्न रहा।

ऐसे अनेक विघ्नों को पार करता हुआ अटल विश्वासी ध्रुव कठोर जप करता रहा। उसकी इस घोर तपस्या, आस्था और विश्वास को देखकर स्वयं भगवान् वासुदेव गरुड़ पर सवार होकर विद्युत गति से उसके सम्मुख पधारे। उनके साथ स्वर्ग के सभी देवता थे, जो ऋषि-महर्षियों द्वारा स्तुत्यमान हो रहे थे। ऐसे समूह से घिरे भगवान् श्री नारायण ध्रुव के समीप आकर उपस्थित हुए। सामने साक्षात् विष्णु को देखकर मन में विचार किया कि यह कौन हैं और वह जगत् के स्वामी हृषिकेश के रूप-सौंदर्य का पान करता हुआ 'ओ३म् नमः भगवते वासुदेवाय' मन्त्र का जाप करता रहा। यह देखकर गोविन्द ने अपने पाञ्चजन्य शंख से उसके मुख का स्पर्श कराया।

इसके पश्चात् बालक ध्रुव ने उस परम पुरुषोत्तम को देखकर हाथ जोड़कर उनका स्तवन किया कि हे देवों के देव, सम्पूर्ण लोकों की आत्मा, शंख, चक्र, गदा धारण करने वाले, वेदों में गुह्य केशव, मैं अबोध बालक आपके स्वरूप को क्या जान सकता हूं–मैं आपको सब विधि प्रणाम करता हूं। भगवान् विष्णु ने उससे प्रसन्न होकर कहा–हे वत्स! तुम वास्तव में ध्रुव हो, आओ ध्रुव स्थान को प्राप्त हो जाओ।

ध्रुव का वृत्तान्त सुनने के पश्चात् ऋषियों ने सूत से कहा, हे मुनिश्वर! आप कृपा करके देव, दानव, गन्धर्व, उरग और राक्षस सृष्टि का विवरण सुनाएं ताकि सृष्टि के बारे में हमें विधिवत् ज्ञान हो सके। ऋषियों की ऐसी जिज्ञासा देखकर सूत ने कहा कि आदि पुरुषों की सृष्टि मन के संकल्प के दर्शन और स्पर्श से हुई मानी जाती है। जिस समय देवताओं ऋषियों की रचना करने पर जब सृष्टि का विस्तार नहीं हुआ तो सबसे पहले दक्ष ने सूती नाम की पत्नी से मैथुन द्वारा पांच हजार सन्तानें उत्पन्न की। यह स्त्री पुरुष के संयोग से रची सृष्टि से ही अनेक प्रकार की प्रजा सृजन की इच्छा से यह संसार आगे बढ़ा।

इस प्रकार उत्पन्न शरीर के जन्म और अवसान का रहस्य जान कर दक्ष प्रजापति के पुत्र हर्यश्वों से कहा कि आप लोग सृष्टि कर्म में प्रवृत्त हों। यह सुनकर वे सभी सब दिशाओं की ओर चले गए–समुद्र में मिलने वाली नदियों की तरह ये सभी फिर लौटकर नहीं आए। हर्यश्यों को इस प्रकार विरक्त गए जानकर दक्ष ने अपनी सूत भार्या से एक हजार पुत्र उत्पन्न कराए लेकिन काल गति प्रभाव से वे भी हर्यश्वों के ही पदचिह्नों पर चल पड़े। इसके पश्चात् दक्ष ने वैरिनी पत्नी से अबकी बार आठ कन्याएं उत्पन्न कीं। इसमें दस कन्याएं धर्म की, तेरह कश्यप मुनि को, सत्ताईस सोम को, चार अरिष्ट नेमि को, दो भृगु पुत्र को, दो धीमान और कृशाश्व को तथा दो अंगिरस को प्रदान कर दी।

मरुत्वती, वसु, यामि, लम्बा, भानु, अरुन्धती, संकल्पा, मुहूर्ता, साध्या, विश्वा आदि सभी दस कन्याएं धर्मपत्नी कहलाई। मरुत्वती के मरुत्वान, वसु के वसुगण, लम्बा से घोष, भानु से भानुगण, संकल्पा से संकल्प, मुहूर्ता से मुहूर्तक, साध्या से साध्य, यामि से नागवीयि और विश्वा से विश्वदेव का जन्म हुआ। इनमें काप, ध्रुव, सोम, घर, अनिल, अनल, प्रत्यूष तथा प्रमाष–आठ वसुगण तथा अर्जेकपाद, अहिर्बुध्न्य, विरूपाक्ष, सभैरव, हर, बहुरूप, त्र्यम्बक, सुदेश्वर, सवित्र, जयन्त, पिनाकी से अपराजित एकादश रुद्र कहलाए।

अदिति, दिति, अरिष्टा, सुरस्त, मुनि, सुरभि, विनता, ताम्रा, क्रोधवशा, इला, कद्रू, त्विषा, तथा दनु कश्यप की पत्नियां बनीं। इनमें अदिति से

द्वादश आदित्य जन्मे जिनको इंद्र, धाता, त्वष्टा, मित्र, वरुण, अर्यमा, विवस्वान, सविता, पूषा, अंशुमान और विष्णु कहा गया। दिति से हिरण्याक्ष और हिरण्यकश्यपु का जन्म हुआ, त्विषा से तुषित, दनु से दानव, ताम्रा से शुकी, श्येनी, भासी सुग्रीवी, मृध्रिका और शुचि नाम की कन्याएं जन्मीं। श्येनी से श्येन, मासी से आगे कुरण उत्पन्न हुए। गृध्री से गिद्धों, कपोतों का, शुचि से सारस, हंस, सुग्रीवी से बकरी अश्व, मेष, अंध, विनता से गरुड़ उत्पन्न हुए। सुरजा से एक सहस्त्र सर्प जन्मे। इस प्रकार चर और स्थावर सृष्टि के उत्पन्न होने के बाद प्रजापति ने उनके अधिपति बनाए। मनुष्यों का अधिपति वैवस्वत मनु को बनाया। स्वायम्भुव मनवन्तर में ब्रह्मा द्वारा अभिषेचित यह सात द्वीपों वाली सृष्टि अभी भी उसी प्रकार प्रतिपालित है। मन्वंतरों के बीतने पर इनके पार्थिव भी चले गए। नये मन्वंतर के प्रारम्भ में अन्य अभिषिक्त हुए। वंश की कामना से ही कश्यप ने यह सृष्टि उत्पन्न की। इसमें उनके यहां सर्वप्रथम दो पुत्र उत्पन्न हुए वत्सर और आसित। वत्सर के यहां महायशी रैम्य और नैध्रुव पैदा हुए। च्यवन ऋषि की पुत्री सुमेधा नैध्रुव की पत्नी बनी। आसित के यहां सांद्रिल्य श्रेष्ठ देवल ने जन्म लिया। ये तीनों ही काश्यप कहलाए।

इसी क्रम में त्रेता युग में नरिष्यंत पुत्र दभ के यहां तृणबिन्दु ने जन्म लिया। इसकी इलविला कन्या का पाणिग्रहण पुलस्त्य के साथ हुआ। इससे विश्रवा का जन्म हुआ। विश्रवा की चार पत्नियां थी। जिनमें एक बृहस्पति की कन्या देववर्णिनी थी। दो माल्यवान कन्याएं थी एक माली कन्या कैकयी थी।

विश्रवा के यहां देववर्णिनी से वैश्रवण पुत्र का जन्म हुआ, कैकसी ने रावण, कुम्भकर्ण, विभीषण पुत्रों तथा शूर्पणखा नाम की कन्या को जन्म दिया। पुषोत्कटा से महोदर प्रहस्त, महापार्श्व तथा खर पुत्रों को जन्म दिया। इसी के यहां कृम्भीनसी कन्या का भी जन्म हुआ। बला के यहां त्रिशिरा, दूषण का जन्म हुआ तथा मालिका नाम की कन्या उत्पन्न हुई। इनमें विभीषण सबसे अधिक धर्मात्मा और ज्ञानी था। वैवस्वत मन्वंतर में क्रतु निःसंतान हुए। अत्रि-मुनि पुत्र सभी आत्रेय कहलाए। काश्यप, नारद, पर्वत और अनुद्धत, ये सभी ब्रह्मा के मानस पुत्र हुए। वशिष्ठ ने अरुन्धती

से सौ पुत्र उत्पन्न किए। देवी काली ने पराशर से द्वैपायन प्रभु को उत्पन्न कराया। द्वैपायन ने शुकदेव का जन्म हुआ। शुक के पुत्रों में भूरिश्रवा, प्रभु, शम्भू, कृष्ण, पंचम, गौर हैं तथा योगमाता, धृतव्रता कीर्तिमती कन्या हुई। वसिष्ठ के यहां ही धृताची से कपिल का जन्म हुआ। यह त्रिमूर्ति कहलाए। पृथु की पुत्री से भद्र इससे भद्रवसु का जन्म हुआ। इसका पुत्र उपमन्यु, इस प्रकार महात्मा वसिष्ठ के दस पक्ष कहलाए। सहस्त्रों की संख्या में ये पुत्र-पौत्र सूर्य की किरणों के समान तीनों लोकों में व्याप्त हो रहे हैं।

राजा चन्द्रवश की कथा

रवि के वंश में राजा त्रिधन्वा तथा ययाति के बाद चन्द्रवरा का वर्णन इस प्रकार है–राजा त्रिधन्वा ने अपने एक सहस्त्र अश्वमेध यज्ञों के फल से समस्त देवों का पूज्य होकर परम दृढ़ पद प्राप्त किया। उनका महान् बलवान पुत्र सत्यव्रत का विवाह विदर्भ कन्या से हुआ। उसके इस आचरण से राजा ने उसे त्याग दिया। यह पूछे जाने पर कि मैं कहा जाऊं–उसे बताया गया कि मेहतरों के साथ रहो। ऐसा सुन कर वह नगर छोड़कर मेहतरों के बीच रहने लगा। पिता के वन-गमन के पश्चात् यही वीर्यवान बालक त्रिशंकु कहलाया। महर्षि विश्वामित्र से वरदान पाकर यह अनेक यज्ञों के फल से सशरीर स्वर्ग का अधिकारी हुआ। इसी राजा सत्यव्रत के यहां सत्यवादी हरिश्चन्द्र ने जन्म लिया। हरिश्चन्द्र के पुत्र रोहित के हरित, के धुन्धहारी हुए। इसके यहां विजल और सुकेजा नाम के दो पुत्र हुए। विजल के पुत्र रुचक बड़े पराक्रम और धार्मिक राजा के रूप में विख्यात हुए। रुचक के वृक और वृक से बाहु और बाहु से सगर का जन्म हुआ।

राजा सगर का वंश परिचय

राजा सगर की प्रभा और भानुमती नाम की दो पत्नियां थीं। भानुमती के पुत्र का नाम असमंजस था और प्रभा के साठ हजार पुत्र हुए, जो कपिल मुनि के शाप का शिकार हुए। असमंजस के दलीप और दलीप के

यहां भागीरथ पैदा हुआ। भगीरथ ने कठिन तपस्या करके देव सरिता गंगा को पृथ्वी पर अवतरित कराया, इसीलिए इसे भागीरथी कहा जाता है। भागीरथ के वंश में श्रुत के नाभाग से अम्बरीक से सिन्धु-द्वीप पुत्र उत्पन्न हुए। इसमें आगे अयुतायु–ऋतुपर्ण–सार्वभौम हदयज्ञ–सुदास–सौदास (मित्रसह)–अशमक–शतपथ–इलबिल–वृद्धशर्मा–विश्वसह–दिलीप–दीर्घबाहु–रघु–अज–राम हुए। इन्हीं राम ने परम पराक्रमी रावण को मारकर एक सहस्र वर्ष तक राज्य किया। इनके दो पुत्र हुए–लव और कुश। कुश के यहां अतिथि ने जन्म लिया और इस प्रकार निषध, नल, पुण्डीकाक्ष, क्षेमधन्वा से होता हुआ यह वंश शतायु तक चला। ये सभी राजा इक्ष्वाकुवंशी कहलाए।

चन्द्र वंश में पुरुरवा नाम का राजा बड़ा प्रतापी था, उसके सात पुत्र थे। उनमें आयु ज्येष्ठ था। आयु का पुत्र नहुष और नहुष के याति, ययाति, संयाति, आयाति छः पुत्र हुए। जिनमें याति सबसे बड़ा था और ययाति उससे छोटा। यह सबसे अधिक बलवान और पराक्रमी था। राजा ययाति के सबसे बड़े पुत्र यदु हुए। इनके पांच पुत्र हुए जो सभी देव समान गुण वाले थे। इनमें सहस्रजित ज्येष्ठ तथा नीलोजक लघु था सहस्रजित से शतजित उत्पन्न हुए। इनके यहां हैहय, हय तथा वेणुहय तीन कीर्तिमान पुत्र हुए। हैहय का पुत्र धर्म हुआ जिसके वश में धर्म–धर्मनेत्र–कीर्ति–संजय–महिष्मान–भद्रश्रेण्य–दुर्दभ–धीमान धनक–कृतवीर्य, कृताग्नि, कृतवर्मा कृतौजा हुए। कृतवीर्य के वंश में कार्तवीर्य सहस्रार्जुन हुआ। इसके सौ पुत्रों में पांच महारथ हुए जो शूर, शूरसेन, धृष्ट, कृष्ण तथा जयध्वज कहलाए। जयध्वज अवन्तीराज बना इसके वंश लाल गद्दय हुआ इसके सौ पुत्र हुए। वीतिहोत्र इनमें ज्येष्ठ था किन्तु वंश वृष नाम के पुत्र के द्वारा आगे चला। वृष का पुत्र मधु हुआ जिसके सौ पुत्र हुए। इसके वंशज माधव तथा यदुवंशी सभी ये लोग यादव कहलाए। इसी में आगे चलकर कुल का उद्वहन करने के लिए विष्णु ने कृष्ण के रूप में अवतार लिया था।

इसी वंश विस्तार का वृत्तान्त सुनाते हुए सूत ने बताया कि वीतिहोत्र से क्रोष्टु से कुशंश–चित्ररथ–शशबिन्दु–सौ पुत्रों में ज्येष्ठ अनंत-यज्ञ-धृति-उशत-सितेशु-मरुत-कम्बल बर्हि–रुक्म कवच–रुक्मेशु, पृथुरुकम,

जयामध आदि पांच। जयामध–विदर्भ–कृथ तथा कौशिक तथा रोमपाद। रोमपाद–वभ्रु–सुधाति–कौशिक वैद्यान्वय। कृथ के कुन्ति–वृत्ति–निधृति–दशाह नैधृत–जीमूत–विकृति–भगीरथ–नवरथ– हठरथ–शकुनि–करम्भ–देवराज–देवराति देवक्षत्र–मधु–कुरु–अनु–पुरुत्वान–अंशु–सत्व तक यह वंश चला। यही व्यामध का वंश विस्तार है। सात्वत के अंश भ्राजमान, दिव्य, देवावृध, अंधक, वृष्णि चार पुत्र हुए। भ्राजमान के यहां अयतायु तथा शतायु जन्मे। देववृध ने तप से परम पुण्य वाला वभ्रु को जन्म दिया। व्रभु के वंश में भोज ने जन्म लिया।

गांधारी तथा माद्री वृष्णि भार्याएं थी। माद्री से मीढुस पुत्र उत्पन्न हुआ और अनमित्र शिनि ने जन्म लिया ये दोनों पुत्र उत्तम पुरुष हुए। अनमित्र के वंश में विघ्न–प्रसेन तथा सत्राजित हुए। सत्राजित का सखा सूर्य था। उसको विवस्वान ने स्यमन्तक मणि प्रदान की। प्रसेन इस मणि को लेकर शिकार खेलने गया। वहां सिंह के हाथों मारा गया। शिनि से–सत्यकि का जन्म हुआ। इसके वंश में युयुधान–रसंग–कुणि–युगन्धर हुआ। ये सभी शैनेय कहलाए। माद्री के दूसरे पुत्र के वंश से युधाजित–अक्रूर। अक्रूर से रत्ना नाम की भार्या से उपमन्यु, भानुव्रत, जन्मेजय, गिरिरक्ष, उतेक्ष, शत्रुघ्न आदि तथा अग्रसेनी भार्या से देववान तथा उपदेव को जन्म दिया। इनके वंश से सुमित्र–चित्रक–विप्रथु आदि कई पुत्र हुए। काशीराज की पुत्री ने अन्धक से चार पुत्र–कुकर, यजमान, श्रुति व शूर हुए। इन्हीं के वंश से परम प्रतापी पुनर्वसु का जन्म हुआ। पुनर्वसु–मिथुन–अभिजित–आदुक–देवक तथा उग्रसेन।

राजा देवक की सुता देवकी हुई तथा उग्रसेन के कंस ने जन्म लिया। देवकी का विवाह वसुदेव से हुआ वसुदेव की ही दूसरी पत्नी रोहिणी थी। देवकी के गर्भ से आठ प्रचेताओं ने जन्म लिया। जिनमें शपवश छः कंस द्वारा तत्काल मार दिए गए। सातवें गर्म को योजना के अनुसार रोहिणी के गर्भ में प्रतिस्थापित कर दिया गया। ये ही शेषनाग के अवतार बलराम थे और आठवां गर्भ–कालयोग से उत्पन्न होते ही गोकुल में नन्द पत्नी यशोदा की (उमा के अंश से, उत्पन्न योगमाया के रूप में) सद्यः जात पुत्री के स्थान पर स्थानान्तरित कर दिया गया। ये आठवें पुत्र के रूप में

स्वयं विष्णु ही अवतरित हुए जो बाद में कंस की मृत्यु का कारण बने। कृष्ण के वंश में रुक्मिणी से प्रद्युम्न आदि अनेक पुत्र हुए। जाम्बवंती से साम्व उत्पन्न हुए। स्वयं भगवान् कृष्ण ने विप्रों के शाप को बचाने के लिए अपने समग्र कुल का उपसंहार किया। तथा स्वयं विश्वामित्र, कण्व, नारद तथा दुर्वासा के शाप की रक्षार्थ एक जरा नाम के व्याध के वाण के बहाने नश्वर शरीर त्यागकर देवलोक को प्रस्थान कर गये।

मुनीश्वरों को सम्बोधित करते हुए सूत ने बताया कि वास्तव में महेश्वर महादेव शिव प्रकृति और पुष्प दोनों में परम तत्त्व के रूप में विद्यमान हैं। यही जगत् को उत्पन्न करने वाला महाभूत समस्त भूतों का विग्रह करने वाला और उसी की इच्छा से, उसी की आत्मा और स्वरूप से यह सम्पूर्ण रूप से व्याप्त था। सृष्टि की रचना के समय यह परम सूक्ष्म अव्यक्त महान से घिरा हुआ था। यह महत्त्व ही समष्टि रूप मन है और लिंग मात्र समुत्पन्न क्षेत्रज्ञ के द्वारा अधीष्ठित है। यही रचने की इच्छा से ईश्वर के द्वारा प्रेरित तत्त्वार्थ हेतु स्वरूप, धर्म आदि और वेदों की रचना किया करता है। यही समस्त जीवों के कर्म फल का अनुबोधन करता है। मन के द्वारा उस कर्म-फल से उत्पन्न यह जगत् विभक्त है। यह मन, अहंकार आदि से पहले उत्पन्न होने के कारण उनका अग्रज है। विशेष सत्यवादी गुणों से युक्त होने के कारण इसे महान् कहा गया है।

ईश्वर सकल प्रमाणमति भोग सम्बन्ध से सबका पोषण करता है, इसलिए ब्रह्म कहलाता है। समूह की सत्ता के कारण इस ब्रह्माण्डपुरी में सम्पूर्ण भावों और धर्म का बोध कराने के कारण इसे बुद्धि कहा गया है। आत्मज्ञान बुध होने से विषय-सूक्ति प्रशंसा और भोग-प्राप्ति का कारण होने के कारण इसे ख्याति भी कहा गया। सम्पूर्ण विश्व को प्रत्यक्ष रूप से जानने वाला इंद्रियों के अधीन जो दिखलाई देता है, यही सर्वव्यापी परमेश्वर रूप है। ज्ञान, ऐश्वर्य, यश का विस्तार करने के कारण ही यह चिति कहलाता है और भूत, भविष्य, वर्तमान को स्मरण रखने के कारण स्मृति। माहात्म्य लाभ के कारण संविघ्न कहलाता है। उस सृजन करने वाले के द्वारा सृजन की इच्छा से प्रेरित यह महान् रजआज्ञा उद्वेग से अहंकार उत्पन्न करता है। इस प्रक्रिया में तम के उद्वेग से अहंकार भूत

आदि तन्मात्राओं को उत्पन्न करता है और इनसे शब्द का सृजन होता है। शब्द तन्मात्रा वाले आकाश से स्पर्श तन्मात्रा समाहित रहती है। वायु से रूप तन्मात्रा का सृजन होता है इसी से ज्योति उत्पन्न होती है। स्पर्श तन्मात्रा वाले वायु से रूप तन्मात्रा आवृत रहती है। ज्योति से रस तन्मात्रा का सृजन हुआ तो रूप तन्मात्रा से आवृत रहती है और रस विकृति प्राप्त करके गंध तन्मात्रा को जन्म देते हैं। इसके संधात से पृथ्वी उत्पन्न होती है, जिसमें गंध तन्मात्रा उसका गुण होता है।

ज्ञानेन्द्रियां और कार्मेन्द्रियां का परिचय

पांच ज्ञानेन्द्रियां और पांच कर्मेन्द्रियां मन के साधक कर्म होते हैं। ये दस नियता देव और ग्यारहवां मन कार्य और कर्म दोनों ही स्वरूप वाले होते हैं। श्रोत, त्वक, नेत्र, जिह्वा और नासिका, शब्द, स्पर्श, रूप, रस गंध का ज्ञान कराने वाली ज्ञानेन्द्रियां कहलाती हैं। दोनों पैर, गुदा लिंग, दोनों हाथ और वाणी पांच कर्मेन्द्रियां हैं। गमन, मल-त्याग, विषयानन्द, शिल्प कार्य और वचन इनके कर्म है। आकाश का गुण केवल शब्द होता है। वायु के शब्द और स्पर्श से गुण होते हैं। अग्नि शब्द, रूप और स्पर्श तीन गुणों वाला होता है। जल शब्द, रूप, रस और स्पर्श गुण युक्त होता है, जबकि गंध के समावेश से पृथ्वी पंचभूत गुण वाली होती है। ये सभी तत्त्व इंद्रियों द्वारा ग्राह्य होते हैं। इस प्रकार महत्त्व, अहंकार, शब्द आदि—ये सात महान आत्मा वाले पुरुष अधिष्ठित होने से और अव्यक्त के अनुग्रह से अणु की उत्पत्ति करते हैं। इसीलिए जल के बुलबुले के समान, जल में शयन करने वाला, विशेषों से महान अण्ड बाहर के भाग में दस गुने जल से, जल दस गुने आकाश से, आकाश भूत आदि वायु से, वायु महान् से और महान् अव्यक्त से आवृत्त था। ये समस्त अण्डावरण भगवान् शिव की ही आठ मूर्तियां हैं। प्रलय के समय ये आकृतियां परस्पर एक-दूसरे को ग्रसती हैं और सर्ग के समय उत्पन्न होकर धारण करती हैं।

सबसे प्रथम शरीर धारण करने के कारण ही पुरुष कहा गया है, जिसके बाएं अंग से उत्पन्न विष्णु हुए, दाएं अंग से ब्रह्मा की उत्पत्ति हुई। उस अण्ड के अन्दर ये समस्त लोक चन्द्र और सूर्य सम्पूर्ण ग्रह-नक्षत्र

इसमें निहित थे। कालान्तर में यही सृष्टि में ख्यात हुए। यह काल का अन्तर ही परमेश्वर का दिन और इतनी ही रात्रि होती है, अर्थात् इसकी सृष्टि की स्थिति का समय दिन और प्रलय की स्थिति का समय रात्रि कहलाता है। जब परमात्मा की रात्रि का अन्त होता है, तब इस विश्व की उत्पत्ति होती है और जब सत्व, रज, तम की साम्यावस्था होती है, यही प्रलयकाल होता है अर्थात् गुणों की विषमता होने को ही सृष्टि और सृजन कहा गया है।

ब्रह्मा, विष्णु और महेश–ये ही तीनों देवता हैं, तीन गुण हैं, तीन लोक और तीन अग्नियां हैं। ये सब परस्पर एक-दूसरे के आश्रित, एक-दूसरे को धारण करते हुए, एक-दूसरे से दाम्पत्य भाव रखते हुए, आपस में उपजीवी भी होते हैं। इनका परस्पर एक क्षण को भी वियोग नहीं होता। महेश्वर परदेव हैं विष्णु महत से पर हैं और ब्रह्मा रज गुण से युक्त। इस क्रम में पुरुष पर और प्रकृति परा होती है। महेश्वर से अधिष्ठित होकर ही यह सृजन में प्रवृत्त होती है। कार्य करने में संसिद्ध रुद्र अग्रणीय होते हैं। तेज से युक्त प्रकाश वाले वही सबसे पहले शरीरधारी पुरुष कहे जाते हैं इन्हीं से चार मुख वाले प्रजापति ब्रह्मा की रचना हुई। इस प्रकार केवल एक महादेव ही हैं जो ब्रह्मा, विष्णु, महेश के तीनों रूपों में सृजन, पालन और संहार में व्यस्त रहते हैं। ये ही स्वयंभू की तीन अवस्थाएं हैं। इनमें ब्रह्मा कमल के मध्य भाग की आभा के समान वाले, शंकर कालाग्नि रूप वाले, पुरुष पुण्डरीक के समान नेत्र वाला रूप होता है। उनकी ही लीला अनेक रूपों में दृश्यमान दिखलाई देती है। इसीलिए त्रिलोक को त्रिगुणात्मक भी कहा जाता है।

विषयों का अदन करने के कारण आत्मा, सर्वनत होने से ऋषि, शरीर से प्रभु, सबमें प्रवेश होने से विष्णु, भगवत् भाव होने से भगवान्, निर्मल होने से शिव, प्रकृष्ट होने से परम और अवन के कारण ही ओम् रूप होता है। विशेष ज्ञानी होने से सर्वज्ञ, सर्वमय के कारण सव, तीन भागों में विभाजन के कारण त्रैलोक्य, यही आदि देव अजात् होने से अज कहे गए। प्रजा-पालन के गुण के कारण प्रजापति, देवों में महान् होने के कारण महादेव, सर्वगमन के कारण तथा देवों के अवश्य होने के कारण

ईश्वर, वृहत होने से ब्रह्मा, भूत होने से भूत की संख्या से अभिहित किए जाते हैं। क्षेत्र के ज्ञानी होने से क्षेत्रज्ञ, पुरी में शयन के कारण पुरुष, अनादि और सबके आदि में भी उपस्थित होने से स्वयंभू कहे गए। यजन के योग्य होने से यशा, विक्रान्तदर्शी होने से कवि, क्रमण करने योग्य होने से क्रमण हिरण्य गर्भ से उत्पत्ति के कारण हिरण्यगर्भ, यह विश्वात्मा सैकड़ों वर्षों में भी परिसंख्य करने योग्य नहीं हो सकता।

वर्तमान ब्रह्मा की कालसंख्या परार्द्ध कही गई है। इतने ही परिमाण का इसका शेष काल है। इसके पश्चात् सर्गान्त अर्थात् प्रलय का काल है। इस समय जो कल्प शेष है वे बारह हैं। सम्पूर्ण पृथ्वी सात द्वीपों, नदियों पर्वतों वाली, युगों तक महेश्वर द्वारा पालित होती है तथा तल के नष्ट हो जाने पर प्रलयकाल के पश्चात् सब कुछ नष्ट होने के बाद केवल एक अंड बचा था उसके जल-मग्नावस्था में केवल ब्रह्मा ही शयन करता था।

सत्व गुण के उद्रेक पर प्रबुद्ध अवस्था में सम्पूर्ण लोक शून्य देखा गया और जल में ही (नारा में ही) अयन हो जिसका ऐसे नारायण ब्रह्मा से सहस्त्र वर्षों के युगान्त के बाद कर्मरत रहने से ब्रह्मत्व के रूप को धारण कर पृथ्वी से अनुमान करके दिव्य के रूप का चिन्तन करके पहले वाराह में प्रवेश किया और भूमि उद्धार के लिए रसातल में पहुंचे, वहां जल से पृथ्वी को संच्छादित देखकर अपनी दाढ़ पर उठा लिया और पूर्व की भांति लाकर फोड़ दिया। उस समय पृथ्वी सम्पूर्ण जल के बीच नौका की तरह दिखलाई देने लगी। ऐसे में प्रभु ने पृथ्वी को एक समान करके पर्वतों का सम्यक चुनाव किया। जलहीन होने से ये अचल हो गए। इस सबके बाद प्रजा के सर्ग की रचना हुई।

ब्रह्मा ने जड़ स्थावर की रचना के बाद मरीचि, भृगु, अंगिरा, पुलस्त्य, पुलह, क्रतु, दक्ष, अत्रि, वशिष्ठ–नौ मानस-पुत्रों की रचना की। पुराण में इन्हीं को नौ ब्रह्म कहा गया। पूर्व की भांति ब्रह्मा ने इनका स्थान कल्पित किया। देव महेश्वर ने कसाय से धर्म का सृजन किया। मन से रुचि का जन्म हुआ। प्राण दक्ष का, चक्षुओं से मरीचि का, जल से भृगु का, शिर से अंगिरा का, श्रोत्र से अत्रि का, उदान वायु से पुलस्त्य का, व्यान वायु से पुलह का, समान वायु से वसिष्ट का, अपान से क्रतु का

निर्माण किया। ये परम दिव्य ब्रह्मा के एकादश पुत्र कहलाए। ये सभी धर्मादिक ब्रह्मा के प्रथम जन्म लेने वाले पुत्र थे। इन्हीं के द्वारा धर्म संसार में प्रवृत्त हुआ। ऋभु तथा सनत्कुमार दोनों ऊर्ध्वरेता थे। ये दोनों सबसे पूर्व होने वाले पूर्वज कहलाए। आठवें कल्प के बीत जाने पर ही तेज को संक्षिप्त करके दोनों लोकों में विराजमान रहे।

आत्मा में परमात्मा को आरोपित करके योग वृत्ति वाले प्रजा धर्म और काम का त्याग करके वैराग्य में समास्थित रहने वाले हुए। इसीलिए इन्हें कुमार शब्द से पुकारा जाता है। इसके पश्चात् अभिध्यान करने से मानस प्रजा की सृष्टि हुई। जिसमें देव, असुर, पितृगण तथा मनुष्य उत्पन्न करने की इच्छा से ब्रह्मा ने अपने मन को बनाया। इस उपक्रम में जांघों से असुर उत्पन्न हुए। मुख से प्रकाशमान होने वाले देवगण उत्पन्न हुए। इसमें दिन और रात की रचना हुई। दोनों पक्षों से रात्रि और दिन के अन्तर में पितर से पितृगण का सृजन हुआ, उसके अपबिद्ध होने से संध्या हो गई। देवताओं का दिन, असुरों की रात्रि और पितरों की संध्या कहलाई। इसके पश्चात् ब्रह्मा द्वारा मानस पुत्रों की रचना हुई और ज्योत्सना का उद्भव हुआ। ज्योत्सना, संध्या और दिन तीनों सत् के स्वरूप थे और रात्रि तम का।

उस प्रभु ने रजोगुणीमयी मूर्ति का अभिपूजन करके अन्धकार में क्षुधा के अविष्टों का सृजन किया। क्षुधा से व्याकुल और रात्रि में विचरण करने वाले राक्षस, यक्ष, अहि, पन्नग आदि की रचना हुई। प्रजापति ने पिशाच, गन्धर्व आदि देव-योनियों का सृजन किया। वय से पक्षियों का, मुख से बकरी का, वक्षस्थल से भेड़ों का और उदरपार्श्व से गायों का सृजन किया। अपने शरीर के प्रत्येक अंग-प्रयंग से अनेक प्रकार की विविध रूपा सृष्टि का निर्माण किया। इस पर भी जब सृष्टि वृद्धि को प्राप्त नहीं हुई तो ब्रह्मा को शोक हुआ।

तन्मात्रा के बाद रज और सत्त्व से आवृत्त ब्रह्मा ने मिथुन सृष्टि की रचना की। तम से अधर्म और शोक से हिंसा पैदा हुई। इसमें आधे देह से पुरुष और आधे से शतरूपा नारी की रचना हुई। उस देवी ने निश्चित वर्षों तक कठोर तप से पुरुष को स्वामी रूप में प्राप्त किया। यही पूर्व पुरुष

स्वयंभू मनु कहलाए। इन्हीं के सत्तर युग मन्वंतर कहे गए। यही विराट पुरुष हुआ। जो पुरुष द्वारा अयोनिजा शतरूपा के साथ रमण करके विराज रूप में जाना गया, इन्हीं वैराज से प्रियव्रत और उत्तानपाद दो लोक-सम्मत पुत्रों को उत्पन्न किया।

आकूति और प्रसूति नाम की दो कन्याएं उत्पन्न कीं। दक्ष प्रजापति को प्रसूति और रुचि को आकूति सौंप दी गई। रुचि और आकूति के मैथुन से यज्ञ और दक्षिणा का जन्म हुआ। इनके परस्पर सम्पर्क से बारह पुत्र जन्मे। इसीलिए इन्हें याम कहा गया। प्रसूति से अनेक कन्याओं का जन्म हुआ, जिनमें तेरह को धर्म को प्रदान किया और शेष ग्यारह कन्याएं महर्षियों को सौंप दी गईं। सती को शिव के लिए प्रदान किया। श्रद्धा ने काम को, लक्ष्मी ने दर्प को, वृत्ति ने नियम को, तुष्टि ने संतोष को, मेधा ने लोभ को, प्रिया ने दण्ड और समय को, बुद्धि ने बोध को, लज़्जा से विनय को, वसु ने व्यवसाय को, शान्ति ने क्षेम को, कीर्ति ने यज्ञ को समुत्पन्न किया। ये सभी धर्म के पुत्र कहलाए। हिंसा से निकृति और अनृत पुत्रों का जन्म हुआ। निकृति से भय और नरक का जन्म हुआ, माया से मृत्यु, वेदना से दुःख और रौरव आदि का जन्म हुआ।

जब ब्रह्मा द्वारा भगवान् नील लोहित से सृजन के लिए कहा गया तो उन्होंने ध्यान करके सती भार्या ओर आत्मसंभव पुत्रों को निमित्त किया। उन्होंने सहस्त्रों की संख्या में चर्मवस्त्रधारी कपाल धारण करने वाले रुद्रगणों को उत्पन्न किया। योगाभ्यासी रुद्रगण, दौड़-भाग करने वाले, उछल-कूद करने वाले, हजारों नेत्रों से युक्त हुए। ब्रह्माणी ने ऐसी सृष्टि से मनोरथ पूरा होते न देखकर भगवान् नील लोहित से कहा कि आप कृपया मृत्यु से युक्त कर्म करने वाली प्रजा का निर्माण करें। तो शिव ने इसमें असमर्थता प्रगट की और कहा कि आप ही स्वयं अपने मनोनुकूल सृष्टि रचिए, मैं इसमें असमर्थ हूं। स्थित होने के कारण स्थाणु महादेव अर्धनारीश्वर, तेजमय अग्नि के समान थे महादेव की अर्धांगिनी महादेवी दक्ष पुत्री सती थी। इसके अनेक नाम हैं। इसकी दो कलाएं हैं, प्रज्ञा और श्री। यह सम्पूर्ण जगत् इस देवी के सहस्त्रों नामों और दोनों कलाओं से व्याप्त है।

लिंग स्थापना के फल का महत्त्व

देव लिंग का भेद और लिंग स्थापना के फल का महत्त्व बताते हुए सूत ने कहा कि ब्रह्मा के आदेश से विश्वकर्मा ने अपने अधिकार के अनुरूप लिंगों की कल्पना की। इन्द्र नीलमणि से विरचित लिंग विष्णु द्वारा, पद्मराग मणि से बना लिंग इन्द्र द्वारा, चन्द्रकान्त मणि से बना लिंग विश्व देवों द्वारा, पार्थिव लिंग अश्विनी कुमारों द्वारा, स्फटिक मणि का वरुण द्वारा, ताम्रमय मणि लिंग का आदित्यों द्वारा, मुक्ता मणि का सोम द्वारा पूजन किया गया। इस प्रकार अनेक प्रकार के लिंगों का पूजन करके ही यह चर-अचर जगत स्थित है। मूलत: छ: प्रकार के लिंग हैं और भेद से ये चालीस हो जाते हैं। शैलज, रत्नज, परमेष्ठी, काष्ठा, मृन्मत और क्षणिक क्रमश: श्री, सिद्धि, धन, भोग और परम सुखदायी हैं। इनका पूजन करने से भगवान् सदा प्रसन्न रहते हैं।

ऋषियों द्वारा यह पूछे जाने पर कि निष्कल, नित्य और निर्मल शिव सकलत्व को कैसे प्राप्त हुए–इस पर सूत ने बताया कि जो ज्ञान निर्मल शुद्ध, निर्विकल्प, निराश्रय शिव का प्रकाशक है वह ज्ञान है। ज्ञान से ही मुक्ति होती है। उसकी प्राप्ति के लिए जपयज्ञ की अपेक्षा ध्यान यज्ञ विशिष्ट होता है। यही ज्ञान का साधन हैं। बाह्य लिंग स्थूल होता है और अभ्यन्तर लिंग सुक्ष्म अज्ञानी लोग बाह्य लिंग को ही पूजते हैं जबकि ध्यानी, योगी और ज्ञानी परम आनन्द स्वरूप अक्षर शिवलिंग को हृदय में स्थापित करते हैं। वास्तव में निर्गुण प्रभु ही जगत् उद्धार के लिए सगुण रूप धारण करते हैं। यही समस्त संसार के जनक हैं।

शिव पूजन विधि और दीपक दान बताते हुए श्री सूतजी महाराज ने मुनीश्वरों को जिज्ञासा देखते हुए कहा–हे मुनि-श्रेष्ठो! श्रद्धा का बड़ा भारी महत्त्व है। श्रद्धा से ही भगवान् शिव मानव मात्र के दर्शन के लिए सुलभ होते हैं। यदि भक्तिरहित होकर भी लोग प्रसंगवश ही प्रभु-पूजा में रत हो जाएं तो भी भगवान् भाव के अनुरूप फल प्रदान करते हैं। नीच द्विज उच्छिष्ट होकर शिव का पूजन करके पैशाच पद प्राप्त करता है–अभक्ष्य खाने वाला पूजन से यक्ष पद पाता है, गायन और नृत्य से अधम द्विज गान्धर्व बन जाता है। स्त्रियों में आसक्त अधम मानव पूजा से

चन्द्र स्थान प्राप्त करते हैं। रुद्र का पूजन करके मदात्त भी सोम के स्थान को प्राप्त करता है। गायत्री मंत्र से देव की अभ्यर्थना करने वाला प्रजापति पद, प्रणव की पूजा से वैष्णव पद और ब्रह्म पद पाता है।

सुर तथा असुरों द्वारा पूजित शिवलिंग का शोधन करके पूत जल से भलीभांति शुद्धि करके पीठ पर वेद की भक्ति से आह्वान करके परम देव भगवान् का दर्शन कर शंकर को प्रणाम करके कल्पित आसन पर प्रभु की स्थापना करनी चाहिए। धर्म, ज्ञान से परिपूर्ण वैराग्य ऐश्वर्य से सम्पूर्ण वह आसन सर्व लोकों द्वारा नमस्कृत होवें—यह आसन सोम, सूर्याग्नि संभव पद्म सज्जित हो, मध्य में ओंकार स्थिति होंवे उसी पर स्थापना करनी चाहिए। इसके पश्चात् अर्घ्यपाद-सेवन आचमन समर्पित स्तवन कराके विधि-विधान से शोधनपूर्ण करके अन्तर शुद्ध जल से पुनः स्थान कराके चन्द्रनादि द्वारा पूजन करें।

पाशुपत व्रत का वर्णन करते हुए सूतजी ने कहा कि एक बार सनत्कुमार ने शैलादि से यह पूछा था तो नन्दी ने जो उनसे कहा वह इस प्रकार है। पशु पाश से मुक्त कराने वाला द्वादश लिंग का यह व्रत भोगों को देने वाला भय को नाश करने वाला है। जिसे देव, दैत्यों सिद्ध गन्धर्वों, चारणों, महामुनियों ने किया। छः अंगों के सहित वेदों का मंथन करके इसका निर्माण हुआ है। इसका महत्त्व अश्वमेध यज्ञ से भी अधिक है। इस परम पुण्य मंगलदायी, शत्रुविनाशी व्रत के करने से सीधा मोक्ष प्राप्त होता है।

समस्त व्याधियों का हरण करने वाला, ज्वर विनाशक यह व्रत सर्व प्रथम ब्रह्मा तथा विष्णु ने किया था। एक विशाल लिंग की स्थापना करके चन्दन जल द्वारा स्तवन कराके चैत मास में यह व्रत किया। सुवर्ण तथा केसर से समन्वित स्फटिक से संयुक्त लिंग को कर्णिवन में वयस्त करके श्वेत कमलों से सज्जित करके गायत्री से पूजन करना चाहिए। गन्ध, धूपादि के मंगल उपचार से पूजन करके महेश्वर की अर्चना करें तथा अघोर मंत्र द्वारा दक्षिण भाग से अगरु देवें। पश्चिम में दिव्य मैनिसल तथा उत्तर में वामदेव मंत्र द्वारा चन्दन देना चाहिए। पूर्व में हरि तारक से अगरु देवें। इसके बाद महाचरु को निवेदन करके इस परम पुण्य शिवलिंग व्रत को सम्पन्न करें। यह व्रत बैशाख मास में वज्रलिंग, ज्येष्ठ मास में मरकत

मणिलिंग, आषाढ़ मास में मुक्तालिंग भाद्रपद में पद्मराग शुभलिंग, आश्विन में गोमेद निर्मित, कार्त्तिक प्रवाल निर्मित मार्गशीर्ष में वैडर्य रचित पौष मास में रंगरत्न निर्मित, माघ में सूर्यकान्त मणिलिंग तथा फाल्गुन मास में स्फटिक मणिलिंग कर यजन करने से विशेष फल प्राप्त होता है। समस्त मासों में कमल तथा हेम निर्मित शिवलिंग पूजन का विधान होता है। यदि स्वर्ण का प्रबन्ध न हो सके तो किसी स्थिति में कुछ प्राप्त न हो तो भावना के स्तर पर मिट्टी का शिवलिंग भी भक्त को सायुज्य फलदायी होता है। कमल पुष्पों एवं जगह बिल्व पत्रों का प्रयोग भी किया जा सकता है।

बिल्व पत्र में लक्षण से लक्ष्मी विराजमान रहती हैं। नील कमल में देवी जगदम्बा, कमल में षट्मुख स्वयं उपस्थित रहते हैं। पद्म में स्वयं महादेव विराजमान रहते हैं। शिला समस्त पापों का हरण करने वाली सब अर्थों को देने वाली बताई गई हैं। गुग्गल दीप भी पाप-नाशक होता है। चंदन सब सिद्धियों का प्रदाता है। सुगन्ध युक्त धूप सारे भय ताप का निवारण करती है। श्वेत अगरु, कृष्ण तथा सौम्य सितारी धूप साक्षात् मोक्षदायी होते हैं। श्वेत आक के पुष्प में साक्षात् ब्रह्मा विराजमान रहते हैं। कर्णिकार पुष्प में मेधा, करवीर पुष्पों में गणपति, बक पुष्प में स्वयं नारायण विराजमान रहते हैं। अन्य सुगंधित पुष्पों में नगात्मक देवी समुपस्थित रहती हैं। अत: इन पुष्पों से ही देवेश का पूजन-अर्चना करना चाहिए। इसके बाद ही चरु और पाचस का निवेदन समर्पित करना चाहिए और तत्पश्चात् घृत सहित शुद्ध अन्त का एक आढ़क अथवा आधा आढ़क समर्पित करें। हे मुनिश्वर! जो इस विधि से समस्त मासों में भक्तिपूर्वक शिव के महाव्रत का अनुष्ठान करता है, यह तपस्या में परम श्रेष्ठी होता है।

पंचाक्षर विद्या का बोध कराते हुए सूतजी ने बताया कि व्रतों की विशेष रूप से समाप्ति जग द्वारा ही होती है। एक बार महादेवी पार्वतीजी के अनुरोध पर स्वयं शिव ने पंचाक्षर माहात्म्य बताया था—महाप्रलय के प्राप्त होने पर—जबकि सारा संसार जड़-चेतन जगत् नष्टप्राय हो गया। देव-असुर उरग और राक्षस नष्ट हो गए, जगत प्रकृति में लीन हो गया।

उस समय अकेला मैं ही स्थित रहा। मैं ही स्थित रहता हूं, कहीं कुछ शेष न रहा, न रहता है। उस समय वेद और समस्त शास्त्र पंचाक्षर में अवस्थित हो गए। मैं आत्मा के भेद से प्रकृति के प्रकार का भी था। देव क्षीर सागर में भोग के पर्यक में शयन कर रहे थे। उनकी नाभि से पंच वक्र पितामह उत्पन्न हुए। वे तीनों लोकों की सृष्टि करने की इच्छा रखते हुए भी सहायता से रहित होकर आसक्त हो गए। फिर ब्रह्मा ने अपरिमित ओज से संयुक्त मन से दक्ष की उत्पत्ति की। उनकी सृष्टि की प्रसिद्धि के लिए पितामह ने मुझसे कहा कि मेरे पुत्रों को शक्ति प्रदान करो। उनके इस अनुरोध पर मैंने आपने पांच मुखों से पांच अक्षरों के पद्मयोनि को बताया। पितामह ने उनको अपने पांच मुखों से ग्रहण करके वाच्य-वाचक भाव से परमेश्वर का ज्ञान प्राप्त किया। त्रैलोक्य के द्वारा पूजित शिव पंचाक्षर के द्वारा वाच्य था और वाचक परम मन्त्र पंचाक्षर रूप में स्थित। इस प्रकार उस पंच मुख महात्मन ने पंचाक्षर मन्त्र को अपने दस मानस पुत्रों को सौंपा। उन्होंने उस मंत्र से परात्पर देव शिव की आराधना की, जिस पर शिव ने प्रसन्न होकर उन्हें आठों सिद्धियों का ज्ञान प्रदान किया। वे दसों मानस पुत्र मेरु पर्वत के शिखर पर स्थित रमणीय गुंजवान पर्वत पर चले गये, जो मेरा सर्वदा प्रिय रहा है। जहां उन्होंने एक हजार दिव्य वर्षों तक केवल वायु का भक्षण करके तप किया। जिससे प्रसन्न मैंने उन्हें उस अत्यन्त रहस्यमय पंचाक्षर मन्त्र को ऋषि, छन्द, देवता, बीज और शक्ति से युक्त करके सम्पूर्ण लोकहित कामना से उन्हें बताया। उन परम तपस्वियों ने पूर्ण मनोयोग से मन्त्र के माहात्म्य को सुनकर विधिपूर्वक उसका अनुष्ठान किया। जिसके प्रभाव से देव, असुर, मनुष्य सहित समस्त लोक, वर्ण, आश्रम और उनके शोभन धर्म, जो प्रलय से पूर्व उपस्थित थे, पुनः प्रगट हो गए।

ध्यान यक्ष का विस्तार से माहात्म्य

मुनियों की जिज्ञासा देखते हुए सूतजी ने ध्यानयक्ष का विस्तार से माहात्म्य बताते हुए कहा कि सनक, सनन्दन आदि मुनियों ने कालकूट विष को पीने वाले महादेव शिव को जो एक गुफा में भवानी के साथ

सुखपूर्वक विराजमान थे, पहले तो प्रणाम किया और बहुविधि स्तुति करने के बाद उनसे कहा कि हे देव! इस काल कूट को पीकर आपने सबकी रक्षा की है। शिव ने उत्तर देते हुए कहा–हे द्विजश्रेष्ठों! जो इस विष का संहार करने वाला है, यह परम समर्थ है। कालकूट नाम वाला विष नहीं है, यह संसार ही महाविष है। इसीलिए इसी का संहार करना चाहिए। उन्होंने बताया कि यह संसार दो प्रकार का है–एक एहिक, जो इसी लोक में होता है और दूसरा पारलौकिक, जिसका अनुश्रवण किया जाता है। दोनों ही प्रकार को दोषयुक्त मानकर जो जीव इनका परित्याग कर देते हैं, वही विरक्त कहलाते हैं। युति द्वारा प्रतिपादित कर्म में अनेकदेशी वेद का मस्तक स्वरूप अतीन्द्रिय दृष्टि वाले ऋषियों का सार, निष्काम कर्म का फल, यही अध्यात्म शास्त्र है। सबका स्वभाव काममय देखा गया है और श्रुति प्रवृत्त कराने वाली होती है लेकिन जो विरक्त हैं उनका धर्म निर्वृति के लक्षण वाला होता है और उनकी दृष्टि में यह संसार अज्ञानमूलक है। स्वभाव से काममय कर्मों के वशीभूत होकर यह जीव सकल रूप में अविद्या के कारण ज्ञानहीन होता है। पाप के कारण नारकीय और पुण्य के कारण स्वर्गीय होता और पाप और पुण्य कर्म पर निर्भर करता है। इस सबमें केवल त्याग ही ऐसा है, जो जीव को इस अज्ञान रूपी संसार से मुक्त करा पाता है। वस्तुतः संसार पूर्णरूप से दुखमय है, जिसमें जन्म से मरण तक अपने कर्मफल के अन्तर्गत जीव सांसारिक व्याधियों में उलझा हुआ कष्ट भोगता है और एक दुख से दूसरे दुख में प्रवृत्त कामनाओं के उपभोग और पूर्ति के बाद भी अशांत जीव कभी धन के अर्जन में, कभी उसकी रक्षा में, कभी उसके साथ व्यय में दुःखी रहता है। विचार किया जाए तो पैशाच, राक्षस और यक्ष, गन्धर्व, चन्द्र, सौम्य–किसी भी योनि में देंखे तो दुःखों की संख्या उत्तरोत्तर बढ़ती ही है। सभी लोकों में अनेक भांति के दुःख हैं। इसीलिए सांसारिक उत्तम सुखों को त्यागकर मनुष्य को पंचाक्षरी मंत्र के पाशुपत महाव्रत को करते हुए उसके अर्थज्ञान से युक्त शिवतत्त्व में समाहित होना चाहिए। कर्मों का छेदन करने वाले कैवल्यकरण को प्राप्त करता है। इसी मंत्र के अर्थ के योग से सम्पन्न सुधि लोक दुःखों का अन्त करते हैं और पर विद्या से वह उसको जानने योग्य होते हैं।

इसका अन्य किसी भी प्रकार वर्णन नहीं किया जा सकता। इसमें मैं ही समस्त जगत् के स्वरूप वाला हूं। मुझमें ही यह समस्त जगत् विद्यमान रहता है, यह मुझमें ही उत्पन्न होता है, मुझमें ही स्थित रहता और मुझमें ही अन्त में लीन हो जाता है। मुझसे अन्य को मन, वाणी से नहीं देखना चाहिए बल्कि समाहित होकर बाहर से मन को हटाकर सत्-असत् सबको आत्मा से देखना चाहिए। हृदय में जो कमल के समान अवस्थित है, ज्ञान की नाल के समान सुन्दर शोभा वाला वैराग्य ही जिसकी परम श्वेत कर्णिका है, आठों ऐश्वर्य उसके आठ दल हैं, जिसके छिद्र अर्थात् पत्रान्तर उसकी दिशाएं हैं, प्राण आदि के संयोग में विशिष्ट जीव को क्रम से बहुत प्रकार देखता है, जिसमें दस प्राण नाड़ियां हैं, नेत्रस्थ जाग्रत अवस्था में, कण्ठस्थ स्वप्नावस्था में, हृदस्थ सुषुप्त अवस्था में, ईश्वर और महेश्वर ही जिसके देवता हैं, प्रसन्न विद्वान गुरु के सम्पर्क में उत्पन्न राग, द्वेष, क्रोध, काम, तृष्णा से रहित अटल ध्रुव, मृत्यु प्रदान करने वाला है। इसके लिए मुक्ति-कामी, ज्ञान का ही अभ्यास करते हैं। ज्ञान से ही सब प्रकार के पापों का नाश संभव है। विद्या के द्वारा, अविद्या के त्याग से ही योगी को स्थिर चित्त होकर ध्यानस्थ होना चाहिए।

ज्ञान गुरु के सम्पर्क से ही संभव है। यह पारमार्थिक है, जो केवल वचन से नहीं होता और पाप रूपी सूखे हुए ईंधन को यह ज्ञान रूपी अग्नि सहज रूप में जला देती है। ज्ञान के अतिरिक्त पाप नाश करने का कोई दूसरा साधन नहीं, अतः ज्ञानी पुरुष को ज्ञान का ही अभ्यास करना चाहिए। इसमें चित्त को ब्रह्मरंधस्थ करके ब्रह्मवेत्ता को अहिंसक सत्यवादी और अस्तेय रहित होकर ब्रह्मचर्य धारण करते हुए, स्वाध्याय में निरत रहते हुए, ध्यान में स्थित होना चाहिए। ऐसे में अन्यत्र कुछ भी सुनाना, सूंघना, विचारना, अनुभव करना, दोष माना जाता है। ध्यानावस्था में रूपमय अग्नि, रसमय जल, गन्धमय पृथ्वी, क्रम में भास्कर का चिन्तन करते हुए, नेत्रों में सूर्य और चन्द्र, हृदय में विभु को धारण करते हुए, जांघों पर पृथ्वी और नाभि तक वायुमण्डल जानते हुए, कण्ठ तक वह्नि, ललाट तक वायु और शिखाग्र तक व्योम की स्थिति ध्यान करते हुए चिन्तन करना चाहिए। ये सब उसी देवेश द्वारा अधिष्ठित हैं तथा इस संसार रूपी विष से सन्तप्त जीव को ज्ञान, ध्यान

रूपी अमृत से ही प्रीतिकर बनाया जा सकता है। ज्ञान साक्षात् धर्म से उत्पन्न होता है, ज्ञान से वैराग्य और वैराग्य से परम ज्ञान प्राप्त होता है जो कि परमार्थ को प्रकाशित करने वाला होता है। अतः हे द्विजगणों! जो ज्ञान और वैराग्य से युक्त होता है, उसी को योग-सिद्धि हुआ करती है और योग-सिद्धि से ही जो सत्व में निष्ठ होता है उसी की मुक्ति होती है।

शौच आचार का लक्षण बताते हुए सूतजी ने बताया कि इसका अनुष्ठान करके शुद्ध आत्मा वाला मरकर भी सद्‌गति को प्राप्त होता है और जो इन्हें करने में सदा सावधान रहता है वह कभी दुःखी नहीं होता। मान और अपमान दोनों ही विष और अमृत होते हैं।

आगे मन, वाणी और शरीर से अद्‌भुत होने के कारण पाप तीन प्रकार का बताया गया है। जो निरन्तर इस जगत को अपने बंधन में बांधे रहता है। इसमें योग बहुत बड़ा बल होता है। योग से बढ़कर मनुष्यों के लिए अन्य कोई शुभकर्म नहीं है। विद्या के द्वारा अविद्या पर विजय प्राप्त करके और सर्व श्रेष्ठतम ऐश्वर्य की प्राप्ति करके धीर पुरुष उस परम पद को प्राप्त करते हैं। इसमें व्रत के साथ उपव्रत का भी विधान है। प्राणायाम से युक्त व्रत करते हुए कृच्छ तप करके आश्रम में लौटकर अहिंसा में विश्वास रखकर आचरण करना चाहिए। कभी भूलवश हिंसा हो जाए तो उसका प्रायश्चित का भी विधान है। धर्म के इच्छुक यति को असत्यभाषी नहीं होना चाहिए, स्तैय रहित होना चाहिए। ऐसे व्यक्ति की चांद्रायण व्रत करके ही शुद्धि हो पाती है। ऐसे पापी के लिए वेद में आदेश है कि संवत्सर के अंत तक तपस्या-व्रत आदि करके भिक्षुक की भांति विचरण करके प्रायश्चित करना चाहिए। प्राणायाम भी आत्म-शुद्धि के लिए सहज और लाभकारी साधन है, प्राणायाम से विष विशुद्ध आत्मा वाला होकर यति परम शाश्वत ध्रुव और अव्यय स्थान को जाकर संसार के जन्म-मरण के चक्र से मुक्ति पा जाता है।

वाराणसी के परम शोभन माहात्मय

वाराणसी के परम शोभन माहात्म्य का संक्षेप में वर्णन करते हुए सूतजी ने बताया कि सबसे पूर्व स्वयं नील लोहित प्रभु ने विवाह करके

हिमवान के शिखर से देवी उमा तथा गणेश्वरों सहित वाराणसी शहर में पहुंचकर उसे देखा वहां ही प्रसिद्ध अविमुक्तेश्वर लिंग का वास किया गया अर्थात् विश्वेश्वर विश्वनाथ का प्रसिद्ध लिंग स्थापित हुआ। वाराणसी, कुरुक्षेत्र, श्री पर्वत, महालय, तुंगेश्वर, केदार ये उसके स्थान हैं। इनमें जो यति पशुपत योग साधन करता है, वह निश्चय ही पुण्यभागी हो जाता है। यहां उपस्थित देव उद्यान ने अत्यन्त श्रेष्ठ शर्वोद्यान में भगवान् रुद्र ने निवास किया और स्वयं देव ने उमा को यह परमोत्तम उद्यान दिखाया था जो खिले हुए अनेक गुल्मों की सोभा से युक्त थे, सुन्दर लताएं, प्रियंगु वृक्ष, सुगंधित तमाल की झाड़ियां, फूलों वाली केतकी के वृक्ष वकुल-अशोक आदि के वृक्ष और उन पर भ्रमरों की मडराती पंक्तियां कही कमल खिले थे जिसके पराग से विभूषित पक्षी गण अपनी परम सुन्दर ध्वनि से वातावरण को मोहग्रस्त कर रहे थे। चक्रवाक, सारस आदि अपने कलरव से मुग्ध कर रहे थे, कहीं मयूर नृत्य कर रहे थे, वहीं हिरण भ्रमण कर रहे थे। विद्याधर सिद्ध तथा चारण गायन में लीन थे, अप्सराएं नृत्य में प्रवृत्त, कुल मिलाकर दैविक शोभा से सम्पन्न यह उद्यान का मनोहारी वातावरण उमा के मन को सुरम्य लगा।

ऐसी रमणीय स्थान में वहां सुशैल पिता ने अचलेश्वर को स्थापित किया। ब्रह्मादि ऋषियों के द्वारा मैंने उसे अलंकृत किया था। हे देवि! देव चंडिकेश्वर है और तुम्हारी आत्मजा चण्डिकेशा। चंद्रिका के द्वारा निर्मित उत्तम स्थान अम्बिका तीर्थ है और सचिकेश्वर देव हैं। यह धारा कपिला एवं परम शुभ है। हे देवि! यहां जो मेरी श्रद्धापूर्वक भक्ति करता है वह भयानक पापों से भी मुक्त हो जाता है और मेरा साम्राज्य प्राप्त कर लेता है।

शिव के अतिरिक्त किसी भी अन्य से न मारे जाने वाले जलन्धर का किस प्रकार वध हुआ, यह वृत्तान्त सुनाते हुए सूतजी ने बताया कि यह दैत्य जलन्धर जलमण्डल से उत्पन्न हुआ। कठोर तपस्या के बाद इसने परम दुर्लभ विक्रम को प्राप्त किया, जिसके फलस्वरूप समस्त देवताओं, यक्षों, गन्धर्वों को जीतकर इसने स्तुति द्वारा ब्रह्मा को भी जीत लिया और इस प्रकार सम्पूर्ण देवताओं के समुदाय को जीतकर यह देव, देवेश विष्णु

के समीप गया, इसने उन्हें भी जीत लिया और तब न्याय बुद्धि वाले ईश्वर को जीतने के लिए दिति के पुत्रों से यह कहा कि अब मैं एक मात्र देव शंकर को भी जीतकर नन्दी के साथ क्षण भाग में भवत्व का पद प्राप्त करके ब्रह्मा और विष्णु के स्थान वाला हो जाऊंगा। इसके बाद इन्द्र का पद आपको दे दूंगा। सर्वजयी होने की इस उमंग में वह दैत्य अपनी विशाल सेना के साथ उन्माद में भरा शंकर की ओर बढ़ गया। उसको इस प्रकार अपने सम्मुख आता देखकर स्वयं भगवान् शम्भू ने हंसते हुए उससे कहा–हे असुरों के स्वामी, अब इस युद्ध से तुझे और क्या चाहिए, तू मेरे सम्मुख मृत्यु के लिए प्रस्तुत हो रहा है। इस पर भी जलन्धर की अवमानना देखकर भगवान् शूली ने त्रय का स्मरण करके हंसते हुए उस दैत्य से कहा कि मैंने अपने पैर से महार्णव निर्मित किया है–यदि इसका उद्धार करने के लिए तू तत्पर है तो युद्ध कर अन्यथा नहीं। अभिमानी जलन्धर ने शंकर को चेतावनी देते हुए कहा कि हे शंकर! गदा को उठाकर तुमको और नन्दी को मारकर समस्त देवताओं के साथ अभी हनन करता हूं। तीनों लोकों में ऐसा कौन है जो मेरे बाणों से बच सकता है। मैंने बालभाव में भगवान् को तप के द्वारा ही जीत लिया था। यौवन काल में महाबलि ब्रह्मा ने समस्त देवताओं और मुनियों को जीत लिया था, इस समस्त चराचर त्रैलोक्य को एक क्षण में दग्ध कर दिया था, हे रुद्र! अपनी तपश्चर्या से मैंने भगवान् का भी विसर्जित कर दिया था। इन्द्र, अग्नि, यम कुबेर, वायु और वरुण आदि अनेक देवता मेरी सुगन्ध से भाग खड़े होते हैं, कहीं भी कोई मेरे पराक्रम के सम्मुख नहीं आता। हिमालय पर्वत पर अपनी भुजाओं से लीला के लिए ही मैंने गंगा को रोक दिया था, हे उमापति! क्या आप मुझे नहीं जानते। इस प्रकार उस दुरभिमानी से ऐसा सुनकर महादेव ने अपनी नैत्राग्नि की कला के आधे भाग से उसके रथ को जला दिया। उनकी दृष्टिपात मात्र से समस्त दैत्येन्द्र क्षण भर में दग्ध हो गए। इस पर भी जब जलन्धर का दम्भ नहीं टूटा तो शंकर द्वारा छोड़े गए सुदर्शन चक्र से उसकी दोनों बाहें और कंधे टूटकर गिर गए। उसके रक्त से सारा भू-मंडल भर गया, वह सम्पूर्ण रक्त शिव के नियोग से मांस हो गया और महारौरव नरक में जाकर एक रक्त कुंड में परिवर्तित हो

गया। इस जलन्धर के मान-मर्दन की सूचना पाते ही सभी देवगण सिंहनाद कर उठे। सभी ने महादेव की स्तुति करते हुए अपने को कृत-कृत्य माना।

महादेवी उमा की उत्पत्ति व दक्ष यज्ञ के विध्वंस की कथा

सूतजी ने महर्षियों की इच्छानुसार महादेवी उमा की उत्पत्ति, दक्ष-यज्ञ के विध्वंस की कथा संक्षेप में सुनाते हुए बताया कि दक्ष के यहां सती नाम धारिणी कन्या ने महादेव रुद्र को अपना पति स्वीकार किया। देवर्षि नारद के शाप से ग्रस्त महाराज दक्ष द्वारा शिव की अवज्ञा और अनादर के कारण यज्ञ-विध्वंस और सती द्वारा अग्निदाह के फलस्वरूप देवी का गिरिराज हिमवान के यहां पुत्री रूप में पार्वती के नाम से जन्म और तपस्या के द्वारा महादेव को पाने का वृत्तान्त सम्मिलित है। सती ने अपनी ही इच्छा से तप के द्वारा हिमालय की आराधना करके मेना के यहां जन्म ग्रहण किया था। पार्वती के तप से समस्त भूतों के स्वामी महादेव वशीकृत हो गए थे।

ऋषियों द्वारा गज के समान आकृति वाले विनायक की उत्पत्ति का वृत्त जानने की इच्छा देखकर सूतजी ने बताया कि एक समय इन्द्र आदि सभी देवगण देवी के धर्म कार्य में विघ्न करने के लिए एकत्रित हुए। असुर कर्म करने वाले राक्षस बिना ही किसी विघ्न के यज्ञ और दान आदि के द्वारा महेश्वर की अर्चना करते हैं तथा उनके पूजन से अभीष्ट वर प्राप्त कर लिया करते हैं। अत: हे देवताओं! हमारी विजय तभी संभव है जबकि उन दैत्यों को बाधा पहुंचाने के लिए और देवों के कष्टों का नाश करने के लिए विघ्नों के स्वामी शंकर से गण का सृजन करने के लिए अनुरोध करें। ऐसा सोचकर वे सभी अनघ शिव की प्रार्थना करने लगे। जिस समय ये सभी देव भव को प्रणाम कर स्तुति में लीन थे, उसी समय पिनाकधारी महादेव ने क्षण मात्र के लिए उन देवताओं को दिव्य चक्षु प्रदान किए। तमाम देवताओं ने अपने सामने भगवान् महादेव को देखकर आनन्द मग्न हो उन्हें प्रणाम किया तो कल्याण की भावना से शिव ने उन्हें आशीर्वाद दिया। देवगुरु बृहस्पति ने देवताओं का प्रस्ताव सुनाते हुए महादेव से कहा कि हे देव! दैत्यों के द्वारा बाधा न होने के लिए ये आप से यह निवदेन

करते हैं कि यदि आपकी कृपा हो तो देवों के सभी काम निर्विघ्न समाप्त हों। देवताओं से ऐसी प्रार्थना सुनकर पिनाकधारी महेश्वर ने शिव के गणाधिपति का शरीर धारण किया, उस समय गणेश्वर और सुरेश्वर ने महेश का स्तवन किया।

समस्त लोकों की पीड़ा हरण करने वाले, जन्म देने वाले, परमश्रम यममुख धारण करने वाले, वरदान तथा त्रिशूल पाश को धारण किए ऐसे गजानन को अम्बिका ने जन्म दिया। उस समय सिद्ध मुनिगण, देव-संघों ने आकाश से पुष्प-वर्षा की तथा एकदन्त गणेश महेश की विनती की। उस गजानन ने विचित्र परिधान तथा आभूषणों से अलंकृत होते हुए मां पार्वती तथा पिता शंकर महादेव की स्तुति की। अपने पुत्र के सभी जात-कर्म सम्पन्न करके शिव ने अपने कर से उस पुत्र का आलिंगन किया। उसका माथा चूमकर उसके कर्म का उसके समक्ष उल्लेख किया। शिव ने उन्हें बताया कि हे वत्स! तेरा अवतार दैत्यों के विनाश के लिए हुआ है तथा द्विजगण देवों के उपकार के लिए हुआ है। जिसने इस पृथ्वी पर दक्षिणा से रहित यज्ञ किया है, तुम उसका विनाश करोगे। इसके लिए अध्ययन, अध्यापन व्याख्यान और कोई भी अन्य कर्म जो न्याय-संगत न हो, तुम उसके प्राणों का हरण करोगे। जो नर-नारी कर्त्तव्य विमुख हों, अधर्मी हों, उसका नाश करते हुए यज्ञ अर्चन स्तवन करने वाले भक्तों को अपना सामीप्य देकर कृतार्थ करोगे। यौवन में दृढ़, तुममें आस्थावान तुम्हारे द्वारा रक्षित हों। इस समस्त त्रैलोक्य में हे विघ्नेश! आप ही सर्वत्र सर्वोपरि पूज्य हों। मुझ नारायण, ब्रह्म आदि देवों में सभी पूजा-अर्चनाओं में तुम्हारी सर्वप्रथम पूजा होगी। ऐसे में जो कोई भी तुम्हारी पूजा न करके लौकिक कल्याण हेतु श्रोत या स्मार्त कर्म करता है, वह अकल्याणमय होकर तुम्हारे कोप का भागी बने। तुम सकल संसार में कार्य-सिद्धि के लिए ब्राह्मण, क्षत्रिय, वैश्य, शूद्र आदि के द्वारा भक्ष्य भोजनादि के द्वारा विधिवत् पूज्य होकर सब कुछ देने वाले हो। तुम्हारी अभ्यर्चना किए बिना इस संसार में कोई फल संभव नहीं होगा। जो भी लोकनाथ के विनायक की अभ्यर्चना करेगा वह इन्द्रादि देवों द्वारा भी पूज्य होगा। अज-हरि तथा मुझको भी तथा शुक्र आदि देवों को भी विघ्न-बाधा दिया करते हैं और

वे फलार्थी होकर तुम्हारा अर्चन नहीं किया करते हैं–तब ये इस लोक में लोग भगवान् गणपति का ही पूजन करते हैं।

स्कन्द के अग्रज, गणपति के उद्भव का वृत्त पूरी तरह श्रवण करने के पश्चात् ऋषियों द्वारा भगवान् शंकर के नृत्य के बारे में पूछने पर सूतजी ने कहा, मुनिवर! कृपया यह बताएं कि यह कब और किस उद्देश्य से प्रारम्भ हुआ तो सूतजी ने बताया कि एक बार दारुक नाम का असुर हुआ जिसने तप के द्वारा बड़ा पराक्रम अर्जित कर लिया था। वह क्रोध में कालाग्नि के समान आचरण करता हुआ ब्राह्मणों तथा देवों का वध करने लगा। सभी देवगण उससे अत्यन्त आतंकित एवं उत्पीड़ित हो गए। वह मयावी स्त्री रूप धारण करके भी वध करने लगा। इस प्रकार उससे अनेक प्रकार से त्रस्त देवगण ब्रह्मा की शरण में गए। ब्रह्मा उन्हें अपने साथ लेकर शिव के समीप गए। उन सब देवों ने–पितामह के नेतृत्व में शिव की विधिपूर्वक स्तुति की। ब्रह्मा ने महादेव से विनम्र होकर कहा, हे प्रभु! दारुक असुर ने बड़ा उत्पात मचा रखा है। आप कृपया उसका वध करके सभी को त्राण दिलाइए। यह केवल स्त्री के द्वारा ही बध्य है। यह सुनकर शिव ने देवी पार्वती से निवेदन किया कि हे देवी! आप ही उसका वध कर सकती हैं।

शिव के द्वारा ऐसा जानकर जगत उद्धार करने वाली देवी ने जन्म धारण करने को तत्पर होकर अपने सोलहवें अंश से देवाधिदेव शिव में प्रविष्ट हो गई। शम्भू के समीप स्थित देवी पार्वती को देखकर सब कुछ जानने वाले ब्रह्मा भी उनकी माया से मोहित हो गए। शिव के शरीर में कंठ में स्थित विष से देवी ने अपना शरीर धारण किया और पार्वती को इस स्थिति में जानकर काम का मर्दन करने वाले शिव ने कालकण्ठी काली का सृजन किया और विष की कालिमा से काले कण्ठ ओर एक भय की स्थिति उत्पन्न कर दी। उसके मस्तक पर भी शिव की भांति तीसरा नेत्र था और सिर में चन्द्र की रेखा। कण्ठ में महा कालकूट विष और हाथ में तीक्ष्ण त्रिशूल। उसकी इस भयावह रूपराशि को देखकर ब्रह्मा, विष्णु तथा इन्द्रादि देव भी भय से कांपने लगे।

काली के साथ ही दिव्य वस्त्रों वाली अनेक देवियां, सिद्ध और

पिशाच उत्पन्न हुए। जिसके घुमाव से शीघ्र ही सकल दानव समूह और वह मायावी दारुक राक्षस मारा गया। समस्त जगत काली की क्रोधाग्नि से भयातुर हो उठा। भगवान् भव भी प्रेतों से घिरे हुए काशी के श्मशान में बाल रूप धारण करके उस काल भैरवी की क्रोधाग्नि का पान करने के लिए रुदन करने लगे। उस बाल रूप को देखकर उनकी माया से मोहित कालभैरवी ने बालभद्र को उठा लिया और मस्तक सूंघकर उसे अपना स्तनपान कराना शुरू कर दिया। बालभद्र ने स्तनपान के साथ काल भैरवी के समस्त क्रोध का पान कर लिया। वह भैरवी क्रोध के निप्रवण के बाद मूर्च्छित हो गई। उस समय अपने उद्देश्य में सफल देव महेश्वर ने तांडव किया। संध्या के इस काल में शिव के साथ समस्त भूतों के स्वामी और प्रेतगण भी थे। उस काल देवी ने अपनी योगनियों के साथ सुखपूर्वक नृत्य किया। ब्रह्मादि देवताओं ने वहां उपस्थित होकर उस काल देवी को और पार्वती को बहुविधि स्तवन करते हुए प्रणाम किया। परमानन्द की यह अवस्था ही महादेव शिव के प्रथम तांडव का कारण थी।

कालदेवी के उत्पन्न होने की कथा

कालदेवी को उत्पन्न करने के बाद त्र्यम्बक देव के चले जाने पर उपमन्यु ने अभ्यर्चना करके फल की प्राप्ति थी। किसी समय में बालक उपमन्यु ने अपने मामा के यहां थोड़ा-सा दुग्ध पान कर लिया था। पुनः उसको पान की इच्छा से उसने अपनी मां से जिद की। मां अपनी निर्धनता के कारण बच्चे की जिद पुरी नहीं कर सकी। किसी भी प्रकार उसको चुप होता न देखकर मां ने कुछ अन्न के दानों को पीसकर उसे पानी में घोलकर अपने पुत्र को पिला दिया। पुत्र ने उसे बनावटी कहकर छोड़ दिया, तब मां ने दुखित होकर बेटे का मस्तक सूंघकर उसे बताया कि हे पुत्र-रत्न! परिपूर्ण स्वर्ग तथा पाताल में गोचर होने वाली शिव की भक्ति में रत रहने पर ही उसके प्रसाद रूपी यह क्षीर प्राप्त होती है, जिन पर शिव प्रसन्न रहते, उनके लिए राज्य, स्वर्ग, मोक्ष और दूध से बनने वाला भोजन दुर्लभ होता है। हे पुत्र! हम दूध कैसे प्राप्त कर सकते हैं क्योंकि हमने कभी शिव का पूजन नहीं किया। माता से ये वचन सुनकर

दृढ़ निश्चयी उपमन्यु ने अपनी मां से कहा–यदि कहीं पर भी महादेव हैं तो तू अपना शोक त्याग दे। मैं देर-सबेर दुग्ध का अवश्य साधन करूंगा। ऐसा कहते हुए वह बालक अपनी मां से विदा लेकर, उन्हें प्रणाम करता हुआ तपस्या के लिए चल दिया। हिमालय की पर्वत श्रेणियों में जाकर केवल वायु का भक्षण करके उसने कठोर तप किया। उसके तप से कसल जगत विभूषित हो गया। उस समय सब देवताओं ने प्रणाम करके हरि से कहा था और ऐसा जानकर स्वयं भगवान् महेश्वर मन्द्राचल पर्वत की ओर चले गए। विष्णु ने देवताओं का सारा समाचार शंकर को दिया और कहा कि हे प्रभु! उपमन्यु नाम का ब्राह्मण तपस्यालीन है। उसका निवारण कीजिए।

भगवान् शिव ने इन्द्र का रूप धारण करके उपमन्यु के आश्रम में उस पर अनुग्रह करने के लिए पदार्पण किया। अपने साक्षात् इष्ट परमेश्वर को इन्द्र के रूप में उपस्थित देखकर उपमन्यु ने उन्हें प्रणाम किया और कहा हे देव! आज मेरा यह आश्रम उपकृत्य हो गया है। जगत् के स्वामी स्वयं शंकर यहां उपस्थित हुए हैं। ऐसा सुनकर शंकर ने उपमन्यु से कहा–मैं तुम्हारी तपस्या से प्रसन्न हूं–तुम वरदान मांग लो। धौम्य, अग्रज, हे महान् गति वाले! मैं तुमको समस्त अभीष्ट देता हूं। इस पर उसने हाथ जोड़कर कहा–हे देव! मैं शिव में परम भक्ति का वरदान चाहता हूं। मुनि के इस वचन को सुनकर इन्द्र रूप धारी प्रभु ने कुपित की भांति व्यग्रता से कहा–क्या तुम नहीं जानते–मैं त्रैलोक्य का स्वामी और समस्त देवों द्वारा पूज्य हूं। तुम मेरे भक्त बन जाओ। निर्गुण रुद्र की भक्ति को त्याग दो। तुम्हारा कल्याण होगा। इन्द्र रूपधारी भव से ऐसा सुनकर विप्र उपमन्यु ने पंचाक्षर मन्त्र का जाप किया और कहा मैं इस तथ्य को अच्छी तरह जानता हूं कि आप ही इन्द्र का रूप धारण करके यहां आए हैं। किसी अधम दैत्य ने धर्म में विघ्न पैदा करने के लिए ऐसा किया है। मुझे लगता है निश्चय ही मेरी किसी पूर्व जन्म का पाप है जिसके कारण मुझे शिव की निन्दा सुननी पड़ी। जो शिव की निन्दा सुनकर शीघ्र ही उसका हनन करके अपनी देह त्यागता है, वह पुरुष त्रिलोक का वासी होता है और जो निन्दा करने वाली जीभ को खींचकर उखाड़ फेंकता है वह पुरुष

अपने इक्कीस कुलों का उद्धार करके शिवलोक गामी होता है। मेरी क्षीर के प्रति जो इच्छा है उसे छोड़कर मैं तुम्हें देवताओं में अधम मानकर अपने शरीर का त्याग किए देता हूं। इस तरह उपमन्यु ने निडरता से अपने मन्त्र के प्रभाव से देवराज इन्द्र को मान देने का विचार किया। अपने हाथ में भस्म लेकर उस मन्त्र पूरित भस्म को उस पर फेंकने का उपक्रम किया। तभी शिव अपने वास्तविक रूप में आ गए और क्षीर की धारा बहाते हुए मुस्कराहट के साथ कहा–हे वत्स उपमन्यु! देखो यह पार्वती तेरी अम्बा है। मैंने आज यहां तुझे अपना पुत्र बना लिया है। समस्त जगतों का पिता महादेव आज से तेरा पिता है और जगत् जननी से महाभागा पार्वती तेरी मां हैं। मैं तुझे शाश्वत गणपत्य और अमरत्व प्रदान करता हूं। पार्वती ने पुत्र को अपना सामीप्य देते हुए उसे योग, ऐश्वर्य और ब्रह्म विद्या प्रदान की।

उपमन्यु द्वारा कृष्ण को शैव दीक्षा के कथन का वर्णन करते हुए सूतजी ने बताया कि सनातन वासुदेव ब्रह्म अपनी ही इच्छा से अवतीर्ण होकर और मनुष्य की निन्दा करते हुए देह की शुद्धि की तथा पुत्र-प्राप्ति के लिए तपस्या की। तप करते हुए प्रभु ने वहां मुनि का आश्रम देखा तथा समक्ष धौम्यग्रज मुनि को देखकर प्रणाम किया। कृष्ण ने उन्हें बहुत मानते हुए उनकी तीन प्रदक्षिणाएं कीं। मुनि के दृष्टि मात्र से ही कृष्ण का कायज तथा कर्मज मन नष्ट हो गए तब महान् द्युति वाले मुनि उपमन्यु ने भस्म से उद्धूलित करके कृष्ण को परम दिव्य पाशुपत अस्त्र ज्ञान प्रदान किया। मुनि के आशीर्वाद से ही कृष्ण उसमें पारंगत हो सके।

इसके एक वर्ष पश्चात् तप की समाप्ति पर उन्हें भगवान् महेश्वर का दर्शन लाभ हुआ। प्रभु उस समय देवी पार्वती तथा अपने गणों के साथ थे। शिव के दर्शन के कृष्ण को पुत्र की भी प्राप्ति हुई। इसके अतिरिक्त भी समस्त दान करने वाले पुरुष अपने सम्पूर्ण कुल से युक्त पापों से निर्युक्त परम दिव्य रुद्र भगवान् के पद की प्राप्ति किया करते हैं। ऐसा फल प्राप्त करना विनिश्चय ही होता है। दान करने से गृहस्थ में रहने वाला पुरुष संसार के बंधन से मुक्त हो जाया करता है। योगियों के लिए ऐसा दान देने से भगवान् शिव बहुत ही शीघ्र प्रसन्न हो जाया करते हैं। यदि कोई मोक्ष प्राप्त करने की इच्छा रखता है तो उसे राज्य, धन, वैभव,

अश्व, यान एवं सर्वत्र का दान कर देना चाहिए। यह शरीर तो अनित्य है, इसके द्वारा प्रयत्नपूर्वक नित्य एवं ध्रुव वस्तु की साधना करनी चाहिए। पाशुपत परम भव्य नित्य और संसार रूपी समुद्र से तारण करने वाला व्रत होता है। जो पुरुष इस व्रत का विधान करता है वह विष्णु लोक का अधिकारी होता है।

भगवान् श्रीकृष्ण की प्रसन्नता का विधान बताते हुए श्रीसूतजी ने बताया कि राजा अम्बरीश ने भी मार्कण्डेय मुनि से एक बार यही प्रश्न किया था। मार्कण्डेय मुनि ने जो कहा वह इस प्रकार है कि त्रेता युग में कौशिक नाम का एक ब्राह्मण था। वह नित्य सत्य में प्रवृत्त वसुदेव परायण था। भोजन, आसन और शय्या के समय भी वह सदा भगवान् वासुदेव में ही मन रखता था। वह सदा विष्णु का ही ध्यान किया करता था। भगवान् विष्णु के पूजा-स्थल पर ही वह हरि के गुण कीर्तन को लय से गायन करता था। मूर्च्छवा स्वर के योग श्रुति के भेद भक्ति योग का वह साधक बन गया। वह वहीं भिक्षा ग्रहण कर लेता था। उसकी भिक्षा ग्रहण कर लेता था। उसकी भिक्षा की वृत्ति बन गई थी। एक बार इस ब्राह्मण को वहां विष्णु के मंदिर में किसी पद्मारक नामक द्विज ने देख लिया। उसने इनको भोजनान्न भी भेंट किया। यह ब्राह्मण उस प्राप्त अन्न से ही संतुष्ट हो गया और प्रभु का भजन-कीर्तन करता रहा। पद्मारक समय-समय पर जब भी उधर आता, उसके गायन को श्रवण अवश्य करता था। समय का कुछ ऐसा योग हुआ कि कौशिक के अन्य शिष्य भी वहां आ गए। वे ब्राह्मण, क्षत्रिय तथा वैश्य कुल में जन्मे थे। ज्ञान विद्या में पारंगत थे तथा वासुदेव की भक्ति में परायण और निष्ठा से लगे थे। उन सबको भी पद्मारक ने भोजनादि स्वयं भेट किया। शिष्यों के साथ कौशिक भी नित्यप्रति प्रभु वासुदेव के लीला-गायन में व्यस्त रहता था। विष्णु के मंदिर में मालव नामक एक वैश्य भी आया करता था। वह नित्य ही हरि का दीपमाला से पूजन किया करता था। मालवी नाम की उसकी भार्या पतिव्रता भी थी और हरिभक्त भी। वह नित्य ही उस देवालय को गोमय से लीपकर स्वच्छ पवित्र बना देती थी।

एक बार कहीं दूर देश से पचास ब्राह्मण भी उस मंदिर में आ गए,

ये सभी हरि गायन में सर्वश्रेष्ठ थे। महात्मा कौशिक के कार्यों में सहयोग क़रते हुए ज्ञान विद्या तथा अर्थ तत्त्वों के ज्ञाता ये सभी भी वहीं पर रहने लगे। कौशिक का गायन सभी मण्डली में पूर्ण प्रसिद्धि पर था। उसकी चर्चा सुनकर स्वयं कलिगराज वहां पधारे थे। उन्होंने कहा था कि अब तक तुम धनुदेव का गायन करते रहो, आज अपने गणों के साथ मेरा गायन करो। इस गायन को यहां सभी लोग सुनेंगे। राजा से यह सुनकर कौशिक ब्राह्मण ने उनसे कहा, हे राजन्! मेरी जिह्वा और वाणी सर्वदा हरि के प्रति समर्पित है। इसने कभी इन्द्र का भी स्तवन नहीं किया न अन्य कुछ कभी बोला है आपका गायन कैसे हो सकता है। कौशिक के ऐसा कहने पर उसके शिष्य वशिष्ठ, गौतम, हरि सारस्वत, चित्र, चित्रमाल्य और शिशु ने भी राजा को कौशिक ब्राह्मण की भांति ही उत्तर दिया। सभी श्रोता भी हरि गान का श्रवण ही करने के इच्छुक थे। विष्णु-भक्ति परायण थे। इसलिए उनका भी यही मत था कि हरिभक्ति में ही उनकी रुचि है। वे वासुदेव का ही गुण-कीर्तन सुनने यहां आए हैं और उनके कान भी हरि-कीर्तन के अतिरिक्त कुछ भी श्रवण नहीं करते हैं। उन्होंने राजाओं से स्पष्ट कह दिया कि हम केवल भगवान् की कीर्ति का ही गायन सुना करते हैं। यह सुनकर राजा बहुत रुष्ट हो गया। उसने गाने वालों से कहा कि मेरे भृत्य मेरी कीर्ति का गान करें ताकि ये ब्राह्मण श्रवण कर सकें। देखते हैं ये मेरी कीर्ति को कैसे नहीं सुनेंगे। उस समय राजा के आदेश पर उसके भृत्य उसी के अनुसार उसकी कीर्ति का गान करने लगे। इस गायन से ब्राह्मण बड़े दुःखी हुए। उन्होंने काठ की खूंटियों से एक-दूसरे के कान बन्द कर दिए। कौशिक आदि से राजा की मनोवृत्ति को जानकर अपने ही हाथों से अपनी जिह्वा का अग्र छिन्न कर दिया। इस प्रकार वे निर्वासित ब्राह्मण अपना सामान बटोरकर उत्तर दिशा की ओर चले गए। यहां स्थूल देह के वियोग से जब वे योजित हुए तो यमराज ने उन्हें देखकर यह विचार किया कि क्या करना चाहिए? वह निर्णय नहीं कर पा रहा था।

ब्रह्मा ने उनकी समस्या को जानकर सुरादित्यों से कहा कि इन्हें उचित सम्मान तथा सुविधाजनक स्थान दिया जाए। ये भगवान् जनार्दन के

प्रिय भक्त हैं। यदि आप देवता की इच्छा रखते हैं तो आपका कल्याण होगा। आप उन्हें यहां स्वर्ग में ले आएं। ब्रह्मा द्वारा ब्राह्मणों के अत्यन्त समादर करने पर देवलोकपाल में बड़ा कोलाहल मच गया। वे बार-बार कौशिक का आह्वान कर रहे थे। कुछ मालव को पुकार रहे थे और पद्मारक नाम ले रहे थे। इस तरह उन्हें साथ लेकर आकाश मार्ग से देवता पल भर में सुरलोक ले आए। ब्रह्मा ने कौशिकादि के आने पर उनका यथाविधि स्वागत किया और अर्चना की। उनके इस गौरव को देखकर वहां एक अचम्भा-सा हो गया। देवताओं को बड़ा विस्मय हुआ। हिरण्यगर्भ भगवान् ने उन देवताओं की समस्या का निवारण करके कौशिकादि को साथ लेकर विष्णु लोक को गमन किया। यहां परम पवित्र भद्रपीठ आसन पर श्रीविष्णु विराजमान थे। ब्रह्मा ने उनका स्तवन किया और इस पर विष्णु ने उन्हें कौशिकादि की सारी कथा सुनाई। ये सभी विप्र मेरी भक्ति से ओत-प्रोत रहे। अतः मेरे सानिध्य में रहेंगे। मालव ने अपनी पत्नी के साथ मेरी दीपमाला से सेवा की और कीर्ति का श्रवण किया। पद्मारक ने महात्मा और उसके सभी शिष्यों को भोजन दिया। अतः ये सभी मेरे सनातन लोक में रहेंगे। तभी वहां मन्द हंसी वाली लक्ष्मी पधारीं और विष्णु के समीप विराजमान हो गईं। अतः हे ऋषि-मुनियों, जो सदा भगवान् हरिकीर्तन का श्रवण करता है। वह कौशिकादि की भांति विष्णु का सायुज्य प्राप्त करता है।

रत्ना अम्बरीश के प्रश्न पर मार्कण्डेय मुनि ने उन्हें बताया कि स्वयं नारद ने एक हजार वर्ष तक भलीभांति तपस्या करके तुम्बरू गन्धर्व के महान गौरव का स्मरण किया। उन्हें आकाशवाणी से ज्ञात हुआ कि गानविद्या के लिए मानसोत्तर शैल पर जाकर उलूक के दर्शन करें तो वे गान विद्या में प्रवीण हो जाएंगे। ऐसा करने पर नारद मुनि ने देखा वहां सभी के बड़े स्निग्ध कंठ थे, बहुत ही मधुर स्वर लहरी निकल रही थी। वहां उस गान बन्धु ने नारद से कहा, हे महामुनि! आप किस अभिलाषा से यहां आए हैं। आज्ञा कीजिए? मैं आपकी क्या सेवा करूं, तो इस पर नारद ने सारी घटना को यथार्थ रूप में उलूक बन्धु को कह सुनाया।

नारदजी नें उन्हें बताया कि श्रीविष्णु ने मेरा तिरस्कार करके तुम्बरू

से उत्तम गान सुना। मैं इससे अत्यन्त दुःखी होकर यहां तपस्या करने आ गया। मुझे आकाशवाणी से ज्ञात हुआ कि गान बन्धु उलूक मेरी समस्या का समाधान कर देंगे। इसी कारण अंतरिक्ष प्रेरणा स्वरूप मैं आपकी शरण में आया हूं। आप मुझे अपना शिष्य स्वीकार करें और शिक्षा दें।

नारद से ऐसा सुनकर गानबन्धु उलूक ने उन्हें बताया कि पूर्वजन्म में राजा भुवनेश हुए हैं। उन्होंने एक हजार अश्वमेध यज्ञ तथा दस हजार वाजपेय यज्ञ किए थे। एक अर्वुद गौ, सुवर्ण वस्त्र, रथ, हाथी, कन्या और अश्व विप्रों को दान में दे दिया था। मेदिनी का परिपालन करके राजा ने अपने राज्य में गायन द्वारा केशव की उपासना पर रोक लगा दी थी। यदि कोई गेय विधि से केशव की उपासना करता पाया गया तो वह राजा के द्वारा बध्य हो जाएगा। सभी लोग मेरा गायन करें। वहीं राजा के पुत्र का एक हरिमित्र नाम का एक पड़ोसी भी था। यह परम विष्णु-भक्त था। उसकी इस भक्ति का राजा को पता चला तो उसके अनुचर हरिमित्र को राजा के पास ले गए। दुष्ट बुद्धि राजा ने उसकी सारी सम्पत्ति का हरण कर लिया और उसे अपने राज्य से निकाल दिया। उसकी प्रिय विष्णु प्रतिमा भी म्लेच्छ चुराकर ले गए। कुछ समय बाद राजा की मृत्यु हो गई।

देवलोक में राजा को हमेशा भूख-प्यास ही सताती रहती, कारण पूछने पर यमराज ने उसे बताया कि राजन्! तुमने विष्णु-भक्त हरिमित्र के साथ बड़ा अन्याय किया है। इसी कारण तुम्हारे साथ यह कष्ट जुड़ गया है। तुम्हारे पुण्य इस अपराध के सामने नष्टप्राय हो गए हैं। गेय योग में गान न करने की आज्ञा निर्गत करना ही तुम्हारा बड़ा पाप था। अब पर्वत कोटर में जाकर अपने देह को काटकर खाओ। मन्वंतर की समाप्ति तक ऐसा ही करते रहोगे। मन्वंतर की समाप्ति पर तुम फिर पृथ्वी पर आओगे। पशु योनि में जीवन जीते हुए अन्त में तुम्हें मनुष्य योनि मिलेगी। ऐसा कहकर यमराज अन्तर्धान हो गए। हरिमित्र अपने पुण्य से विष्णु लोक चला गया। उलूक ने नारदजी से कहा कि हे मुनि! राजा को देखा था और हरिमित्र को विमान द्वारा विष्णु लोक जाते देखा। मैं भी गान विद्या का अभ्यास करने लगा। हे मुनि! यह विद्या तपस्या से नहीं अभ्यास से आती है। तुम्हें भी सीखने के लिए इसका अभ्यास करना होगा। लज्जा को त्याग देना

होगा। नारदजी ने वह गान विद्या एक सहस्त्र दिव्य वर्ष तक अभ्यास से सीखी थी। तब जाकर नारद मुनि छत्तीस हजार सौ स्वरों के भेद योग के ज्ञाता हो सके थे। गान बन्धु उलूक का आचार्यवत् प्रणाम करके नारद ने उनसे कहा, अब मुझे आज्ञा दें कि आपकी सेवा करूं। दक्षिणा में उलूक ने कहा–ब्रह्मा के दिन में चौदह मनु होते हैं। उसके बाद प्रलय होती है। तब तक मेरी आयु हों। नारद ने कहा, अतीत से जो कल्प संयोग होगा उसमें आप गरुड़ होंगे। ऐसा कहकर देवर्षि नारद जनार्दन के पास पहुंचे। वहां नारद ने अपने संगीत का परिचय दिया। माधव ने उनसे कहा कि आप तुम्बरू से अभी भी श्रेष्ठ नहीं हो सके। द्वापर में मैं वसुदेव देवकी के यहां कृष्ण रूप में जन्मंगा। वहां मैं आपको गीतों से सम्पन्न कर दूंगा। तब तक आप देवों या गन्धर्वों की योनियों में अभ्यास करें।

वासुदेव में भक्ति परायण जन वैष्णव कहलाते हैं। उनके लक्षणों का उल्लेख करते हुए मार्कण्डेयजी ने बताया कि जहां विष्णु का भक्त रहता है वहीं साक्षात् विष्णु का वास होता है। उनके नाम, गुण, संकीर्तन से रोमांच हो आता है, कान में कम्पन हो जाता है, शरीर में पसीना और आंखों में प्रेमाश्रु झलक उठते हैं। श्रौत तथा स्मार्त धर्म के प्रवर्त्तक तथा विष्णु की युक्त पुरुष भक्तों का दर्शन कर जिसे अत्यन्त प्रसन्नता होती है वही वैष्णव कहा जाता है। वह विष्णु भक्त का आदर करता है। हमेशा शांत मधुरभाषी, पुण्यकर्मा, भगवान् की प्रतिमा का पूजक, महाबली, परम भक्त वैष्णव कहलाता है। ऐसे भक्त पुरुष का अन्न जो प्रीतियुक्त मन वाला खाता है उस अन्न को हरि का भोग ही मानना चाहिए। वैष्णव भक्त को दग्ध देखकर यमराज आदि देवता भी भयभीत होकर सम्मान में आसन छोड़कर खड़े हो जाते हैं। इसलिए वैष्णव भक्तों का विष्णु के समान ही आदन करना चाहिए। उसमें अन्य भक्तों से विशिष्ट विष्णु-भक्त होता है। सैकड़ों विष्णु-भक्तों से विशिष्ट रुद्र-भक्त होता है। भगवान् रुद्र के भक्त से बड़ा लोक में अन्य कोई नहीं होता है। इसलिए हर किसी को विष्णु के भक्त वैष्णव का तथा रुद्र के भक्त का पूर्ण प्रयत्नों के साथ धर्म, अर्थ, काम, मुक्ति की सिद्धि के लिए भलीभांति पूजन-अर्चन करना चाहिए। इसी से साधारण जन की मुक्ति भी होती है और सद्गति भी।

ऋषि मुनियों द्वारा अम्बरीष का विस्तृत वृत्तान्त

ऋषि मुनियों द्वारा अम्बरीष का विस्तृत वृत्तान्त सुनने की इच्छा देखते हुए मुनिवर सूतजी ने उन्हें बताया कि राजर्षि अम्बरीष का वृत्त समस्त पापों का हरण करने वाला है, इसका आप श्रवण करें। राजा त्रिशुंक की भार्या सम्पूर्ण लक्षणों से सम्पन्न थी। वह राजा अम्बरीष की माता थी। वह महात्मा नारायण विष्णु परम भक्त थी। उनका मन, वाणी तथा कर्म से पूजन–अर्चन करती और माल्य दान आदि उनके सभी कार्य पूर्ण करती थी। वह नित्य ही नारायण अनंत का जप किया करती थी। परम प्रसन्न विष्णु ने उसे परम वैष्णव पुत्र का वरदान दे दिया और स्वयं विष्णु तपस्या में लीन हो गया। उसने एक हजार वर्ष तक भगवान् नारायण का निरन्तर जाप किया। उसको इस प्रकार से तपोलीन देखकर भगवान् विश्वात्मा गरुड़ पर सवार होकर उसके समक्ष पधारे। हरि ने स्वयं को इन्द्र रूप में प्रस्तुत करके राजा अम्बरीष से कहा–हे भक्त, मैं तेरी तपस्या से प्रसन्न हूं। बोल, तुझे क्या वरदान चाहिए। राजा ने बड़े विनम्र स्वर में निवेदन किया कि मेरे स्वामी, जगत् पिता विष्णु हैं, मैं उन्हीं की अराधना में लीन हूं। आप कृपा करके मेरी बुद्धि का विलोप न करें। अम्बरीष की इस दृढ़ आस्था को देखकर भगवान् विश्वात्मा शंख, चक्र, गदा और पद्म के सहित अपने वास्तविक गरुड़धारी रूप में आ गए। उनके चारों ओर अनेक देवता और गन्धर्व स्तुति गायन कर रहे थे। अपने समक्ष साक्षात् प्रभु को देखकर अम्बरीष ने उनके नाम, रूप, गुण का बखान करते हुए कहा–हे प्रभु, मैं आप ही के दर्शनों की लालसा लिये तपस्या में लीन था, आपके अतिरिक्त मेरी और कोई गति नहीं। उसकी इस भक्ति पर प्रसन्न होकर प्रभु ने उससे वरदान मांगने के लिए कहा तो अम्बरीष ने नित्यमति होकर कहा–आप मुझे अपनी शरण में ले लीजिए। मैं इस समस्त जगत् को विष्णु का आराधना करने वाला वैष्णव बनकर यज्ञ, होम और अर्चन के साथ आप के भक्तों का पालन करूं और उनके शत्रुओं का नाश करूं। यही मेरी इच्छा है। प्रभु ने उसे तथास्तु कहकर तुष्ट किया और आश्वस्त किया कि यह सुदर्शन चक्र तुम्हारे सभी दुःखों का नाश करेगा। फिर प्रभु अन्तर्धान हो गए। राजा अम्बरीष ने प्रभु का आशीर्वाद पाकर एक सौ

अश्वमेध यज्ञ और वाजपेय यज्ञ सम्पन्न किया और अपने समस्त राज्य में भगवान् हरि को स्थापित किया। उस महान् तेजस्वी राजा के राज्य में सभी प्रकार से सम्पूर्ण सम्पन्नता थी। राजा की एक कन्या थी जो देवमाया की भांति अत्यन्त शुभ लक्षणों से युक्त थी।

एक बार राजा के यहां महामुनि नारद और पर्वत पधारे। कन्या के रूप को देखकर दोनों ही उसको प्राप्त करने की इच्छा करने लगे। राजा के सामने यह समस्या आई कि वह दोनों मुनियों को किस प्रकार तुष्ट करे। उसने सहर्ष कहा कि मुनिवर! मैं आप में से किसी भी एक को इस कन्या का वाग्दान कर सकता हूं। इसके अतिरिक्त मेरी शक्ति नहीं। ऐसा सुनकर वे मुनि लौट गए नारद ने विष्णुलोक में जाकर भगवान् विष्णु से यह सारा वृत्तान्त सुनाया और कहा कि हे देव! मैं अपने पर्वत दोनों ही राजा अम्बरीष के यहां गए और उनकी कन्या पर आसवत हो गए। हे जगत के स्वामी! आप कृपा करके ऐसा कर दीजिए कि मेरा लावण्य पर्वत से श्रेष्ठ हो जाए और वह कन्या मेरा वरण करे। गोविन्द ने नारद से हंसकर ऐसा ही होगा कहकर आश्वस्त किया। नारदजी के लौटने के बाद मुनि पर्वत भी उनकी शरण में पहुंचे और उन्होंने भी नारद के मुख को गोलांगूल के समान करते हुए उनके स्वयं के मुख को लावण्य युक्त करने की बात कही। प्रभु ने उनको भी ऐसा ही होगा कहकर आश्वस्त करते हुए विदा किया और साथ में यह भी कह दिया कि हमारी इस बातचीत का बोध नारदजी को नहीं होना चाहिए। दोनों के अयोध्या लौटने पर उन्होंने देखा कि पूरी अयोध्या नगरी दैदीप्यमान रूप में नववधु की तरह सजी हुई है। स्वयंवर सभा मणियों के स्तम्भों से अलंकृत थी और स्वयं वह कन्या दूसरी महालक्ष्मी के समान सौंदर्य वाली वरमाला के साथ वहां उपस्थित थी। दोनों मुनियों को आया देखकर राजा ने राजा से शिष्टता पूर्वक उनका स्वागत किया और अपनी कन्या से कहा कि हे पुत्री! इसमें जिनको भी तुम वरण करना चाहती हो, उनके गले में वरमाला डाल दो। पिता से इस प्रकार सुनकर जब वह महात्माओं के समीप आई तो वह हतप्रभ थी। उसमें एक का मुख बन्दर के समान और दूसरे का लंगूर के समान था। इस पर उसने अपने पिता से कहा कि ये दोनों नर-वानर हैं।

मैं यहां मुनि श्रेष्ठ नारद और पर्वत को नहीं देख पा रही हूं। इसके मध्य में सोलह वर्ष से कम आयु के पुरुष को देख रही हूं जो अलसी के पुष्प के समान वर्ण माला, दीर्घ बाहु, विशाल नेत्र, उन्नत उरस्थल, रक्तलोचन, परम पटु भ्रू, विभक्त त्रिवली युक्त शुभ उदर वाला, पद्माकर कर वाला, अत्यन्त सुन्दर है। इस पर आश्चर्यचकित राजा ने कहा कि हे पुत्री, तू क्या कह रही है, नारद और पर्वत ने उसके इस कथन से सारी माया जनार्दन की जानकर, उन्हीं को उपस्थित पाया। राजा ने दोनों को प्रणाम करके दोनों को बैठने का निवेदन किया और कहा कि आप शायद विमोहित हो रहे हैं। जब वहां उस कन्या ने सुपुष्ट अंगों वाले उस पुरुष के गले में जयमाला डाल दी और भगवान् उस कन्या को अपने स्थान पर ले आए। उस कन्या ने पूर्वजन्म में प्रभु को पाने के लिए ही कठोर तप किया था।

दोनों मुनि पर्वत और नारद अपने को अपमानित अनुभव करते हुए भगवान् विष्णु के समीप पधारे। विष्णु के संकेत पर वह प्रभु प्रिया कन्या अदृश्य हो गई। नारद ने भगवान् को प्रणाम करके कहा–आपने हमारे साथ ऐसा अप्रिय क्यों किया? इस पर प्रभु ने कहा कि मैंने किंचित भी आपका अप्रिय नहीं किया। तो नारदजी ने कहा वह षोडष वर्ष का धनुषधारी वहां कौन पुरुष आ गया था जो उस कन्या का हरण करके ले गया। भगवान् वासुदेव ने कहा, अनेक देव महात्मा मायाधारी होते हैं। मैं तो चक्रधारी हूं। आप तो जानते ही हैं। तब दोनों ने कहा, शायद यह राजा की माया ही हो। ऐसा कहकर वे दोनों राजा अम्बरीष की राजधानी में पहुंचे और राजा को दोष देते हुए कहा तुमने हमारे साथ कन्या का पाणिग्रहण करने का वचन दिया था फिर किसी अन्य के साथ उसका वरण किया। यह माया योग था, हम तुम्हें तमीभूत कर देंगे। ऐसा करते देखते ही वहां विष्णु का सुदर्शन चक्र उपस्थित हो गया। उससे त्रस्त तम दोनों ऋषियों की तरफ भागने लगा। उसे अपनी ओर आता देख ऋषिगण वहां से भागने लगे। दुखी होकर वे पुकारने लगे, हे गोविन्द, हे नाथ! हमारी रक्षा करो। ऐसा करते हुए वे अन्त में विष्णु लोक से पहुंच गए, वहां अपनी रक्षा की याचना करने लगे। भक्तवत्सल प्रभु ने उनको उस कष्ट से मुक्ति दिला दी और तम से कहा, हे महाभाग! राजा अम्बरीष मेरा परम वैष्णव भक्त हैं।

ये दोनों मुनि भी मेरे भक्त हैं। मैं राजा और दोनों ऋषियों का हितचिन्तक हूं। यह ऋषि का शाप नहीं, मेरा वरदान ही था। यह राजा की रक्षा के लिए दिया था। तुम त्रेता में और जब मैं राजा दशरथ के यहां राम के रूप में जन्म लेता तो मेरे पास आना, अब तुम इन श्रेष्ठ मुनियों को छोड़ दो। ऐसा भगवान् के द्वारा कहे जाने पर वह तम वहीं नष्ट हो गया।

लक्ष्मी की उत्पत्ति की कथा

लक्ष्मी की उत्पत्ति और उसके आवास के स्थलों तथा वास के योग्य स्थानों का निरूपण करते हुए सूतजी ने बताया कि प्रभु नारायण अनादि, श्रीमान तथा सबके धाता हैं। उन्होंने ही मोहन के लिए इस जगत् को दो रूप दिए। ब्राह्मण वेद और सनातन वेद के हाथों का तथा श्रेष्ठ पद्मा श्री का एक भाग किया और ज्येष्ठ अशुका अलक्ष्मी तथा वेद बाह्य अधम नर और अधर्म का एक अलग भाग कल्पित किया। पहले उन्होंने अलक्ष्मी का ही सृजन किया फिर पद्मा का सृजन किया। ज्येष्ठा अमृत की उत्पत्ति के समय में विष के उल्वण से वह अशुभा उत्पन्न हुई। इसके बाद पद्मा श्री का जन्म हुआ।

बहुत पूर्व समय में विप्रषि मुनि थे। उन्होंने ज्येष्ठा को मन से अधिष्ठित देखकर उसके साथ विवाह किया और लोक में विचरण करने लगे। वह ज्येष्ठा यज्ञ से विमुख थी, हरि नाम से भागती थी। उसमें विमोहित ऋषि वन में विचरण करने लगे, किन्तु उनकी भार्या उनकी प्रवृत्ति के बिल्कुल प्रतिकूल थीं। एक बार इसी प्रकार भ्रमण करते हुए उन विप्रषि मुनि को मार्कण्डेयजी के दर्शन हुए। उन्होंने मुनि के सामने अपनी समस्या रखी तो मार्कण्डेयजी ने उनसे कहा हे मुनि-प्रवर! आप सदैव ही विष्णुमय, रुद्रमय, अग्निहोत्र यज्ञ यागादिमय पुण्य-स्थलों का त्याग करते हुए ऐसे स्थानों पर रहें जहां पति-पत्नी में राग-द्वेष हो, रुद्र तथा हरि विष्णु की निन्दा हो, जप-होम आदि की जहां विमुखता हो, जहां दुष्टात्माओं की संगति रहती हो, हे विप्रवर! आप अपनी भार्या के साथ इन्हीं स्थानों पर वास करें। जहां मानव पाप में आरूढ़, क्रूर स्वभाव वाले, अतिथि का निरादार करने वाले परिवार में तुम प्रवेश कर सकते हो। ऐसा

कहकर मुनि अन्तर्धान हो गए। दु:सह ने ऐसा ही किया और अपनी पत्नी को पीपल के वृक्ष के किनारे छोड़कर रसातल में जाने लगे।

मुनि ने अलक्ष्मी को आश्वस्त किया कि वहां दोनों के लिए उपयुक्त स्थान देखकर लौट आएंगे। इस पर भार्या ने चिंता प्रकट की कि मैं यहां क्या भोजन करूंगी तो मुनि ने कहा जो स्त्रियां तुम्हारा यजन करेंगी वे सभी धूप और बलि आदि प्रदान करेंगी। तुम उनके घरों में प्रवेश मत करना और मुनि चले गए। आज तक वह मुनि उसी जलसंस्तर में विनिर्मग्न हैं और वह अलक्ष्मी अशुभा ग्राम पर्वत आदि बाह्य भागों में स्थित रहती हैं।

एक बार बहुत समय पश्चात् भगवान् जनार्दन के उस अलक्ष्मी ने उन्हें देखा तो कहा, हे प्रभु! मेरा स्वामी मुझे छोड़कर इस बिल में प्रवेश कर गया है। हे नाथ! मैं बिल्कुल अनाथ हूं कृपा करके मुझे वृत्ति प्रदान करें। इस पर भगवान् ने पूर्ण पुरुष अनद्य, रुद्र, शर्व, शंकर, हेमवती, जगत् जननी जगदम्बा के भक्तों का सारा धन तेरा हो जावे, जो महादेव की निन्दा और मेरा यजन करते हैं, उनका सब धन तेरा हो जावे। ऐसा कहकर उस अलक्ष्मी का त्याग कर भगवान् जनार्दन ने लक्ष्मी के साथ जाप किया था। भगवान् ने उस अलक्ष्मी के क्षय के लिए रुद्र का जाप किया। इसलिए है मुनीश्वरो! उस अलक्ष्मी के लिए नित्यप्रति ही बलि देनी चाहिए। विष्णु के भक्तों को सब प्रकार से प्रसन्न होकर उसे बलि अवश्य ही देनी चाहिए। सूतजी ने बताया कि हे द्विजगणो! अंगनाओं को उसका सदा ही विविध भांति की बलि के द्वारा पूजन करना चाहिए। जो कोई भी इस वृत को पढ़ता या सुनता है या श्रेष्ठ जनों को श्रवण कराता है वह निष्पाप होकर लक्ष्मी वाला हो जाता है तथा शुभगति को पाता है।

जिस मन्त्र के द्वारा जप करने से जन्तु समस्त लोक में भय आदि से मुक्त हो जाता है और पापों से मुक्त होकर परम गति को प्राप्त किया करता है। उसका विस्तार से उल्लेख करते हुए सूत जी ने बताया कि इस मन्त्र के जाप से मनुष्य अलक्ष्मी का त्याग करके लक्ष्मी के निवास वाला बन जाता है। एक बार ब्रह्मा ने वशिष्ट मुनि से कहा था कि भगवान् विष्णु देवों के भी देव, अजन्मा, अच्युत साक्षात् श्रीकृष्ण हैं। सम्पूर्ण पापों का

हरण करने वाले, मोक्ष प्रदाता तथा ब्रह्मवादी हैं। परम पुण्यात्मा विद्वान इनका ही जाप किया करते हैं। नमो नारायणाय प्राप्त करता है। दु:सह की पत्नी अलक्ष्मी नारायण पद को श्रवण करते ही चली जाती है और ऐसे ग्रहों में महालक्ष्मी आवास करती हैं। इसलिए समस्त कालों में इसी एकमात्र मंत्र का जाप करते रहना चाहिए। देवाधिदेव वासुदेव के जपयोग अन्य मंत्र का विचार करते हुए सूतजी ने कहा कि मेरे अभ्यास में आया हुआ एक मंत्र है। यह सम्पूर्ण वेदों के अर्थ का साधन करने वाला है।

मंत्र के माहात्म्य का वर्णन करते हुए सूत जी ने कहा कि एक बार एक महान तपस्वी ब्रह्मानंद ने तपस्या के फलस्वरूप एक पुत्र प्राप्ति की। उसके नियमानुसार सारे संस्कार कराए। समय आने पर उपनयन संस्कार भी करा दिया। इसके पश्चात् वह बालक अध्ययन के लिए भेजा गया। लेकिन उसकी जिह्वा में स्पन्दन ही नहीं था। वह बिल्कुल बोल ही नहीं पाता था। यह जानकर ब्राह्मण को परम दु:ख हुआ। बालक की माता भी अत्यन्त दु:खी होकर कहती थी कि सम्पन्न और वेद-वेदांगों के परगामी मेरे पुत्र ब्राह्मणों के द्वारा पूज्य होते हुए मुझे आनंदित करते हैं। तू कहां मेरे भाग्यहीना के यहां उत्पन्न हो गया। इस दु:ख से तो मेरी मृत्यु ही हो जाए तो अच्छा। मां से ऐसा सुनकर वह पुत्र यज्ञ करने चला गया। वहां पहुंचने पर सभी विप्र मोहित हो गए। वहां वासुदेव के कीर्तन से ऐतरेय की वाणी समृद्भूत हो गई। सभी ब्राह्मणों ने उसे प्रणाम किया। यज्ञ स्वयमेव वहां उपस्थित हो गया और ऐतरेय को धनादि से विभूषित किया। सभी ने उसका स्तवन किया और पश्चात् माता का अर्चन करके वह विष्णु लोक को चला गया।

इस द्वादश अक्षर मंत्र की यही महिमा है जो इसका जप कीर्तन करता है वह निश्चय ही परम पद प्राप्त करता है। 'ओम नमो भगवते वासुदेवाय' परमात्मा विष्णु का श्रेष्ठतम मंत्र है। 'ओम नमो शिवाय' यह शिव का षडक्षर मंत्र भी सर्व वेदों के अर्थ का संचयकर्त्ता तथा समस्त अर्थों का साधक होता है। 'शिवतराय' पांच अक्षर का मंत्र तथा मपस्कराय नमस्ते शंकराय यह सप्ताक्षर मंत्र प्रधान पुरुष रुद्र देव का होता है। जिससे विप्र समस्त पापों से मुक्त हो जाते हैं।

पुराने समय में त्रेतायुग में धुंधमूक नाम का समर्थ द्विज हुआ। इस पर मुनि का शाप था। इसके यहां बड़ा ही दुरात्मा पुत्र उत्पन्न हुआ। यह धुंधमूक प्रारम्भ में अपनी भार्या के साथ बहुत ही आसक्त और मोहित था। उसके इसी कामासक्ति की वजह से वह भार्या गर्भवती हो गई थी। उस विशल्य भार्या ने बड़े यत्न से पुत्र का प्रसव किया। यह पुत्र अपने माता-पिता के लिए अनिष्टकारी सिद्ध हुआ। पिता यह जानकर बड़ा दुःखी हुआ। उसने अपने उस दुरात्मा पुत्र का विधिपूर्वक जात कर्म संस्कार किया और वह अध्ययन के लिए चला गया। पुत्र ने न्याय का अध्ययन किया। समय आने पर उसका विवाह हो गया। दुर्मद होने के कारण इसने एक बार एक अन्य नारी को देखकर रात-दिन उसके साथ भार्या के समान उपभोग करने की प्रवृत्ति बना ली। वह उसके साथ एक ही शैया पर स्थित होकर आचरण करने लगा और एक बार उसने उसका वध कर दिया। उसके भाइयों ने उसकी माता-पिता, पत्नी सभी को मार दिया। यह धुन्धुमूक का पुत्र किसी प्रकार से बचता हुआ बृहस्पति मुनि के पास पहुंचा। वहां महादेव के पंचाक्षर और षडक्षर मन्त्रों का अलग-अलग लक्ष जाप करके कलप के काल को प्राप्त हुआ। यह यम के द्वारा पूजित हुआ। इसके पश्चात् इसने माता-पिता और पत्नी आदि सभी का उद्धार किया। रुद्र के इस पंचाक्षर मन्त्र का अथवा षडक्षर मन्त्र का विष्णु के द्वादश अक्षर मन्त्र से करोड़ा गुना अधिक पुण्य होता है। इस मन्त्र का जाप करने वाला पुरुष परम गति को प्राप्त होता है और पठन या श्रवण करने वाला अथवा द्विजोत्तम को श्रवण कराने वाला ब्रह्मलोकवासी होता है।

शिव के पशु और पाश के बारे में पूछते हुए मुनियों ने सूतजी से कहा कि कृपया हमारे इस कौतूहल को शान्त करें। तो सूतजी ने बताया कि महान यशशाली ब्रह्मा-पुत्र श्री सनकुमार भी एक बार शाप ग्रसित हो गए थे और रुद्र के प्रसाद से ही देह त्यागकर वे मरुदेश में ब्रह्मा की आज्ञा से शिलाद के पुत्र पास प्राप्त हुए। भगवान् नन्दी को प्रणाम करके उन्होंने यही जिज्ञासा प्रगट की कि महादेव पशुपति कैसे हुए और पशु कौन हैं। इस पर शैलादि ने उनसे कहा कि ब्रह्मा आदि से लेकर यथावर पर्यन्त सब संसार में वर्तन वाले पशु कहे जाते हैं। भगवान् रुद्र उन सबके पति हैं,

इसीलिए वे पशुपति कहे गए। अविद्या के पार्श से बद्ध पुरुषों का अन्य कोई मोचक नहीं होता और भगवान् विष्णु परमेश्वर ही माया के पार्श की भांति बांधते हैं। ये चौबीस तत्त्व पार्श कहलाते हैं और एक भगवान् शिव ही उनका मोचन करते हैं। दस कर्मेन्द्रियां और ज्ञानेन्द्रियां, पंचभूत पंच-तन्मात्राएं, ये सभी पार्श हैं। इसलिए बुद्ध लोगों में भक्ति शब्द के द्वारा ब्रह्मा आदि से लेकर स्तम्भ पर्यन्त महेश्वर जीवों का मोच करते हैं। इसमें वाक् मन और शरीर द्वारा जो भजन है, वही भक्ति है। स्वरूप और उपादानों का चिन्तन मानस भजन, प्रणव आदि जाप, वाचिक भजन, प्राणायाम, काइक भजन के रूप हैं। पार्श के रूप में ये सभी चौबीस तत्त्व माया के कर्म-गुण हैं। ये ही विषय कहे जाते हैं और शिव भक्ति से ही समस्त देहधारी इनसे मुक्ति पाते हैं। तम, मोह, महामोह, तमिस्त्र और अन्ध तमिस्त्र पांच प्रकार की अविद्या हैं। जिसका अकेले शिव ही मोच करते हैं।

देह में अनात्म स्वरूप, आत्माभिमान तम रूप ही अविद्या है। यही अस्मिता का मोह भी कहलाता है। योग परायण लोग राग को महामोह कहते हैं तथा द्वेष को तमिस्त्र और अन्ध तमिस्त्र कहते हैं। मोह आठ प्रकार का होता है, महामोह दस प्रकार का तथा अठारह प्रकार के तमिस्त्र और अन्ध तमिस्त्र होते हैं। तीनों कालों में द्वेष और राग से मुक्ति शिव स्वरूप परमात्मा द्वारा ही सम्भव है। भगवान् परमेश्वर चेतन, अचेतन से युक्त सम्पूर्ण प्रपंच से परे होते हैं, ये ही सर्वेश्वर हैं प्रणव परमात्मा शिव का वाचक है और इसके द्वारा वाच्य शिव की भावना उसके जाप से ही की जाती है। भक्त को प्रणव के अतिरिक्त अन्य से सिद्धियां प्राप्त होती हैं। सबके ऊपर अनुकम्पा से देवों के देव आदित्य रूप शिव ने परम पाशुपत ज्ञान तत्त्व यत्न से याज्ञवल्क्य के परम तप से कहा है। इस परमोत्तम पाशुगत योग से जिस पुरुष की अवस्था एवं प्रयोजन हो। वह इसका ज्ञान प्राप्त करके अन्त समय में प्रभु के ही सान्निध्य में पहुंचकर उसी में प्रवेश कर जाता है। ओंकार प्रदोष बनाकर, परम सूक्ष्म का अन्वेषण करते हुए इन्द्रियों के द्वार पर निवास करने वाले मन को वश में करके ही उसे स्थापित किया जा सकता है।

भगवान् उमापति शिव की महिमा का वर्णन

भगवान् उमापति शिव की महिमा का वर्णन करते हुए शैलादि ने कहा कि भगवान् शिव को कोई भी प्रकृति बंधन, बुद्धि बंधन, अहंकार बंधन, मनो बंधन, चित्त, श्रोत्र, त्वक, चक्षु, जिह्वा, घ्राण, पद, वाक तथा इन्द्रिय भूत और तन्मात्राओं का कोई भी प्राकृतिक बंधन शिव को नहीं होता। वह नित्य शुद्ध स्वभाव से निःसंग से ही नित्य बुध होते हैं। तत्त्व के वेत्ता मुनियों द्वारा भगवान् शिव नित्य मुक्त कहे गए हैं। अनादि मध्य से निष्ठ परमेष्ठी पुरुष शिव की आज्ञा से ही प्रकृति बुद्ध को प्रसूत करती है। शिव के नियोग से इस प्रकृति की बुद्धि फिर अहंकार को जन्म देती है और तब भगवान् शिव के नियोग से दस इन्द्रियां एक मन और तन्मात्राएं उत्पन्न होती हैं। उन्हीं की आज्ञा से अहंकार पांच तन्मात्राओं को जन्म देता है और महाभूत उत्पन्न होता है और उन्हीं की आज्ञा से महाभूत देहधारियों की देह की संगति करता है। परमेष्ठी शिव की ही आज्ञा से चित चिन्तन करता है, मन संकल्प करता है, कान सुनते हैं त्वचा स्पर्श करती है, वाणी बोलती है और शरीर के सम्पूर्ण कार्य उस देव की ही आज्ञा से सम्पन्न होते हैं।

प्रभंज वायु प्रभु की आज्ञा से ही, प्राण, अपान आदि से भेदों के द्वारा शरीरधारियों के शरीर का भरण करता है। सात स्कंधों में रहने वाला मरुत नाग कूर्म आदि भेदों द्वारा शरीरों में प्रवृत्त होता है। शंकर के आदेश से ही आहार मात्र का पाचन होता है और भगवान् विशम्भर द्वारा निर्देशित व्यवस्था के विपरीत कार्य करने वालों को उन्हीं के आदेश पर नारकीय यातनाओं से दण्डित करने किया जाता है। देवों की रक्षा और असुरों का हनन उन्हीं के आदेश पर होता है।

महेश्वर के आदेश से ही वरुणदेव जल द्वारा लोकों का पालन करते हैं और उन्हीं के पाशों से असुरों का बंधन करते हैं। यक्ष धन प्रदान करता है। आदित्य उदय और अस्त के समय और काल को निर्धारित करता है। चन्द्रमा शान्ति और औषधि प्रदान करता है। देवों की आठ प्रकार की जातियां, तिर्यक योनि की पांच जतियां और सब मुनष्य आदि शिव के ही शासन में प्रवृत्त रहते हैं। पाताल आदि लोक और शेष ब्रह्माण्ड शिव की

ही आज्ञा पालन करते हैं।

नन्दीकेश्वर से प्रश्न करते हुए सनतकुमार ने उन परमभक्ति श्रेष्ठ भक्त से शिव और उमा की पृथक-पृथक विभूतियों का वर्णन जानने की जिज्ञासा प्रकट की तो नन्दिकेश्वर ने उन्हें बताया कि शिव ही परमात्मा हैं और बुध लोग भगवान् शिव को ही ईश्वर कहा करते हैं। उमा देवी शिवा नाम से जानी जाती हैं और ईश्वर की माया के रूप में कही जाती हैं। ये ही प्रकृति और पुरुष के रूप में विख्यात हैं। ये ही दिवस रुद्र समुद्र हैं तो उसकी बेला पार्वती हैं। शूल के आयुध धारण करने वाले शिव वृक्ष हैं तो उनकी प्रियतमा लता। हर ही ब्रह्मा हैं तो उनकी अर्धांगिनी पार्वती सावित्री हैं। महेश्वर देव विष्णु हैं और उस समय परमेश्वरी भवानी साक्षात् महालक्ष्मी रूप वाली हैं।

महेश्वर इन्द्र रूप में तो पार्वती इन्द्राणी रूप में, रुद्रदेव जातवेद रूप में तो जगदम्बा उनकी प्रिया स्वाहा रूप में, त्रिअम्बक देव, यम रूप में, उनकी प्रिया यमी रूप में, भगवान् रुद्र वरुण रूप में, तो उनकी प्रिया वारुणि, भगवान् भव वायु रूप में तो उनकी प्रिया मनोरमा, महेश्वर यक्ष रूप में तो शिवा रिद्धि रूप में और भगवान् शिव चन्द्र रूप में तो रुद्र वल्लभा रोहिणी रूप में, शिव सप्तरथी सूर्य रूप में तो उमा उसकी कान्ता, सुवर्चला रूप में, त्रिपरासुर के हनन करने वाले शिव जब कार्तिकेय रूप में होते हैं तो पार्वती देवसेना रूप में, शिव दक्ष प्रजापति रूप में तो उमा प्रसूति रूप में, पुरुष नाम वाला मनु शम्भू रूप है तो शिव की प्रिया शतरूपा, यदि शम्भू भृगु हैं तो उनकी प्रिया ख्याति, मरीचि हैं तो सम्भूति रूप में हैं। इस प्रकार सब स्त्री और पुरुष रूप शिव और उमा की ही विभूतियां होती हैं। पदार्थों की शक्तियों को बुध लोग गौरी कहते हैं और वे सब पदार्थ जो शक्तियों के धारक होते हैं, महेश्वर कहलाते हैं।

आठ प्रकृतियां देवी की मूर्तियां कही गई हैं तथा विभूतियां उसका विकृतियां हैं। शरीर के धारण करने वाले प्राणियों में सम्पूर्ण शरीर गौरी स्वरूप वाले होते हैं और सब शरीर शंकर भगवान् के अंश रूप होते हैं। जो कुछ भी सुनने योग्य विषय हैं वह देवी उमा का स्वरूप है और श्रवण करने वाला स्वयं महेश्वर देव। विषयों के स्वरूप को महेश्वर धारण करते

हैं और उमा उन्हें प्राप्त करती है। प्रजा के रूप वाली जो भी कोई दृश्य वस्तु है, वह सब भुवनेश्वरी देवी का रूप है और उनको देखने वाला द्रष्टा शिव है। महादेवी महेश्वरी मन्तव्य वस्तु के रूप को धारण करती है और उन सबका मन्ता विश्वात्मा महादेव होते हैं। उमा देवी बोध करने योग्य वस्तुओं के रूप को धारण करती हैं और भगवान् शिव सबके बोद्धा होते हैं। पीठ के आकार में स्थित उमा देवी हैं और लिंग के स्वरूप में साक्षात् शंकर होते हैं जो उस पीठ पर विराजमान हैं। सुर और असुर प्रयत्न करके उनकी ही प्रतिष्ठा करके भजन अर्चन करते हैं। जो-जो पदार्थ लिंग के अंग वाले होते हैं, वे सब शिव की विभूति होते हैं और भगांक वाले पदार्थ गौरी को विभूति। स्वर्ग से पाताल लोक तक ब्रह्माण्ड का समस्त अष्टावरण ज्ञान महेश्वर होते हैं। भगवान् शिव के लिंग का जाप कर जो अन्य देवों का भजनार्चन करता है, उस देश का राजा अपनी प्रजा के साथ रौरव नरक को जाता है।

जो राजा शिव की अपेक्षा अन्य देवों का भजन करता है, वह भी ऐसी ही गति प्राप्त करता है। जो युवती अपने पति का त्याग करके अन्य के साथ प्रणय किया करती है, वह भी नरकगामी होती है। ब्रह्मा आदि से लेकर सभी देवता, समृद्ध राजा, धनिक मानव और मुनिगण सभी लिंग का यजन करते हैं। भगवान् विष्णु ने रामरूप में ब्रह्मा के पुत्र रावण को सेना सहित, केवल भक्तिपूर्वक शिव-लिंग की स्थापना और उसका अर्चन करके ही मृत्यु को प्राप्त कराया था। सहस्त्रों प्रकार के पाप और सैकड़ों विप्रों का हनन करके भी जो भक्त भक्ति भाव से भगवान् शिव का समाश्रय ग्रहण करता है वह सभी पापों से मुक्त हो जाता है। शाश्वत पद की इच्छा करने वाले के लिए केवल लिंग का यजन ही श्रेयस्कर है! अपने सम्पूर्ण आकार में शिव और शिवा लिंग पीठ में अवस्थित रहते हैं, इनका ही पूजन-अर्चन करना चाहिए।

कमल योनि ब्रह्मा पुत्र सनतकुमार को नन्दिकेश्वर ने बताया कि भूमि, जल, अग्नि, वायु, आकाश, भास्कर, दीक्षित और शशि–ये आठ मूर्तियां शिव की हैं। अन्तरिक्ष जीवात्मा इन्द्र, वह्नि, सूर्य, जल, भूमि और हनन भी इन्हीं के नाम हैं। जिस प्रकार वृक्ष को मूल सींचने से उसकी

सभी शाखाओं और उपशाखाओं का सिंचन हो जाता है उसी प्रकार एक शिव की अर्चना देवों की तृप्ति हो जाती है। उस प्रभु के सूर्य स्वरूप द्वादश रूप होते हैं। श्रेष्ठजन उन्हीं का पूजन करते हैं। आदित्य रूप में अमृत, भास्कर रूप में औषधि, मार्तण्ड रूप में सस्य परिपाक, दिवाकर रूप में नक्षत्र पोषण, विश्वकर्मा रूप में बुध पोषण, शूली रूप में शुक्र पोषण, त्रिशूली रूप में लोहितांग पोषण, करते हुए अपने द्वादश रूप में आदित्य, समस्त जग का अन्धकार हरते हुए प्रकृति को सभी प्रकार से तुष्ट करते हैं।

देवों और पितृगणों का पोषण भी करते हैं। भगवान् शम्भू का यह गुण सर्वख्यात है। सोम नाम वाली मूर्ति देहधारियों की आत्मा की शुद्धि के लिए औषध प्रदान करती है। यजमान नाम वाली मूर्ति रात-दिन हाथों के द्वारा सम्पूर्ण देवों का और कष्टों द्वारा सम्पूर्ण पितर गणों का पोषण करती है। भीतर-बाहर स्थित जो जल है, वह नदियों, सागर के रूप में संजीवन और प्राणदायी है। गरीयसी मूर्ति भगवान् शम्भू की विभावसु है। भूतों के शरीर में रहने वाली कल्याणमसी मूर्ति अत्यन्त पूजनीय है। भगवान् शम्भू का यज्ञात्मक शरीर द्विजातियों के द्वारा हूयमान होकर पितृगणों के कन्य का वहन करता है। शम्भू का अग्नि स्वरूप अत्यन्त श्रेष्ठ है। चर और अचर समस्त भूतों के धारण करने में जो मूर्ति मानी जाती है, वह पृथ्वी आदि पंच भूतों के द्वारा उत्पन्न है।

भगवान् शम्भू की समस्त आठ मूर्तियां सभी चराचरों के शरीर में स्थित होती हैं। ये ही प्रयत्नपूर्वक वन्दना करने योग्य हैं। अतः श्रय का सम्पादन करने के इच्छुक मनुष्यों को इनकी वन्दना करनी चाहिए। सम्पूर्ण चराचर के धाता शम्भू रूप वाले भगवान् शर्व और उनकी पत्नी विकेशी कही गई है। जल देहधारी देव को भव कहा जाता है और उमादेवी इनकी पत्नी, शुक्र को इनका पुत्र बताया गया है जोकि सात लोगों के अण्ड में व्याप्त है। अग्नि स्वरूप वाले देव पशुपति कहे गए हैं और उनकी प्रिया स्वाहा। भगवान् षड़मुख देव उनके पुत्र कहे गए हैं। पवन रूपी शिव ईशान कहे जाते हैं और उनकी प्रिया शिवा, इनका पुत्र समस्त कामनाओं को पूरा करने वाला कामदेव कहलाता है। व्योम मूर्ति भीम कही जाती है

और उनकी देवियों दसों दिशाए। सूर्य रूप भगवान् भक्ति और मुक्ति प्रदान करने वाले रुद्र कहे जाते हैं और उनकी पत्नी धारिणी देवी तथा पुत्र शनिश्चर होता है।

सोम रूप भगवान् महादेव और रोहिणी उनकी पत्नी तथा वध उनका पुत्र कहा जाता है। यजमान रूप वाले महादेव उग्र नाम से जाने जाते हैं और उनकी पत्नी दीक्षा और संतान नाम का पुत्र कहा गया है। सम्पूर्ण वेदों के पारगामी वेत्ता को यह जान लेना चाहिए कि शिव ही सबके आदि कारण हैं, जो भी सभी प्राणियों के शरीर में जीवात्मा के रूप में विद्यमान रहते हैं। यह जीवात्मा ही उस महेश्वर की आठवीं मूर्ति हैं जो समस्त प्राणियों के शरीर में गमनशील रहता है। इस प्रकार इन आठ मूर्त्तियों वाले सर्वलोकात्मक विभुदेव का सर्वत्र भाव से भजन करना चाहिए। यदि इस संसार में रहते हुए श्रेय प्राप्त करने की इच्छा रहती है तो इन्हीं का समार्चन करना चाहिए। अष्टमूर्ति के विश्वरूप होने से ही उसकी आराधना करनी बताई गई है। उनका जिस किसी प्राणी पर अनुग्रह होता है तो अवश्य ही वह श्रेय की प्राप्ति करता है।

अतएव अष्ट मूर्ति महेश की ही आराधना करनी चाहिए। यदि किसी भी प्राणी को इस लोक में निग्रह करना हो तो वह भी अष्टमूर्ति महेश द्वारा की दण्डरूप में जीव को प्राप्त होता है। जिसकी लोक में अवज्ञा की गई है तो वह भी किसी न किसी पूर्व पाप के कारण अष्ट मूर्त्ति महेश द्वारा ही की गई मानी जानी चाहिए। जिस किसी जीव के ईश्वर द्वारा भक्ति के फलस्वरूप अभय प्राप्त हो जाता है वह भी अष्ट मूर्ति विभु का ही वरदान रूप होता है जो उनके आशीर्वाद और प्रसन्नता तथा सायुज्य का वाचक होता है।

अतएव भगवान् अष्ट मूर्ति का ही लीलारूप यह संसार है इनसे इतर कुछ भी नहीं। दुःख तथा सुख क्लेश और शांति सभी कुछ यहां चराचर जगत् में भगवान अष्ट मूर्ति के ही आदेश या निर्णय का फल-रूप होता है, इसमें तनिक भी संशय नहीं। सब प्रकार के साधनों का प्राप्त करना और अभय का प्राप्त करना यह अष्ट मूर्ति देव की आराधना से ही हुआ करता है। सभी प्रकार के उपकार और सब प्रकार के अनुग्रहों का प्राप्त

करना भी परमात्मा शिव के अष्टमूर्ति रूप के अर्चन से ही संभव है। यही ऋषि-मुनियों तथा कुछ लोगों का कथन है। शिव के आराधना की इच्छा यदि है तो तुम्हें भी अन्य अंगियों पर अनुग्रह तथा सब प्रकार से अभय का दान करना चाहिए।

शिव के सर्वतत्त्वात्मक रूप की व्याख्या

शिव के सर्वतत्त्वात्मक रूप की व्याख्या करते हुए नंदिकेश्वर ने बताया कि शिव परब्रह्म स्वरूप होते हैं। वही सम्पूर्ण लोकों का संहार करने वाला, उनकी रक्षा करने वाला तथा निर्माण करने वाला एक मात्र कारण रूप हैं। इनकी पांच मूर्तियां श्रोत्रज्ञ, ईशान, तत्पुरुष, अघोर, वामदेव तथा सद्योजात होती हैं। ईशान परमदेव परमेष्ठी और सनातन श्रोत्रेद्रिय होने से सब भूतों में अविस्थत रहते हैं। त्वगिन्द्रियात्मक होने से तत्पुरुषदेव स्थित रहते हैं, चक्षुरात्मक होने से समस्त भूतों के शरीर में व्यवस्थित रहते हैं, वामदेव भी जिह्वा इंद्रिय के स्वरूप से अंगवालों के अशेष अंगों में अधिष्ठित रहते हैं। सद्योजात घ्राणेंन्द्रिय के रूप से समस्त प्राणधारियों के शरीरों में अवस्थित रहते हैं। ईशान वागेंद्रियात्मक रूप में समस्त प्राणियों में प्रतिष्ठित हैं। सम्पूर्ण विग्रह इंद्रिय स्वरूप से समस्त प्राणियों के निकायों के शरीर में स्थित हैं। शब्द तन्मात्रा के रूप वाले प्राणियों के देव आकाश के जनक हैं। तत्पपुरुष देव स्पर्शतन्मात्रा रूप वाले कहे गए हैं। मुनीश्वर भगवान् को समीर का जन्म देने वाला कहते हैं। अघोर देव को रूप तन्मात्रा के रूप में कहा गया है। जो अग्नि को जन्म देने वाले कहे गए हैं। रस तन्मात्रा रूप वाले भगवान् वामदेव जल के जनक कहे गए हैं। गन्ध, तन्मात्रा रूप वाले सद्योजात भगवान् भूमि को जन्म देने वाले कहे गए हैं। ईशान-आका-शात्मा-आदिदेव, तत्पुरुषदेव–प्रवनात्मक पवन देव, अधोर-दहनात्मक वाक्यार्थ के ज्ञाता, वामदेव–तोयात्मक संजीवनदायी, सद्योजात–विश्वंभरात्मक–परम स्वामी के रूप में यह चराचर जगत पंचव्रक्षात्मक है। यह शिव के ही रूप में ख्यात हैं अतः श्रेय सम्पादनधर्मी को शिव का ही आराधना करना चाहिए।

भगवान् शिव का माहात्मय समझाते हुए शैलादि ने सनत्कुमार को

बताया कि मुनिगण ने शिव को सद् और असद् रूप वाला कहा है। कुछ ने उन्हें सत् और असत् का पति भी कहा है। शिव से अन्य कुछ भी नहीं है उन दोनों के पति होने से भगवान् सदसत्पति कहलाते हैं। कुछ तत्त्व चिन्तक उन्हें क्षर-अक्षर स्वरूप वाला क्षराक्षर से पर कहते हैं यही व्यक्त और व्यक्त भी कहते हैं। सकल भूतों के स्वरूप वाले शंकर का स्मरण करके वह जीव मुक्त हो जाता है। कुछ मत्स्येन्द्रादि आचार्य ॐ शिव को समाष्टि और व्यष्टि के स्वरूप वाला तथा कारण बताते हैं। कुछ नहीं को परम कारण मानते हैं। योगशास्त्र के ज्ञाता क्षेत्र-क्षेत्रज स्वरूप वाला बताते हैं। महामनीषी, लोग परम आत्मा-परम ज्योति भगवान् और परमेश्वर कहते हैं। ये चौबीस तत्त्व ही क्षेत्र शब्द के द्वारा कहे गए हैं। क्षेत्रज शब्द के द्वारा इन सबका भोक्ता पुरुष कहा गया है। इनके सभी के विचार में शिव से इतर कुछ भी नहीं, यही शब्द ब्रह्मादि का स्वरूप तथा उसी शिव को ब्रह्मात्मक कहा जाता है। कुछ लोग अनादि निधन और शब्दादिक स्वरूप वाला शिव को ही बताते हैं। इस लोक के धाता-विधाता आदिदेव महेश्वर ही विधा कहा जाता है, सम्पूर्ण प्रपंच का कर्त्ता भी शिव हैं और शिव के अतिरिक्त कुछ भी नहीं है।

शिव के नाम भी पृथक्-पृथक् हैं। हिरण्यगर्भ, पुरुष प्रधान, व्यक्त रुद्र की संज्ञा से भी अभिहित करते हैं। हिरण्यगर्भ सम्पूर्ण विश्व का कर्त्ता, पुरुष इसका भोक्ता होता है। इन चारों का समुदाय एक बुद्धि का चतुष्टय है और शिव के चार भिन्न भेद होते हैं। कुछ की दृष्टि में यह पिण्ड के स्वरूप वाला, हिरण्यगर्भा विराट ईश कहते हैं। जो लोक का हेतु है। अव्यक्त प्रधान तद्रूप है। ये समस्त लोक इसके द्वारा ही सूत्र में मणियों के समूह की भांति स्थित रहते हैं। यह ईश अन्तर्यामी भी कहा जाता है। यह शम्भू शिव स्वयं वेद्य अर्थात् जानने योग्य हैं। स्वयं ज्योति स्वरूप हैं। समस्त भूतों से परत्व होने के कारण यह पर कहे जाते हैं यही परमात्मा शंकर और परमेश्वर हैं।

इनके प्राज्ञ, तेजम तथा विश्वाख्यात तीन रूप माने गए हैं। सुषुप्ति, स्वप्न तथा जागृत तीन अवस्थाएं मानी जाती हैं। विराट हिरण्यगर्भा तथा अव्यक्त तीन नाम वाले, सृजन, पालन और संहार तीन प्रकृति वाले भव,

ईशिता तथा विरचित नाम की तीन अवस्थाएं इनका सम्पादन करके कर्त्ता, कार्य और करण का दायित्व निभाते हैं। परमेष्ठी के प्रमात, प्रमाण, प्रमेय और प्रमिति चार रूप नाम होते हैं, ये चारों रूप ईश्वर, अव्यक्त प्राण, विराट, तथा भूतेंद्रियात्मक शिव के ही होते हैं। यह सारा समुद्र तरंगों के समान शिव का ही विकार है। यही सम्पूर्ण जगत् का ईश्वर है। यही अव्याकृत प्रधान है। भूत, महाभूत तथा इंद्रिया शिव के ही रूप एवं कार्य करते हैं। विश्व पचीस तत्त्वों से समुत्पन्न हैं। इनसे शिव पर तत्त्व माना गया है जिस प्रकार से मिट्टी से बना कुम्भ नाम गुण से मिश्र हो जाता है लेकिन रहता है वह मिट्ठी का ही रूप। इसी प्रकार सदाशिव आदि तत्त्व शिव से ही उत्पन्न होते हैं। माया, विद्या क्रिया, शक्ति क्रियामयी ज्ञान शक्ति–ये सभी शिव से ही समुत्पन्न हुई हैं। सूर्य से उत्पन्न किरणों के समान ही शिव के रूप हैं, इसलिए श्रेयष्कर यही है कि शिव को ही सर्वतो भाव से भजन करना चाहिए।

शैलादि से इस प्रकार प्रबोधित होकर सनतकुमारजी पूछा कि मैं भगवान् शिव के महात्म्य को पुनः सुनना चाहता हूं। भगवान् शिव कैसे शरीरधारी हुए, किस तरह प्रतापी बने, उन्हें सर्वात्मा किस कारण कहा गया। पाशुपत व्रत क्या है? कृपा करके मुझे विस्तार से बताएं तो इस पर शैलादि नंदिकेश्वर ने उन्हें बताया कि विश्व के कारण रूप शिव शम्भू स्थाणु से उत्पन्न हुए थे जो सब के परम कारण स्वरूप इसे संसार रूप मण्डल के स्तम्भ कल्याणदायी शिव प्रभु मुख कमल से समस्त देवताओं से पहले उत्पन्न हुए। अपने सामने उस प्रभु ने ब्रह्मा को देखा। उनके द्वारा देखे गए उस देवेश ने वर्णों और आश्रमों की व्यवस्था स्थापित की तथा यज्ञ के लिए सोम का सृजन किया फिर सोम से यज्ञ उत्पन्न हुआ। चरु, वह्नि, यज्ञ, वज्र, हाथ में धारण करने वाले इन्द्र जो शची के स्वामी और श्री विष्णु नारायण से सभी जगत् इस प्रकार सोममय है। अदेव गणों ने रुद्र अध्याय द्वारा ईश्वर रुद्र का स्तवन किया। उस समय रुद्र प्रसन्न मुख वाले सम्पूर्ण देवों के मध्य विराजमान थे। महेश्वर देव ने ज्ञान का अपहरण करके अपनी स्थिति बनाई थी। समस्त देवों के पूछने पर उन्होंने बताया कि मैं परम पुरातन था। मैं ही सबसे पहले वर्तन किया करता हूं। इस

लोक में मैं ही हूं, मुझसे अन्य कोई नहीं है। नित्य अनित्य मैं ही हूं। मैं ही ब्रह्मा, अनग, दिशा, प्रकृति और पुमान हूं। तिष्टुप, जगति और अनुष्टुप, तन्मय मैं ही हूं। मैं ही छन्द स्वरूप हूं। सत्य, सर्वत्र गमन करने वाला, शान्त त्रेताग्नि गौरव गुरु मैं हूं। मैं ही गौ हूं, गहन, गोचर नित्य गहन भी मैं हूं। समस्त तत्त्वों में श्रेष्ठ और वरिष्ठ अकालपति भी मैं हूं। मैं ही जल, ईश, तेज और वेदी मैं ही हूं। ऋग्वेद, यर्जुवेद और आत्म हूं। अंगीरसों में श्रेष्ठ चतुर्थवेद रूप अथर्व मैं ही हूं। अक्षर क्षर शान्ति क्षमा मैं हूं। समग्र वेदों में परम गुह्य वरेण्य और अज भी मैं हूं। पवित्र पुष्कर रूप तथा उसके भीतर-बाहर के भाग, पुरस्तान और अव्यय मैं हूं। ज्योति ब्रह्मा विष्णु महेश्वर और बुद्धि, अहंकार, तन्मात्रा और समस्त इन्द्रियगण मैं हूं। मैं ही सर्वदेव सर्वात्मा, वाणी को वेदों द्वारा, आयु से आयु को, सत्य से सत्य को तृप्त करता हूं। अपने तेज से सबका तर्पण करता हूं। ऐसा कहते हुए शंकर वहां से अन्तर्हित हो गए। उसके बाद देवों ने उस परम कारण देव रुद्र को नहीं देखा। वे सभी देव नारायण सहित ऊपर को बाहु वाले होकर रुद्र का स्तवन करते हैं।

यह भगवान् रुद्र की ब्रह्मा, विष्णु, महेश हैं। स्कन्ध, इन्द्र, चौदह भुवन, अश्विनी कुमार, ग्रह, तारा, नक्षत्र, अन्तरिक्ष, दिशाएं, सम्पूर्ण भूत, सूर्य, सोम, आठ ग्रह, प्राण, काल, यम, मृत्यु, अमृत, परमेश्वर भूत, भव्य और वर्तमान आदि यह सम्पूर्ण विश्व नहीं का रूप है। उस सत्य रूप को हम नमस्कार करते हैं। वही आदि है, भू भुंवः स्वः विश्व रूप, जगत् का शीश, अद्वितीय, सुरेश्वर, सबका आधार है। जिनके आराधन से शत्रु काम आदि हत हो जाते हैं और विनाशशील शरीर वाले मानव की विनाशशीलता का मिट जाना अमृत कहा गया है। शिव प्रणव है, प्राणों की रक्षा करता है। सबको व्याप्त करके स्थिर रहता है, इसीलिए सनातन और सर्वव्यापी है। समस्त विद्याओं का ईशान स्वामी है। स्वय आत्मज्ञान योग का अवगमन करता है इसीलिए भगवान् कहा जाता है। सम्पूर्ण लोकों को तुम से ग्रहण करता है, इसलिए महेश्वर है। यह देवेश समस्त दिशाओं के स्वरूप वाला, काल व्यापी, अनादिसिद्ध और स्वयं परायण है। सर्वज्ञ ब्रह्मात्माक, पिंगल पुरुष शिव स्वरूप है। यह विश्व अचेतन, जड़, सृष्टि

स्वरूप और भूत चेतनात्मक है। यही आत्मा में स्थित है। सत्य ब्रह्म महादेव पुरुष और योनि में जो अधिष्ठाता होती है, वह एक ईश्वर होता है, उसी के देखने से स्थाई शान्ति होती है, प्राणियों के मन के अन्तर में वह लिंग रूप कहा जाता है। यही शाश्वत परमेश्वर, परात्पर और ध्रुव है। जो पंचभूत हैं उनकी मात्रा विधि क्रम से अर्थात् शब्द आदि की उत्पत्ति के क्रम से प्रविलेपन करें। पृथ्वी आदि पांच मात्राओं से चार, तीन, दो, एक करते हुए मात्रा रहित हो जाएं तथा द्वादश तत्त्वों के अन्त तक व्यवस्थित होकर अयृत हो जाए। ऐसी स्थिति में पाशुपात व्रत का आचरण करना चाहिए। वेद मन्त्रों द्वारा अग्नि आधान करके पाशुपत व्रत का पालन करूंगा, ऐसा संकल्प करते हुए उपवास करें। शौच निवृत्त होकर स्नान करके शुक्ल वस्त्र धारण करते हुए यज्ञोपवीत और शुक्ल माला धारण कर चंदन अनुलेपन से युक्त होकर हवन करें तथा विरज लेपन भी करना चांहिए तभी इस व्रत की पात्रता सम्पन्न होती है और अपने सम्पूर्ण अंगों की शुद्धि इस प्रकार करें कि मेरी पांचों वायु शुद्ध हो, वाग, मन तथा चरण आदि शुद्ध होंवे, श्रोत्र जिह्वा, शिर, पाणि, पार्श्व, पृष्ठ भाग, उदर, जंघाएं, रुधिर, भेद, अस्थियां, त्वचा, शब्द, स्पर्श, रूप, रस, गन्ध, समस्त मन वाले देह में जो भेदादि हैं, वे शुद्ध हों। शिव की इच्छा से मेरे अंग, मन, प्राण और ज्ञान के समस्त कोष शुद्ध हों। समिधाओं और घृत से अग्नि में हवन करके, चरु से आहुतियां देकर रुद्र अग्नि का उपसंहार करें और यत्नपूर्वक फिर भस्म ग्रहण करें। अग्नि इत्यादि मन्त्रों के द्वारा बुद्धिमान पुरुष को विमार्जन करना चाहिए। इस प्रकार यह पाशुपत व्रत सम्पन्न होता है। जो पाशों का विमोचन करने वाला और ब्राह्मणों का हित करने वाला है। यह क्षत्रियों और वैश्यों का भी हित सम्पादक होता है। यतियों के लिए तो यह व्रत विशेष रूप से हितकारी होता है। ब्रह्मचारियों को यह विमुक्ति देता है। इसकी भस्म के संस्पर्श से भस्म संयुत पुरुष भी वीर्यवान हो जाता है। भस्म स्नान करने, उसमें रति रखने वाला, शयन करने वाला और इन्द्रियों को जीतने वाला विप्र सभी पापों से विमुक्त होकर अन्त में भगवान् शिव के सायुज्य को पाता है। इसलिए सब प्रयत्नों के द्वारा बुध पुरुष को भूति के द्वारा अंगों का पूजन करना चाहिए।

देवताओं ने रोमांचित होकर वृषध्वज प्रभु को प्रणाम कर उनसे कहा–हे भगवन्, द्विजातियों को विरस मार्ग के द्वारा और किस रूप से पूजा करनी चाहिए? स्त्री तथा शूद्रों तथा जारज संतानों की किस प्रकार अर्चना करनी चाहिए। सूतजी ने मुनियों से कहा कि मण्डल में स्थित पितामह रुद्र महादेव ब्राह्मणों, विशेषकर क्षत्रियों तथा वैश्यों द्वारा पूज्य होते हैं। शूद्रों को और स्त्रियों को इस प्रकार पूजन का अधिकार नहीं हैं। इन्हें मण्डल की पूजा करने का अधिकार है। स्त्री तथा शूद्रों को द्विजेन्द्रों के द्वारा की गई पूजा के द्वारा ही फल प्राप्त होता है। इसलिए ब्राह्मण आदि लोगों को सदा शिव का पूजन करना चाहिए। इतना कहकर भगवान् रुद्र स्वयं वहां पर अन्तर्धान हो गए। समस्त देव और मुनिगण भगवान् शिव का उद्देश्य करके उनके ध्यान में प्रणाम करने लगे। वय के धन वाले देव और मुनि लोग जैसे आए थे वैसे ही चले गए। शिव का यजन, मन, कर्म और वाणी के द्वारा धर्मार्थ काम और मोक्ष के लिए करना चाहिए। शैव ज्ञान का संक्षिप्त वर्णन करते हुए शैलादि ने बताया कि स्तुति और निन्दा आदि से रहित तुरन्त ही शांति पहुंचाने वाला है। यही गुरु के प्रसाद से उत्पन्न होने वाला परम दिव्य ज्ञान है जो मुक्ति प्रदान करता है। जो व्यक्ति स्वयं आचरण करता है और अन्यों को भी आचार में स्थापित करता है वही व्यक्ति आचार्य कहलाता है। जो शरणागति में आने वाले पुरुष को सुख पहुंचाने वाला हो, श्रुति और स्मृति के मार्ग का गमन करने वाला हो, अपनी विद्या के द्वारा अभय देने वाला, चंचलता से रहित, सदाचार का पालक और ऐसे ही विशिष्ट गुणों से युक्त आचार्य को प्राप्त कर उसकी शिव की भांति ही पूजा करनी चाहिए। मन, शरीर और भावना से श्रद्धा और धन के द्वारा गुरु को प्रसन्न करना चाहिए। ऐसे गुरु की प्रसन्नता से ही शिष्य के सारे पाप नष्ट हो जाते हैं। शिष्य को चाहिए कि ऐसे गुरु की तीन वर्ष तक परीक्षा करें। प्राण द्रव्य के प्रदान के द्वारा और अनेक ऐसे ही उपदेशों के द्वारा उनकी परख करे। गुरु की ताड़ना पर भी बिना किसी खिन्नता और विषाद के अपने धर्म पालन में लगे रहना चाहिए। इसमें सरल चित्त वाले, किसी प्रकार की इच्छा न रखने वाले, क्रोध रहित, शौच आचरण वाले, योग्य और शिव भक्ति में परायण द्विज ही गुरु पद

के अधिकारी होते हैं। जो द्विज प्रबुद्ध और शुद्ध हैं, वह तो साधन भी कर सकते हैं, किन्तु तत्त्वहीन उनसे बोध कैसे हो सकता है। आत्मज्ञान से रहित वे पशु कहे जाएंगे और ऐसे पशु रूप गुरुओं से जो प्रेरणा प्राप्त करने वाले होंगे, वे भी पशु ही कह जाएंगे। जो पुरुष तत्त्व वेत्ता हैं, वे स्वयं तो मुक्त होते ही हैं, शिष्य को भी मुक्ति मार्ग पर प्रवृत्त करते हैं। जिसने तत्त्व-ज्ञान प्राप्त कर लिया वही वास्तविक आनन्द का अधिकारी होता है। गुरु की सामर्थ्य वास्तव में इसमें है कि वह योग के मार्ग के द्वारा शिष्य के देह में स्वयं प्रवेश करके उसकी शुद्धि करे और उसे समस्त तत्त्वों को बोध कराए। इसके लिए शिष्य को शिष्यत्व पाने के लिए गुरु की परीक्षा कर लेनी चाहिए। कि वह धर्म का ज्ञाता, धर्माचारी तथा वेद ज्ञान का पारंगत है। ब्राह्मण, क्षत्रिय, वैश्य किसी भी जाति का व्यक्ति गुरु हो सकता है। ऐसा कहते हुए शैलादि ने कहा कि काल सबका सकल तत्त्व की सेवा वाला होता है। उसकी शक्ति के प्रभाव से गुरु की आज्ञामात्र से शिष्य सिद्धि और मुक्ति प्राप्त करता है। इसके लिए जो योग नहीं वह शिव स्वरूपा शक्ति को, तत्त्व शुद्धि को नहीं जान सकते। यही कल्याणकारी होती है। समस्त तत्त्वों को अवबोधक ईशत्व ही होता है।

शिव पूजा, के शुभ नियमों का निरूपण करते हुए सूतजी ने बताया कि गन्ध, वर्ण तथा रसादि से भूमि की विधिपूर्वक परीक्षा करनी चाहिए। इसके बाद वितान तानकर उस भूमि को सज्जित करके ईश्वर के आह्वान के योग्य कर लेना चाहिए। एक हाथ माप का घेरा बना लेना चाहिए। उसके बीच में कमल के आलेख की पांखों रत्नों सहित रचना करें। चूर्णों से आठ दल वाले श्वेत अथवा रक्त परिवार से युक्त कमल बनाकर कणिका, में भगवान् शिव का आह्वान करें। इसके बाद अपनी शक्ति और धन के अनुरूप रत्नों से पूजा करें। लिखित कमल के दलों में अणिमा महिमा आदि आठ सिद्धियां होती हैं। शिव के आसन कणिका में ज्ञान वैराग्य नाम का मनोरम धर्म का स्मरण करें। कणिका के केसरों में वामदिक आठ स्त्रियां विराजमान होती हैं। महामाया कमल की कर्णिका में शिवासन पर विराजमान होती हैं। इन सभी को इनके स्वामियों के साथ विन्यस्त करना चाहिए और नमः धूम्र वर्च से शिखायै नमः तथा अजनामाय

कवचाय नमः कहते हुए दिशाओं में विन्यास करें। पिंगल नेत्रों के लिए ईशान दिशा में न्यास करें।

रुद्र विष्णु तथा विरचि को सर्ग स्थिति तथा लय के क्रम से भावना का आधार बनाकर पांच भूतों को विग्रह का स्तवन करने वाले पांच मन्त्रों का जाप करें। हस हसाय विघ्नहे परम धीमहि, तत्रोरस प्रचोदयात यह हस गायत्री मन्त्र है।

ओंकारमंत्र अर्थात् प्रणव से उसको उबारा जाता है। यही मंत्र ब्रह्म रूप है जो आ, ई उ और ए वर्ण के चतुष्कोण रूप में देवता के वाचक हैं। अम्बा देवी, गणेश, सूर्य और विष्णु के क्रम में पंचायत रूप विग्रह से युक्त है। स्थिति उत्पत्ति और प्रलय से रहित देव अणु से भी अधिक सूक्ष्म, अजन्मा महान से भी महत्त म ऊर्ध्वरेता, ईशान, विरूपाक्ष, हजारों सिरों और नेत्रों वाला नादरूपी सूर्य के समान और चन्द्रमा के समान आकृति वाला वह प्रभु तत्त्वों में मध्य पूर्व और पश्चात् स्थित हृदय में अवस्थित विद्युत के समान आभा वाला और श्याम रक्त शक्तियों का आसन बनाये रखने वाला, तत्व त्रय से युक्त शिव देव हैं। उसी का स्मरण करना चाहिए। विद्या की मूर्ति से देव की ही पूजा करनी चाहिए।

अस्त्रों से युक्त इन्द्र आदि लोकपालों का पृथक से पूजन करें तथा चरु से विधिपूर्वक शिव को समर्पित करें। आधा वह शिव को दें और शेष भाग से होम करें। इसके बाद शिष्य को भोजन करने के लिए चरु दें उसका स्पर्श करा के पूरी तरह पवित्र होकर पुरुष का यजन करे। ईशान मंत्र से अभि मंत्रित पंचगव्य का भोजन करें। वामदेव भस्म से पूर्ण अंगों वाला बने और गायत्री देवी का जाप करें। होम से पहले किए जाने वाले कर्म बताते हुए सूत जी ने कहा कि वस्त्रों से भली-भांति युक्त और रत्नों से सज्जित हिरण्यमय पांच क्लेशों का विन्यास करें। वैभव विस्तार के अनुसार ब्राह्मणों से होम कराएं। दक्षिण भाग से शिष्य का स्तवन करें। वह शिष्य परम भक्त और शिव के ध्यान में परायण होना चाहिए और इस प्रकार शैया निर्मित करके शिव को उस पर समारूढ़ करें। अघोर मंत्रों के द्वारा प्रातःकाल घी की एक सौ आठ बार आहुति देकर शोधन करें। इस प्रकार शिष्य को स्नान कराके शरीर सज्जित कर नये वस्त्र धारण कराके

मंगल किए जाने वाले शिष्य के दुकूल से नेत्र बांधकर प्रवेश करना चाहिए। अपनी शक्ति के अनुसार स्वर्ण युक्त फूलों का ग्रहण करके ईशान मंत्र द्वारा प्रभु को पुष्पांजलि अर्पित करें और परिक्रमा करें। इस स्थिति में केवल शिव का ध्यान करते हुए देवों के देव शिव का प्रणव से स्तवन करें। जिस मंत्र का पुष्प का पाठ हो जाए वही मंत्र सिद्ध हो जाता है। मंगल देने वाली अघोर भस्म मस्तक पर लगा कर शिष्य का अर्चन करें। प्रवेश द्वारा के विषय में क्षत्रियों के लिए विशेषरूप से पश्चिम द्वारा बताया गया है।

दक्षिण मूर्ति संज्ञा वाले शिव के ध्यान में स्थित होकर कुशा के आसन पर शिष्य को बिठकार कर पंच तत्त्व प्रकार से शुद्धि करें और हे रुद्र, हे ब्रह्माण्ड आत्मज निवृत्ति द्वारा अहंकार के ऊपर प्रकृति पर्यप्त ज्ञान की कला की पूर्णता से पुरुष पर्यन्त ज्ञान प्राप्त करके भगवान् शिव के प्राप्ति के पथ को भक्ति के द्वारा शिव की प्राप्ति करें और शान्ति के लिए ईशान मंत्र से होम करें फिर प्रत्येक दिशा के देवता को उतारते हुए होम करें। पूर्णाहुति ईशान मंत्र के द्वारा की जाती है। हे सुव्रत आदि में प्रणव गायत्री मंत्र के सहित अघोर मंत्र से प्रायश्चित करें और तीन प्रकार से होम करते हुए यज्ञ का उपसंहार करें। इसमें 'समोहिरण्य वाहने' मंत्र से आत्मवाचक प्रणव के अन्तर नाद से व्याप्त ब्रह्म-रंध्र का भेदन करना चाहिए। ब्रह्मा, विष्णु और महेश का उपसंहार करके संहार मूर्ति रुद्र को महेश देव को ईशान शिव में सृष्टि के प्रकार के भाव से चिंतन करना चाहिए।

इस प्रकार सम्पुटीकरण करके प्रधान मैत्र ग्रहण किया जाता है और अमल से त्र्यम्बक मंत्र से प्लावन करते हुए अमृतकरण करें। प्रतिष्ठा, कला, अमला, विद्याएं बताई गई हैं। इनसे यथाक्रम संक्रमण करते हुए शिव के प्रतिपादक मंत्रों से शोधन करके स्तवन करें। पूजा सम्परोक्षण, ताड़न, हरण अत्यंत शुद्ध मन का संयोग विक्षेप, अर्चना, गर्भ में स्थापन और तत्सदृश ज्ञान-निवारक अविद्यानाश को कहते हुए महामुनि इस ईशान मंत्र के साथ अघोर संसृति होती है और योग मार्ग के तत्त्वकर्मा के लिए ये ही उपयुक्त है। प्राणायाम से स्थिर रहते हुए और योग से निवृत्त

शिवान्ति को प्राप्त करना चाहिए। एक ही स्थान में तुल्यता को प्राप्त करना चाहिए, अलग-अलग स्थानों पर नहीं। सभी दुखों-द्वन्द्वों को सहन करना चाहिए, यही भगवान् शिव नियोग है।

जो शिष्य भगवान् शिव के आगे कुरु और बह्नि के आगे आदर के साथ दीक्षा ग्रहण करता है और आवश्यकता पड़ने पर प्राण भी त्यागता है वह उत्तम कर्म है और भगवान् शिव की अभ्यर्चना करते हुए पूजन के पश्चात् ही भोजन करना चाहिए। इस प्रकार दीक्षा प्राप्त करके क्रमानुसार पूजा करते हुए प्रतिदिन तीन बार, कम से कम एक बार पूजन अवश्य करना चाहिए। अग्निहोत्र, देव-यज्ञ आदि जिनमें दीक्षा दी जाती है, ये सभी भगवान् शिव के लिंग की अर्चना के एक कलश की भी क्षमता नहीं करते। जो भक्त एक बार भी शिवलिंग की पूजा करता है वह यज्ञ के समान होता है। शिव पूजन में सर्वदा ही दान दिया जाता है और यह आयु का भक्षण करने वाला होता है। जो तीनों कालों में महादेव की अर्चना करते हैं वे साक्षात् रुद्र होते हैं और जो रुद्र से भिन्न है वह कभी रुद्र का स्पर्श नहीं करता। रुद्र की अर्चना और कीर्तन नहीं करता उसे रुद्र की प्राप्ति भी नहीं होती। यही अधिकारी विधि का क्रम है और शिव की अर्चना करने का एक मात्र विधान जो धर्म, अर्थ, काम और मोक्ष देने वाली होती है।

शिव की अर्चना के अधिकारी का उल्लेख करते हुए नन्दीकेश्वर ने बताया—भगवान् भास्कर का अर्चन पूर्ण कर लेने पर योग-स्नान आदि कर्मों को करने पर फिर शिव स्नान, भस्म स्नान और शिवार्चन करें। सौर स्नान विधि को बताते हुए कहा कि 'ओ३म् भर्वः ओ३म् सुवः ओ३म् महः ओ३म् जनः ओ३म् तपः ओ३म् सत्यम् और ऋतम् ओ३म् ब्रह्मः' इस मन्त्र के उच्चारण से मिट्टी लेकर भक्ति से इन्हें भूमि पर स्थापित करते हुए शोधन करें। मल विभाजन करें शेष मिट्टी को हाथ में लेकर सात बार बायें हाथ को और फिर दस बार दिशाओं को पूजें। ये मंत्र समस्त सिद्धियों को देने वाला है। ३ससे देवता का अभिषेक करें। गायत्री मंत्र और नमः सूर्याय खखोलकाय नमः कहते हुए इस नवाक्षर मूल से भगवान् भास्कर का पूजन करें। इसके बाद सात अंग मंत्रों से शृंग आदि पात्रों के

द्वारा आत्मा का अभिषेचन करें। इस विधि को ब्राह्मण, क्षत्रिय, वैश्य ही प्रयोग में लाते हैं। रक्त वर्ण के वस्त्र को धारण करके उत्तम द्विज सूर्यच्य मंत्र से दिन में और अनिश्चय मंत्र से श्याम को विधिपूर्वक आचमन करें। मध्याह्न के समय आपसु पुनन्तु कहते हुए आचमन करें। मैं स्वयं सूर्य हूं, ऐसा चिंतन करके इन मंत्रों के द्वारा गंध और सिद्धार्थ से बायें हाथ में रहने वाले जल से आपोनिष्ठा मयो भुवः मंत्र का उच्चारण करके शेष जल से बायीं नाक को सूंघकर शिव का चिंतन करें। उस सुंघे जल को लेकर ऋषियों को तर्पण करना चाहिए। पितरों और भूतों को अर्ध्य देना चाहिए। इस प्रकार प्रतिदिन तीन बार अर्ध्य समर्पित करना चाहिए।

भास्कर की अर्चना के पश्चात् सबसे पहले शिव की अर्चना करनी चाहिए और उसके लिए शिव को स्नान कराना चाहिए। इसमें सूर्य का यजन करके आग्नेय स्नान कराएं। यह भी सौर स्नान की तरह मंत्रों द्वारा आदि धोकर शरीर के आवश्यक कार्य समाप्त करके फिर सौर तथा शंकर स्नान करना चाहिए। विघ्नों के स्वामी गणेश, वरुण और गुरु का तीर्थों में अर्चन करना चाहिए। इसमें पद्मासन बांधकर समाधि लगाकर अर्चना करनी चाहिए तब पूजा के स्थान पर प्रवेश करना चाहिए। अर्ध्य से पवित्र मार्ग के द्वारा पादुकाएं पहनकर जाना चाहिए। अर्ध्य का साधन करने के लिए योगी को पद्मासन बांध प्राणयाम का अभ्यास करना चाहिए और अर्ध्य पात्र हाथ में लेकर उसका पूरी तरह प्रक्षालन करके फिर उसमें अर्ध्य जल डालना चाहिए। मंत्रों के द्वारा शोधित करके पूजन शुरू करना चाहिए। पाद्य और आचमनीय को गंध और फूलों से युक्त करके जल से शोधित पात्र में अलग से रखना चाहिए और इस प्रकार समस्त देवों के द्वारा पूजनीय सूर्य देव का जाप करना चाहिए और उचित आसन पर उनकी कल्पना करनी चाहिए। अंग-न्यास करते हुए शक्तियों से युक्त कर्णिका और केसर से युक्त कमल का चिन्तन करते हुए अंजली पुट को बांधे हुए वर देने वाली गायत्री को स्थापित करना चाहिए और परमेश्वर भास्कर देव का नवाक्षर मंत्र द्वारा आवाहन करना चाहिए। महान् आत्मा वाले भगवान् भास्कर की प्रमुख मुद्रा पद्म मुद्रा होती है।

मूल मंत्र से अर्ध्य देते हुए पाद्य आचमन करके रक्त चंदन युक्त

फूल, कमल, धूप, दीप ये यजन करके प्रणव आदि से लेकर नमः तक शब्दोच्चार द्वारा अपने मन में उनका प्रतिबिम्ब बिठाकर ध्यान करना चाहिए। सम्पूर्ण हृदय आदि परम शांति और विद्युत के समान प्रभावपूर्ण हों। दक्षिण हाथ से वरदान देने वाले और बायें हाथ से पद्म की शोभायमान किये सम्पूर्ण आभूषणों से सज्जित ऐसी दिव्य मूर्ति को ध्यान में करते हुए उस महादेव का अर्चन करना चाहिए। इस प्रकार सभी मण्डलों में इनकी पूजा करते हुए मूर्ति को आसन देकर देवताओं का पूजन करना चाहिए। हवन की विधि में मण्डल के पश्चात् वर्तुल कुण्ड की रचना करनी चाहिए। यह चार अंगुल ऊंचाई का हो और उस कुण्ड में दस अंगुल की नाभि होनी चाहिए और इस तरह होम करते हुए विधानपूर्वक सूर्याग्नि के द्वारा भास्कर प्रभु की अर्चना करें। इसके पश्चात् भगवान् शिव की पूजा, धर्म और काम-अर्थ की सिद्धि के लिए करनी चाहिए। जो कोई पुरुष जगत्-गुरु परमात्मा भास्कर का यजन करता हुआ वह निश्चय ही परम गति को पाता है और ऐसा भक्त सभी पापों से छुटकारा पाकर सदा के लिए पापरहित हो जाता है।

भास्कर की पूजा करने वाला ऐश्वर्यशाली और तेज का पुंज हो जाता है। वह पुत्र-पौत्रों धन-धान्य से युक्त सभी प्रकार से सम्पन्न होता हुआ अंत में सद्गति को पाता है और अनन्तकाल तक मुक्त काम रहता है और बाद में पुनः जन्म लेकर राजर्षि गुणों से युक्त धर्म-पालक के रूप में प्राप्त होता है। क्षत्रिय राजवंश में उत्पन्न होकर राजा रूप में या वेदों के ज्ञाता ब्राह्मण-कुल में जन्म लेकर वह अपने पूर्व जन्मों के संस्कारों के माध्यम से सूर्य की अर्चना करके उनके सायुज्य को पाता है। शिव की अर्चना करते हुए स्थापना और उपासना की विधि का विधानपूर्वक परिचय देकर नन्दीकेश्वर ने बताया कि पहले शिव स्नान और अनेक भांति तत्त्व शुद्धि करनी चाहिए। सूर्य अर्चना की भांति ही पूजा के स्थान में प्रवेश प्राणायाम भूत शुद्धि गंध आदि से सुशोभित करते हुए महामुद्रा का विन्यास करना चाहिए और अव्यक्त बुद्धि अहंकार और तनमात्राओं से उत्पन्न तनु को शुद्ध ज्ञान से यत्नपूर्वक दग्ध करके कल्याण अमृत से पूजित कर शिव के ध्यान में निमग्न रहना चाहिए। ये शिव तीन नेत्र वाले चन्द्र शेखर होते

हैं। इनके ऊर्ध्व मुख का श्वेत वर्ण है, ऐसा ध्यान करते हुए उनकी शूल पर्शुखग वज्रशक्ति आयुक्त युक्त सूर्ति का ध्यान करके सब विद्याओं के ईशान शक्ति बीज सर्व भूतेश्वर को नमस्कार करते हुए अर्चना करनी चाहिए। उनका स्तवन करते हुए कालाग्नि के स्वरूप वाले ब्रह्मा मूर्ति पाशुपत अस्त्र वाले, प्रत्येक जन्म में जन्म के अतिभव वाले, विद्या को निरूपति करने वाले परक कल्याणकारी शिव को नमस्कार करना चाहिए। गायत्री के जाप और भास्कर मंत्र से उनका ध्यान करना चाहिए। वेद आदि से प्रभूत और प्रणव से पूजित ओ३म् भूः ब्रह्मा ओ३म् भुवः विष्णु ओ३म् स्वः रुद्र आदि का उच्चार करते हुए उनकी पूजा करनी चाहिए और इस प्रकार सांसारिक बाधाओं के नाश करने वाले शुद्धि दीप की शिखा के आकार के समान लिंग में स्थित सदा शिव भगवान् महादेव की अर्चना करनी चाहिए।

शैलादि ने कहा कि शिव स्नान और भस्म स्नान के बाद दोनों हाथों से चंदन और अन्त में अंजलि करके विद्या और शैवांगों का जाप करें। ईशान आदि पांच मन्त्रों का जप करें, आत्मा को तत्त्वगत व्यवस्थापित करके पहले तत्त्व-शुद्धि करें और पृथ्वी, जल, अग्नि, वायु और वियोग में अहंकार महत्तत्त्व प्रकृति और ब्रह्म रूप चारों में शुद्ध कोटि के अन्त में अमृतधारा से युक्त सुषुम्ना मार्ग से व्यवस्थापित करके तत्त्वों की सिद्धि करनी चाहिए। नमो हिरण्य वाहव मंत्र से धरा की शुद्धि करें और इस प्रकार पूर्वोक्त प्रकार उपसंहार करके बीज मंत्र द्वारा सम्पुटी करण करें। ब्रह्मा, विष्णु, महेश का ध्यान करके सृष्टि के क्रम से ब्रह्मन्यास मूल मंत्र से पांच मुखों में 15 नेत्रों का न्यास करें और धर्म, ज्ञान, वैराग्य, ऐश्वर्य, सूर्य, सोम, अग्नि का अध्ययन करके आत्म-शुद्धि करें।

प्राण और अपान वायुओं का संयम करके समस्त द्रव्यों को अलग-अलग शोधित करके गन्ध आदि से वातावरण को सज्जित कर ईशान पुष्पों को अभिमंत्रित करें। ब्रह्मांग मूल आदि पंचाक्षर बीजों से पंचामृत और पंच द्रव्य को अभिमंत्रित करें और इस तरह पृथक्-पृथक् रूप से मूल द्वारा अर्घ्य धूप और आचमन देकर द्रव्य शुद्धि करते हुए प्रणव से लेकर नमः पर्यन्त जप करें। साधारण पात्र को दूध से भर पुष्पादि से अभिमंत्रित करके धेनु

मुद्रा दिखाकर कवच से अवगुंठन करें और गायत्री मंत्र से पूजा करें। पूजा के विधान में कर्म पृष्ठ पर आसन करके उसके ऊपर बीजांकुर और उसके ऊपर ब्रह्म शिला में अनन्त नाल सूत्र पत्र करण कंटक कर्णिका केसर धर्म, ज्ञान, वैराग्य, ऐश्वर्य, सूर्य सोम और अग्नि आदि आठ शक्तियों को स्थापित कर अनन्त आसनाय नमः मंत्र के द्वारा आसन की कल्पना करें। अब सदा शिव भगवान् का चिंतन करते हुए आवाहन और स्थापन करें।

प्रतिबिम्ब का ध्यान करके फिर मूल से नमस्कार के अंत तक स्वाहा करते हुए नमः शिवाय से पूजन करें। ईशान मंत्र से प्रति द्रव्य आठ पुष्प वाला गंध, अर्ध्य, पुष्प, धूप आचमन देकर पूजा का अपसरण करें और आंवले आदि से शुद्ध जल से स्नान करायें। पंचामृत-स्नान के बाद अभिसेचन करते हुए लिंग मूर्ति का विधान करें और पंच ब्रह्म आदि से नमः शिवाय कहते हुए अभिषेक करके मस्तक पर फूल रख के लिंग के मस्तक को पूजें। राष्ट्र में शून्य लक्षण वाला लिंग का मस्तक होता है। इसको अलक्ष्मी महान् रोग और वाहनों का अक्षय होता है। इसीलिए राजा को धर्म, अर्थ, काम, मुक्ति के लिए इसका परिहार करना चाहिए। लिंग के शून्य रहने पर राजा और उसका राष्ट्र नष्ट हो जाते हैं। इसलिए भली-भांति स्नान अर्ध्य देकर गंध, अक्षत, पुष्प, द्वारा पूजन करके प्रणव से मस्तिक के ऊपर पवित्रीकरण करके लिंग पूजन करना चाहिए। मूल मंत्र से नमस्कार को विज्ञापित करके आवाहन-स्थापन करके पूर्ण ध्यान से पहले गुरु का अर्चन करना चाहिए और फिर गणेश का यजन करना चाहिए। अंत में जगत के ईश्वर और विघ्नों के स्वामी गणेश का पूजन करके जो पुरुष विधिपूर्वक लिंग में शिव का पूजन करता है। वह एक वर्ष से भी कम समय में भगवान् शिव का सायुज्य पा लेता है। शिवलिंग की अर्चना करने वाला दो मास में ही यह लाभ प्राप्त करता हैं। बुद्ध पुरुष को सात परिक्रमा करके दण्ड की भांति भूमि पर गिरकर प्रणाम करना चाहिए। प्रदक्षिणा करने से एक-एक पद सौ-सौ अश्वमेध यज्ञ का फल प्राप्त कराता है। अतएव समग्र कर्मों के अर्थ की सिद्धि के लिए सम्यक रूप पूजा करनी चाहिए। भोगों को प्राप्त करने को इच्छा वाला पुरुष इस

पूजा से अपने मन की इच्छा पूरी करता है। राजा लाभ का इच्छुक राज्य प्राप्त करता है। पुत्रेच्छु पुत्र प्राप्त करता है। रोग ग्रसित मानव रोग मुक्त हो जाता है। अभिप्राय यह है कि शिवलिंग पूजन से व्यक्ति अपनी सभी मनोकामनाएं पूर्ण करता है।

शिवाग्नि कार्य का उल्लेख

भगवान् शिव के द्वारा बताए गए शिवाग्नि कार्य का उल्लेख करते हुए शैलादि ने कहा कि किसी भी परम शुभ और भलीभांति संस्कार किए भाग में पूर्व और उत्तर को जय करते हुए चौकोर जगह पर कुण्ड बनाएं। यहां नित्य होमाग्नि से यज्ञ करें और इस प्रकार विष्णु महेश्वर और शिव रूपी भगवान् का स्थापन और उनकी उपासना करें। षमी और पीपल में समुत्पन्न अर्णों को सोलह अंगुल लेकर वन्हीस्मय बीजमंत्र से मंथन करते हुए शक्ति का न्यास करें और इस प्रकार विधानपूर्वक आठों दिशाओं में जल से अभिसिंचन करें। इसमें पहले उत्तर फिर पूर्व दक्षिण और पश्चिम दिशा में जल अवगाहन करें और इस प्रकार मूल मंत्र से पूजन करने के पश्चात् होम करें। यथाक्रम यज्ञ के बाद पूर्णाहुति देकर समस्त कर्मों में शिवाग्नि को उत्पन्न करके हवन करें। इस प्रकार अग्नि का संस्कार करें। शिवाग्नि के लिए 18 प्रकार के कुंड के संस्कार होते हैं। कुंड संस्कार के बाद वागिश्वरी मंत्र से आवाहन करे। ओ३म् वाणी की ईश्वरी श्यामवर्ण वाला विशाल नेत्रों से युक्त यौवन से उत्पन्न शरीर को धारण करने वाली ईश्वर शक्ति वागीश्वरी में तेरा आवाहन करता हूं पूजन करता हूं। इस प्रकार ओ३म् ई, वागीश्वरी नमः मंत्र से समुचित मुद्राओं को प्रदर्शित करते हुए आवाह्न स्थापन सन्निधान करके पूजा समाप्न करके वगींश्वर को सत्कार करके गर्भाधान वन्नीह संस्कार करना चाहिए। इस विधि का निरूपण करते हुए नन्दीकेश्वर ने बताया अर्णी लता की लकड़ी के पारस्पारिक संघर्ष से उत्पन्न सूर्यकांत मणि के संयोग से जन्मी अथवा किसी वैदिक ब्राह्मण के अग्निहोत्र से आद्य मंत्र में निरीक्षण करके उसे साधनपूर्वक कुंड में प्रवाहित करें। तूरीय मंत्र से प्रदक्षिणा करके अपने सामने वगीश्वरी का ध्यान करें। गर्भ नाल में गर्भाधान मध्य काल आद्य

मंत्र के द्वारा कमल प्रदान करें। कुशा का अर्ध्य देकर ईंधन डालें और इस प्रकार अग्नि प्रदीप्त करके पूजन आचमन करके अघोर मंत्र से अर्चना करें।

इसके बाद गर्भजात कर्म तूरीय से पूजन, षष्ठ से सुतक शुद्धि के लिये अग्नि पुत्र की कृष युक्त मंत्र से रक्षा करनी चाहिए। इसी प्रकार सभी क्रम से देव न्यास करते हुए भद्रासन्न के ऊपर हरिण्य गर्व महादेव का पूजन करें। इन्द्र आदि लोक पालों का पूजन करें। वज्र से त्रिशूल तक आठों आयुधों का पूजन करें और वागीश्वरी देवी की पूजा करके होम द्रव्य को विसर्जित करें। इस प्रकार समीपवर्ती सूत्र के शेष को सूर्य मंत्र से अर्चित करें और पूर्व की भांति ही सब विधियों का पालन करते हुए गर्भादि का ग्रहण कर द्रव्य से रहित पवित्र कीटक आदि का निरीक्षण करके अर्ध्य द्वारा अग्नि का विधान करें। गर्भ द्रव्य की ग्रहण कर अग्नि ज्वाला से घी का निरीक्षण करे और आग्नेय स्वाहा, सोमाय स्वाहा, अग्निसोमाभ्याम स्वाहा, स्विष्तकृते स्वाहा मंत्रों का उच्चारण करते हुए घी से आहूति दें। अभिमंत्रण करके धेनु मुद्रा प्रदर्शन द्वारा विशिष्ट पवित्रों को अग्नि में स्थापित करें। इस प्रकार संस्कार करते हुए ईशान मूर्तये स्वाहा, पुरुष बकवाये स्वाहा, वाम देवाय गुह्याय स्वाहा, सद्योजात मूर्तये स्वाहा इत्यादि मंत्रों से हवन करें। इसी प्रकार के मंत्रों से आहुति देते हुए शिव की अग्नि का जनन करके संपूर्ण कर्म करने चाहिए।

ईशान मूर्ति तत्पुरुष वक्त्र अधोर हृदय वाले, अघोर वाम गुह्य सद्योजात-मूर्ति के लिए स्वाहा कहते हुए वक्त्र का संधान करें। फिर से इसी प्रकार ईशान मूर्त्तये मंत्र के द्वारा आहुति देकर शिव की अग्नि का जनन करें। जिह्वा से सदा शांति का ही काम लें। गर्भधान आदि कार्यों में योनि बीज से पांच प्रकार की आहुतियां देते हुए शिवाग्नि में पहले की ही तरह परम आसन को कल्पित करें। देव अर्चन की भांति ही देव आवागन और देव न्यास करना चाहिए। मूल मंत्र का जाप करते हुए देवों में सबको प्रणाम करें। तीन बार सगर्व, सर्व और समस्त प्राणायाम करे हे महामुनि! परिषेचनपूर्वक उस इष्ट का धारण करके प्रज्वलित अग्नि के मध्य में हवन करें। उसके आधार का भी ऊधान करते हुए सद्योजातादि से

विधिपूर्वक आज्य भागों का हवन करें। हे द्विजोत्तमो! उत्तर भाग में और दक्षिण भाग में अग्नि और सोम के लिए हवन करते हुए मूल मन्त्र के द्वारा दस आहुतियां देनी चाहिए। जो चरु अथवा समिधा से बताई गई हैं।

समस्त आवरण देवों की ईशान आदि क्रम से तथा शक्ति बीज क्रम में आहुति दें। इस प्रकार तीन प्रकार से यह अग्नि कार्य करते हुए ऐसा मानव जीवन के अन्त में स्वर्ग की प्राप्ति करता है और अग्नि दीप का लाभ करता है। उसे नरक कभी प्राप्त नहीं होता। वह सदैव ही उत्तम गति को पाता है। इसके लिए भक्ति की इच्छा रखने वाले साधक को अहिंसक होम करना चाहिए। इसमें यह हृदय में अग्नि का चिन्तन करे और ध्यानपूर्वक यज्ञ और होम करें। देह में स्थित समस्त भूतों के शिव और सकल जगत के स्वामी का ध्यान करें। इस प्रकार नित्य प्राणायाम और भक्ति भाव के साथ होम करने वाला जीव शिव के सायुज्य को पाता है।

महामुनि सूतजी ने शिव लिंग की उत्तम अघोर अर्चन विधि का वर्णन करते हुए बताया कि इसमें ईशान देव शिव के लिंग के स्थापित करके ब्रह्मा और शिव के भक्त को चाहिए कि वह समार्चन करते हुए शिव के ध्यान में परायण होकर पूजन करें। अग्नि मंत्र के द्वारा अग्निहोत्र से उत्पन्न भस्म को पैर से सिर तक लेपन करें और उत्तर की ओर मुंह करके ओऽम् नमः शिवाय मन्त्र का जाप करते हुए तीन आचमन करें और प्रणव देव का अर्चन करें। अघोर ईश देव त्रिशूली की पूजा सबसे अधिक महत्त्व वाली होती है। इसके सामने अन्य सभी याजन और अग्नि कार्य बहुत सामान्य होते हैं। केवल प्रभु के मंत्र भेद से ही इसका महत्त्व हो जाता है। इसमें अधोरेभ्यः प्रशान्त हृदयाय नमः, घोरेभ्यः सर्वात्मा ब्रह्म शिरः, घोर घोर तरेज्यः ज्वाला मालिनि शिखाययी विषट् सर्वेभ्यः सर्व सर्वेभ्यः पिंगल कवचाय हुम्, नमस्तु अस्तुरुद्र रूपेभ्यः नेत्र त्राय वष्ट, सहस्त्र सहस्त्राक्षाय दुर्भेदाष, पाशुपता सत्राय हुं फट्।

मंत्रों का उच्चारण करते हुए क्रमशः अघोरों का ध्यान करते हुए घोरतरों के लिए सब शर्वों के लिए, रुद्र रूपों के लिए, अघोरों के लिए, घोरों के लिए, नमस्कार करें और मन्त्र के अनुसार ही तदवत अंगन्यास करें। हृदय पर न्यास करें, सिर पर न्यास करें, शिखा पर न्यास करें,

बाहुओं पर न्यास करें, नेत्रों पर न्यास करें, पदतल पर न्यास करें और ऐसा करते हुए पूर्ण विधान को अपनाकर स्नान करके, आचमन और शरीर का लेपन करके अधमर्षण और तर्पण करके सूर्य को अर्ध्य देकर भिन्न-भिन्न मंत्रों से पूजन करें।

पूर्व प्रकार से होम करें इसमें केवल मन्त्रों का ही भेद होता है। पुष्प और गन्ध आदि से पूजा करके, पश्चात् स्तवन निवेदन करें। अग्नि-पुराण में कुण्ड की अन्तर्बलि होम की विधि का वर्णन किया गया है। उसी के अनुरूप होम करते हुए मन्त्र के अनुसार मण्डल का आधान करें। रुद्रों के लिए मातृगण, यक्ष, असुर गण, राक्षसगण, विश्वगण, वायु, वरुण और दिगपाल आदि की बलि दें और इस प्रकार अर्ध्य, गन्ध, पुष्प, धूप, दीप, नैवेद्य आदि का विधानपूर्वक समर्पण करें। यह पूजन आठ पुष्पों से सम्पन्न होता है, जिसे विशेष रूप से ज्ञापित करके विसर्जित करना चाहिए। अघोर अर्चन का विधान लिंग में और स्थंडिल में दो प्रकार का बताया गया है। स्थंडिल से कहीं अधिक करोड़ों गुना उत्तम लिंगार्चन माना जाता है। इसमें निरत रहने वाले पुरुष सद्भाव से अनुष्ठान करके महान् पातकों से होने वाले पापों से भी जल में पद्म के समान शुद्ध और निर्मल आभा वाले होते हैं और पाप मुक्त होते हैं।

लिंग के दर्शन से महापुण्य होता है और स्पर्श का पुण्य दर्शन से भी श्रेष्ठ होता है और हे मुनियो! लिंग के अर्चन से अधिक तो इस जगत में अन्य कुछ भी श्रेष्ठ नहीं। यह निश्चित मान लेना चाहिए। शिव देवत्रयी में सर्वोपरि हैं और लिंग में उनकी प्रतिष्ठा और अर्चन सर्वोपरि पूजा कहलाती है। इसमें अघोर अर्चन का महत्त्व स्वयं सिद्ध है। यदि इस विधान को पूरी तरह से कोई व्यक्ति पूर्ण करता है तो वह निश्चित रूप से शिव का सायुज्य पाता है। यह विधान संक्षेप में वर्णित किया गया है। विस्तारपूर्वक इसका विधान करोड़ों वर्ष में भी संभव नहीं है।

नन्दी का प्रभाव और वेद अनुसार लिंग पूजा के फल का श्रवण करने के बाद ऋषियों ने सूतजी से कहा कि मेरु शिखर में क्षत्रियों के कल्याण के लिए पहले समय में भगवान् महादेव द्वारा जयाभिषेक का वर्णन किया गया है। वह परम शोभन सोलह प्रकार का महादन किस

प्रकार का होता है। उसकी महिमा और गुणगान बहुत सुनी है। कृपया आप उसका वर्णन करें। तो सूतजी ने उन्हें बताया कि एक बार स्वायंभु मनु ने उन्हें बताया मेरु शिखर पर देवेश भगवान् नील लोहित की स्तुति की थी। तपस्या के बाद भगवान् भव ने उन पर प्रसन्न होकर दर्शन दिए और मनु से उनको प्रणाम करके गद्गद् वाणी में कहा–हे देव आप सकल जगत् के स्वामी हैं। महादेव के प्रसाद से मैंने जीवित रहते हुए श्राद्ध किया है और देव-पूजन किया है। मुझे आपके दर्शन भी हो गए हैं। इन्द्र के लिए जो धर्मार्थ काम और मोक्ष प्रदान करने वाला जयाभिषेक आप ने सुनाया था हे देव! मुझे भी वही बताने की कृपा करें। तब भगवान् नील लोहित ने उसका वर्णन करते हुए कहा कि जिस युद्ध का कार्य सामने होता है उसमें मृत्यु से जप करने के लिए इसका अभिषेक करना चाहिए। इसमें पहले शिव का अभिषेचन करें और इसके बाद युद्ध में लड़ने के लिए जाएं। विधानपूर्वक मण्डल की रचना, स्थान का निर्णय, वेदों के पारंगत विद्वान द्वारा अग्नि की स्थापना और सूत्रपात, दक्षिणा आदि की व्यवस्था करके सूत्रों द्वारा इसका विधान करना चाहिए। इसमें एक हाथ के प्रणाम वाला परम शोभन कमल का फूल बनाकर उसमें आठ पत्र वाला और कर्णिका वाला बनाएं इसमें हेम के समान आठ अंगुल वाणी कर्णिका बनाएं और चार अंगुल प्रमाण की केशर बनाकर प्रणव मन्त्र द्वारा धर्म, ज्ञान, वैराग्य और ऐश्वर्य अग्नियों को स्थापित करें। दिशाओं में अव्यक्त आदि का न्यास करें। अव्यक्त नियत काल है और चतुष्टय काली। इस प्रकार गोत्र की कल्पना आधार शक्ति के बीच में, कमल की रचना मध्य में नाद का आकार और इसके ऊपर ओंकार नाम के भगवान् शिव का ध्यान करते हुए महादेव की भावना करनी चाहिए। वामा, ज्येष्ठा, रौद्री, काली, दमनी आदि देवियों का न्यास करके इन सबको नमस्कार करते हुए परिमण्डल का पूजन करना चाहिए। इस प्रकार यह पहला आवरण पूर्ण होता है। दूसरे आवरण में सोलह शक्तियां होती हैं। तीसरे आवरण में 24 मध्य में पिशाच विधि होती है और चारों ओरं नाभि विधि। आठ कोण वाले एक हजार आठ स्थान बनाते हुए प्रत्येक में क्रमवार गोधूय आदि से कमल का पृथक रूप से प्रयोजन करें। इसमें तण्डुल, तिल आदि से युक्त

कालविधान की कल्पना करें और कमलों में वर्णिका और केशर से घिरे अष्ट-सूत्र की रचना करें। प्रत्येक क्रम की रचना करने के लिए एक परिमाण होना चाहिए और इस प्रकार प्रधान कुम्भ का चतुर गुण द्रौण, उसका आधा भाग तण्डुल, तिलों का परिमाण एक आढक और उसके आधे भाग में बाकी शेष होकर जल से प्रणव का विन्यास करना चाहिए और एक हजार पद का जाप पूरा करना चाहिए। इसके बाद एक हजार स्वर्ण कलश और उक्त लक्षण से युक्त चांदी के कलशों का निर्माण करना चाहिए। तांबे के न्याय के अनुसार प्रणव के द्वारा जल से परीक्षण कराकर उदर में 12 अंगुल कलश का विस्तार और उसके आधे परिमाण वाली वृत्ताकार नाभि दो अंगुल ऊंचाई और चार अंगुल विस्तार वाला कुंड होना चाहिए। दो अंगुल वाला निगम कहा गया है। शिव कुंभ में दिव्य और दिव्यगुण यव के प्रमाण के अनन्तर भली-भांति तंतु से बांधते हुए अभ्युक्षण करना चाहिए। शिव कुंभ से खड्ग रूपी देवी का विधान करके उनके बीच में दो वस्त्रों से क्रम से उसकी स्थापना करके रत्न कमल से सज्जित करके गायत्री और प्रणव से शिव की स्थापना करें।

'पुरुषाय विघ्न हे महादेवाय धिमहि तन्नो रुद्रो प्रचोदयात' यह रुद्र गायत्री मंत्र है और जो पुरुष महादेव का जाप इस मंत्र द्वारा करते हैं, वे सर्वदा महादेव का सान्निध्य पाते हैं। वर्धनी में देवी गायत्री की स्थापना करके इनका पूजन करना चाहिए और गागाभिकार्य विघ्न है महा तपाय धीमहि तन्नो गौरी प्रचोदयात्। इस प्रकार गणों की अम्बिका को ज्ञान द्वारा प्रस्तुत करके उस महातपा का स्तवन करना चाहिए, वह देवी हमको प्रेरणा प्रदान करें। द्वितीय आवरण में सोलह शक्तियां होती हैं, इसमें इन्द्र व्यूह के मध्य में सुभद्रा की स्थापना करके पूजन करना चाहिए। वारुण भाग में श्रीदेवी की, वायु गोचर वागिशा की सौम्य भाग में गोमुखी की, मध्य कुम्भ में पूजा करनी चाहिए। रुद्र व्यूह के बीच में भद्र करण का अर्चन करें और इस प्रकार इन्द्राग्नि विदिशाओं के बीच में सुभा अणिमा का यजन करें। सौम्य और पावक विदिशाओं के बीच में कमल में लघिमा का न्यास करें। राक्षस और अन्तक विदिशाओं के मध्य में महिमा का पूजन करें। इस प्रकार का द्वितीय यह आवरण पूरा करके तीसरे आवरण

में चौबीस शक्ति का विधान करें। इसके प्रधान कलशों में व्यूह के मध्य में पूर्ण की भांति विधान करके पूजा करनी चाहिए। इसमें दीक्षा–दीक्षायिका–चण्डा–चाण्डाशुनायिका–सुमति–सुमत्यागी–गोपा–गोपायिका–नन्दन्नछायी–पितामह–पितामहायी इन सभी को पूर्ण कथित विधि से स्थापित करके अर्चना करनी चाहिए।

इस प्रकार तीसरे आवरण का पूजन करके पहले आवरण के क्रम में सौभद्र व्यूह की रचना करके विधिपूर्वक प्रागाद्य को स्थापित करें और शक्तियों के अस्तक को क्रम से पूजते हुए दूसरे आवरण की शक्तियों का श्रवण करें और इन सोलह प्रगाद्य का अर्चन करके पद्म मुद्रा बनाएं और परम्परा से परा-अपरा के प्रथम आवरण में आठ ही शक्तियां बताई गई हैं। दूसरे आवरण में सोलह कही गई हैं। भद्र व्यूह का वर्णन करते हुए कहा कि इसमें हुताशिनी, याम्या, वारुणि, कावेरी आदि आठ शक्तियां होती हैं। इसके दूसरे आवरण में हरिणी, सुवर्णा, हाटकी, रुक्मणी, सत्यभागा, सुभगा आदि शक्तियां होती हैं। कनक नामक व्यूह में वज्र शक्ति दड खंगपाश ध्वज गदा त्रिशूल आचरण होते हैं। युद्ध, प्रबुद्ध, चण्डा, मुण्डा, कपालिनी, मृत्यु, विरुपाक्षी, कपर्दा, कमलाशना, लम्बाक्षी, संभावा, भाविनी आदि सोलह शक्तियां बताई गई हैं। आगे अम्बिका व्यूह का वर्णन करते हुए खेचरि आत्मना भवानी अमृतलालशा आदि पहले आवरण की आठ शक्तियां होती हैं और दूसरे आवरण क्षमा, शिला, छाया, घन्या, इन्द्रमाता, रागवती, कोपा देवी आदि सोलह शक्तियां होती हैं। श्रीव्यूह में स्पर्शवती, गन्धा, प्राणपाना, उदावा नाम की आठ शक्तियां प्रथम आवरण में होती हैं। दूसरे आवरण में तमोहता, तेजिनी, नायिका, वीरभद्रा, गणाध्यक्षा, चन्द्रहाशी, गणमाता आदि सोलह शक्तियां होती हैं। इस प्रकार भद्रवागीश व्यूह में पहले आावरण में धारा, वारीधरा, नाशकी, महामय, कामधेनु, आदि आठ शक्तियां और दूसरे आवरण में वारुणि, शान्त, जयन्ती, वरपर्दा, जलमाला, पयोमाता आदि सोलह शक्तियां बताई गई हैं। गोमुख व्यूह में पहले आवरण में शकिनी, हालिली, लंकावर्णा, यक्षिणी आदि आठ शक्तियां और दूसरे आवरण में महानाद, रेवती, प्रथमा, चोरा, लीना, जया, विजया, अपरा, अपराजिता आदि सोलह शक्तियां बताई

गई हैं। भद्र करणी व्यूह में पहले आवरण में महाजया, शुक्लामा, आकाश, जातहारी, रेवती आदि आठ शक्तियां और दूसरे आवरण में पीपीलीका, असनी, विश्वहार, हेमा, योगेश्वरी, भानुमती सुरभि आदि सोलह शक्तियां बताई गई हैं। उप व्यूह आस्तक में पहले आवरण में अणिमा व्यूह को आवेष्टित करके ऐन्द्रा, चित्र, भानु, वारिणी, दण्डी, प्राण, रूपी आदि पहले आवरण में और केशव भगवान् रुद्र, चन्द्रमा भास्कर, महात्मा, आत्मा, अन्तरात्मा, मदेश्वर, परमात्मा अण्ड जीव पिंगल पुरुष, पशु, भोक्त, भूत, पति और धीर द्वितीय आवरण में कहे गए हैं। लघिमा नामक व्यूह को बताते हुए श्रीकंठ संत सूक्ष्म त्रिमूर्ति सशक्त आदि आठ बताये गये और दूसरे आवरण में स्थाणु हरदण्डेश, सद्योजात सुरेश्वर, प्रचण्ड, शिव आदि सोलह बताए हैं। इस प्रकार लघिमा वृत्त बताते हुए महिमा नामक व्यूह, अजेश, क्षेत्र रुद्र, सोम अंश, दण्डारू एकांत अंत पाली ये सोलह कहे गए हैं। प्राप्ति व्यूह में सम्बृत, लकुलीश, वाड़व, हस्ती, गणपति, महात्मा और भ्रगुज आदि का वर्णन किया गया है। इसरे दूसरे आवरण में त्रिविक्रम, श्रीभद्र, महादेव, दधीच, कुमार, सुवर्धन, आदि गिने गये। इसके बाद प्रकाव्य व्यूह में पुष्पदंत, महानाग, विपुलानन्द, कारके शुक्ल, विशाल आदि पहले आवरण में और रति प्रिय विनाया, क्षेत्रपाल महामोह, जंगल, वत्स पुत्र, महापुत्र आदि सोलह दूसरे आवरण में कहे गये हैं। मंगला, चर्चिका, योगेशा, भासुरासुर, माता और गणाधिप, मंत्रक, वर, देव, विदग्ध विचित्र मोघ अमोघ रुद्र सुमेश आदि ये दूसरे आवरण में कहे गये हैं। ऐश्वर्य व्यूह में गगन भवन अजय, विजय, महाजय व्यवहार आदि आवरण में और सुन्दर प्रचण्डेश महावरण महासुर महारोमा प्रथम कनक खरज गरुड़ आदि वर्णित किए गए हैं। काम व्यूह में विनोद विकत, वसंत अभ्य विद्युत कमल दमन पहले आवरण में और धम, अतिबल, सर्प महाकाय महाहनु सबला भस्मांगी दुरित, कर्म बेताल आदि दूसरे आवरण में कहे गये हैं। इसी क्रम में आठ शक्तियों के नाम दक्ष व्यूह में बताते हुए मनोहरा, महानादा, चित्रा चित्ररथा आदि और दूसरे आवरण में चित्रा विचित्ररूपा सुभद्रा कामना, सुभा पिंगला राक्षसी ध्वंसी लोलुपा आदि सोलह शक्तियां बताई गई हैं। इस प्रकार चण्ड व्यूह में पहले आवरण में

अतिघट अतिघोर कराला करभा, विभूति, भोगदा कांति और शाखिनी तथा दूसरे आवरण में गांधारि योगमाता रक्ता शुक्र वीरा फलहारी जीवहारी आदि शक्तियां बताई गई हैं। चण्डा व्यूह में चण्ड चण्डमुखी चझा चण्डवेगा महारवा चण्ड भुचण्ड रूपा आदि आठ शक्तियां बताई गई हैं। दूसरे आवरण में बला बलेश्वरी बलवेगा महाकाया महाकोपा आदि सोलह शक्तियां बताई गई हैं। हर व्यूह में चंडाक्षरी कामदा देवी शूकरी गांधारी दुर्गा और सोमित्रा आदि तथा दूसरे आवरण में महालक्ष्मी जीवा वियोग रूपा वियोमचारी सुभोदया आदि शक्तियां कही गई हैं। इससे आगे हरिका व्यूह में कंकारी देवी का चडिका चपला पहले आवरण में और चण्डिका चावरी भण्डिका मुण्डिका शांकरी यज्ञ दायनी और कराला आदि सोलह शक्तियां दूसरे आवरण में बताई गई हैं। सौण्ड व्यूह में पहले आवरण में विकराली कराली काल जंघा वेगा वेगवती आदि आठ शक्तियां और दूसरे आवरण में बला अबला मोहिनी माया और सत्यवती आदि सोलह शक्तियां बताई गई हैं। इसी प्रकार सौण्डा व्यूह में दन्तुरा रौद्रभागा अमृता शकुला आरिनेत्रा दारिका आदि आठ शक्तियां और दूंसरे आवरण में खादिका नामा दण्डीनी वर्णिनी द्रवीणी आदि सोलह शक्तियां बताई गई हैं। प्रथमाक्ष्य परम शोभन व्यूह में शोभा मंदा मदोतकटा आदि पहले आवरण की शक्तियां हैं और काम संदीपनी देवी अतिरूपा मनोहरा मपावशा आदि दूसरे आवरण की शक्तियां हैं। स्वायंभु के प्रथम व्यूह में घोरा घोतरा घोरा अनिघोरा आदि आठ शक्तियां और दूसरे आवरण में भीमा भीमतारा रोदनी अचला चला महाबला आदि सोलह शक्तियां हैं। मनमत व्यूह में तालकणी वृशा कल्याणी कपिला शिवा, प्रतिज्ञा, आदि पहले आवरण में और ख्याति, तुष्टि, कामदा, सुखदा काम, तंत्रिका, शीला, धर्म आदि सोलह शक्तियां हैं। इसी प्रकार मनमथा व्यूह में धर्म, रक्षा, विधाव, धर्मा, धर्मवती, सुमति, दुर्मति, मेधा और अष्टम शक्तियां हैं और दूसरे आवरण में शुद्धि, बुद्धि, कांति, मोह, वर्धिनी, बला, अपिबला आदि सोलह शक्तियां हैं। मनमथायीक व्यूह में ये शक्तियां होती हैं भीम व्यूह में रक्ता, विरक्ता, तामा, तृष्णा पहले आवरण में और जया, निद्रा, भया, आलस्या जल आदि सोलह शक्तियां होती हैं। इसी प्रकार भीमायी व्यूह में आनन्दा,

सुनन्दा, शम्भुकरी, वीतराग, जितरागा मनोरथा आदि पहले आवरण में और मदोन्मत्ता, भदाकुला, मन्दगर्भा, महाभाषा आदि सोलह शक्तियां होती हैं।

इससे आगे स्वायंभु मनोत्सुख साकुल व्यूह में पहले आवरण में योग, वेगा, सुवेगा, कतिवेगा, मनोरथा आदि आठ शक्तियां और दूसरे आवरण में रोधिनी प्रिया, विप्रा, शेषा, देवी, मनोवेगा आदि सोलह शक्तियां होती हैं। इसके साकुना व्यूह में पहले आवरण में प्रजा, विद्या, ख्याति आदि आठ शक्तियां और दूसरे आवरण में भोगा, भोगवती, पताका, खगा, योगा, आदि सोलह शक्तियां होती हैं। परम शोभन स्वायंभु व्यूह में प्रमेष्ठा, प्राइष्टा, अमृता, पिंजल और कामरेखा आदि आठ शक्तियां पहले आवरण में और रत्नदीपा, रत्नमालिनी, साम्बरी, ग्रंथी, सर्वभाषा आदि सोलह शक्तियां होती हैं। जबकि सुमति व्यूह में पहले आवरण में सर्वासी, महाभया आदि और दूसरे आवरण में रागा, रागवती, श्रेष्ठा, महाक्रोधा, आदि सोलह शक्तियां होती हैं। इसी प्रकार गोत्र व्यूह में पहले आवरण में सर्वकारी, नदाक्षी, गमा, अगमा, सुचारि, अनुचारी, सुयोगा, नियोगा आदि सोलह शक्तियां होती हैं। इसी प्रकार गोपाई व्यूह में भेदिनी, छेदिनी, भस्मासी, वड्वानला शक्तियां पहले आवरण में तथा अंधाबाला, अक्षा, परा, सहैया, असहैया, सरस्वती, रुद्रशक्ति, महानदी, महाशक्ति आदि होती हैं। नन्द व्यूह में पहले आवरण में नन्दिनी, निवृत्ति, प्रतिष्ठा आदि और दूसरे आवरण में नारायणी, मोहा, प्रजा, देवी कंकटा, काली आदि होती हैं। नन्दा व्यूह में पहले आवरण में विनायिकी, पूर्णिमा, इच्छा, कपालिनी आदि और दूसरे आवरण में पावनी अम्बिका, पूतना, छगली मोदनी आदि शक्तियां होती हैं। पितामह व्यूह में नन्दिनी, आनन्दा, दुर्गा, सहारा आदि और दूसरे आवरण में मर्दिनी, दया, लम्पटा, पन्नगा, केदारा, दुरीता आदि सोलह शक्तियां होती हैं। यह व्यूह धर्म, अर्थ, काम और मोक्ष को देने वाला है। ये सभी देवियां दो भुजाओं वाली हैं और बाल सूर्य के समान प्रकाशमान शंक धारण करने वाली परम शांत रक्तवर्णी माला वाली रक्त आभूषणों से सज्जित और वस्त्रों से विभूषित होती हैं। ये परम दिव्य और मनोरम रत्नों से युक्त सभी गौर वर्ण वाली हैं। इनका अलग-अलग ध्यान करना चाहिए और एक हजार ताम्र अथवा मिट्टी के कलशों में लक्षणों

से सम्पन्न इन्हें रुद्र क्षेत्र में प्रतिष्ठित करना चाहिए तथा सहस्त्र नामों से भलीभांति पूजन करके बाण लिंग का सेवन करना चाहिए। सम्पूर्ण लक्षणों से युक्त ये चाली महाव्यूह से पूरित सहस्त्र कलश वाला अभिसेचन सम्पूर्ण सिद्धियां देने वाला है और सम्पूर्ण कलश स्वर्ण से युक्त देव घृत से पूरित होने चाहिए। दूध-दही पंचगव्य आदि से अभिषेक करना चाहिए। इसमें अघोरभ्यो घोरेभ्यो घोर-घोर तरेभ्य:। सर्वेभ्य: सर्वशेर्वेभ्यो नमस्ते अस्तु रुद्र रूपेभ्य:। मंत्र का पाठ करते हुए राजा का अभिषेक करना चाहिए। अघों के हरण करने वाले इस मंत्र से होम करते हैं।

देवकुण्ड अथवा स्थण्डिल में घी आदि से रक्त लाल तण्डुओं के साथ समिधा और सामग्री चरु की एक सौ आठ आहुतियां देकर राजा का अधिवास करना चाहिए और स्वस्ति वाचन और रुद्राय वाचन करते हुए त्र्यम्बकं यजामहे सुगन्धि पुष्टि वर्धनम् मंत्र से राजा का सेवन करते हुए यज्ञ करना चाहिए। इसी प्रकार ब्रह्माभि: कहते हुए पांच ब्रह्म मंत्रों से हवन करना चाहिए। मंत्र की विधि है कि तत्पुरुषाय विदमहे, महादेवाय धीमहि, तन्नो रुद्र प्रचोदयात्। इससे हवन करना चाहिए। अघोर मंत्र से कृष्ण वस्त्र वाले आचार्य के द्वारा याम्य दिशा में हवन करना चाहिए और इस तरह मैं देव की शरण में जाता हूं सद्योजात को नमस्कार करना चाहिए। संसार में जन्म लेकर मैं भव को प्राप्त हो रहा हूं, मेरा उद्धार करो और यह समस्त सिद्धियों को देने वाला मंत्र हैं। इसका पाठ करते हुए होम करें। इससे जीव के सभी पाप नष्ट हो जाते हैं। शिव के प्रेमी राजा को स्वयं भी अग्नि में हवन करना चाहिए। समस्त विद्याओं के स्वामी सम्पूर्ण भूतों के ईश्वर ब्रह्म स्वामी शिव मेरे लिए कल्याणकारी हों, ऐसा कहते हुए जय शब्द और वेद के मंत्रों का उच्चारण करते हुए शोभन का परीक्षण करना चाहिए। राजा के लिए चाहिए कि वह श्रद्धापूर्वक इस पूरे विधान का पालन करे और दिव्य वस्त्रों आभूषणों से सुसज्जित करके राजा को तोष देना चाहिए। इस प्रकार संक्षेप में यह जयाभिषेक वर्णन है। ब्रह्मा को भी इसी के द्वारा ब्रह्मत्व प्राप्त हुआ और विष्णु को विष्णुत्व पद प्राप्त हुआ। अम्बिका देवी ने अम्बिकात्व पद को प्राप्त कर अतुल सौभाग्य पाया। सावित्री लक्ष्मी देवी कात्यायिनी ने भी इसी अनुष्ठान से अपने पद

की प्राप्ति की। पहले नन्दी नाथ ने रुद्राध्याय द्वारा मृत्यु को जीता और महा बलवान तारक नाम वाले असुर को पहले अभिषिक्त किया। यह देवों के द्वारा भी अजेय हो गया। भगवान् विष्णु ने स्नान योग से हिरण्याक्ष को परभूत किया और इसी योग से नृसिंह रूप में विष्णु ने हिरण्यकशिपु की वध किया। स्कन्ध ने तारक आदि दैत्यों को तथा अम्बा देवी ने दैत्यों के राजा द्वारा पूजे गये सुन्द और उपसुन्द पुत्रों को विजित किया। कृत कृत्या ने वसुदेव और सुदेव को मृत्यु प्रदान की। ब्रह्मा के द्वारा विधि विधानपूर्वक निर्भित यह स्नान योग ही है। जिसके द्वारा देवताओं ने देवासुर संग्राम में दिति के पुत्रों पर विजय पायी थी और उनका वध किया था। समस्त राजाओं ने तथा ब्राह्मणों ने भी इस अनुष्ठान को करके परम दिव्य शक्तियों और सिद्धियां प्राप्त की थीं। इसमें कोई संदेह नहीं है कि इस जयाभिषेक का माहात्म्य बड़ा भारी है इसमें कैसा अद्‌भुत और विलक्षण करके सिद्धि को प्राप्त किया है उसने मृत्यु को जीत लिया है और यही नहीं सैकड़ों करोड़ों कलपों में जो भी पाप किए हैं उनका निवारण और निराकरण इस अभिषेक से संभव हो जाता है। इसका विधान करने से राजा पाप से मुक्त हो जाता है और परम गति का अधिकारी होता है। व्याधियों से युक्त राजा कुष्ठत्रय से भी छुटकारा पा लेता है और वह नित्य विजयी होकर धन-धन्य समृद्धि तथा पुत्र पौत्रों से सम्पन्न होकर लम्बे समय तक सुखी जीवन व्यतीत करना है। समस्त जनों के अनुराग का पात्र होकर देवराज के समान पद प्राप्त करके पापहीन होकर धर्मनिष्ठ भार्या के साथ प्रसन्न रहता है। ऐसा कहते हुए सूतजी ने बताया कि इसका फल बड़ा शोभाकारक होता है।

ऋषियों द्वारा मुनि ने विष्णु इन्द्र ब्रह्मा अग्नि यम, वरुण वायु सोम की प्रतिष्ठा के बारे में पूछे जाने पर सूतजी ने उन्हें कहा कि हे सौनक औदिक मुनियों लिंग महेश्वर शिव की स्थापना करके विष्णु, ब्रह्मा, इन्द्र यम और वरुण जो प्रधान देव हैं। ब्रह्मा विष्णु महादेव धरा लक्ष्मी दुर्गा और रुद्रगण वसुगण ग्रहगण नन्दी आदि से लेकर समस्त गण गणपति अश्विनी कुमार विश्वदेव सभी लिंग में प्रतिष्ठित होते हैं इसलिए एक लिंग की स्थापना करनी चाहिंए और उसी से पूजा करनी चाहिए।

रुद्र, आदित्य, वसुगण और शुक्र आदि तथा लिंग मूर्ति शम्भु की प्रतिष्ठा विधि और विष्णु, इन्द्र, ब्रह्मा, अग्नि, यम आदि महान द्युति वाले देवता दुर्गा, शिवा और हेमवती, स्कन्द और गणराज्य तथा विशेष रूप से नन्दी की प्रतिष्ठा बताते हुए सूतजी ने कहा कि हे शौनाकदि! आकाश से दवी सरस्वती ने भी यही आकाशवाणी की थी कि यह समस्त लोक लिंगमय है और लिंग में ही सभी कुछ प्रतिष्ठित है। इसका परित्याग करके लिंग की स्थापना और अर्चना करनी चाहिए। वास्तव में लिंग मूर्ति महेश्वर शिव की स्थापना करके फिर ब्रह्मा विष्णु, इन्द्र, यम वरुण, आदि, रमा, धरा, लक्ष्मी, प्रजा, दुर्गा, शचि, स्कन्द, ग्रहगण, नन्दी, गणपति, कुबेर, आदित्य, वसुगण से लेकर स्थावर पर्यन्त सभी लिंग में प्रतिष्ठित होते हैं।

इन सभी का त्याग करके एक अव्यय लिंग की ही स्थापना और पूजा करनी चाहिए। लिंग स्थापना फल्श्रुति का श्रवण करके आकाश में निश्चय करने वाले महामुनि गणों ने शिवलिंग का पूजन किया था। सूत जी उन्हीं से लिंग प्रतिष्ठा विधि को जाना था। उसके अनुरूप बताते हुए उन्होंने कहा कि धर्म-अर्थ और काम-मोक्ष को दिलाने वाला यह पूजन भूलोक में बताए जाने वाले शैलादि लिंगों में से किसी भी एक लिंग की रचना करके स्वर्ण और रत्नों द्वारा निर्मित अथवा चांदी या ताम्रधातु से बने पंचसूत्र से युक्त मस्तक वाला होना चाहिए। यही उत्तम लिंग मूर्ति कहलाता है। इसमें लिंग बेदी, देवी उमा हैं और लिंग साक्षात् महेश्वर। इन्हीं की पूजा से देव और देवी का पूजन हो जाता है। इसके लिए वेदी सहित लिंग की स्थापना करनी चाहिए।

लिंग के मूल में ब्रह्मा, मध्य में विष्णु और सबसे ऊपर परम वरेण्य रुद्र का निवास होता है। जो लोग नित्य गन्ध, माला, धूप आदि से, स्तोत्रों और मन्त्रों के उच्चारण से लिंग की अभ्यर्चना करते हैं, वे हर प्रकार के क्षय के भय से मुक्त देवों, गन्धर्वों और सिद्धों के द्वारा वन्दनीय, पूजा के योग्य और अप्रमेय हो जाते हैं। सब प्रकार की सिद्धियों के लिए लिंग की विशेष रूप से पूजा होनी चाहिए। वेदिका के बीच में लिंग की स्थापना करके पूजन करना चाहिए। ऊपर आकाश में एक वितान तानकर धूप

आदि से युक्त करके लोकपालों की ध्वजाएं लगाकर गज और महर्षि आदि के द्वारा चिंतित और पूजित किया जाना चाहिए। सभी लक्षणों से युक्त माला से लिंग को सज्जित करना चाहिए।

इस प्रकार समस्त सज्जा करते हुए भक्त को चाहिए कि वह पांच दिन, तीन दिन अथवा एक रात्रि समस्त धूप-दीप से युक्त मण्डप में अधिवास करे। अधिवास के समय परम सावधान रहते हुए वेद अध्ययन करते हुए पुण्याह वाचन करे। संस्कृत वेदी से युक्त नौ कुण्डों से घिरे आठ मण्डलों से सज्जित आठों दिशाओं की ध्वजाओं से समन्वित, ऐसे क्षेत्र में प्रधान कुण्ड की दिशा में एक चौकोर और एक ही स्थडिल बनाकर वेदी के मध्य में पांच तूलियों से कल्पित स्वर्ण पट्टिका से युक्त, सफेद कपड़ों की ढकी एक शैया कल्पित करे और इस प्रकार विधिपूर्वक शिवलिंग का न्यास करे। इसमें रत्न, कलश और वस्त्रों का न्यास करते हुए वाम आदि नौ शक्तियों की स्थापना करे तथा इस ब्रह्म लिंग को शिव गायत्री से अर्चित करते हुए केवल प्रणव से ही भगवान् शिव की स्थापना करे।

ब्रह्म ज्ञान से प्रभु के ब्रह्म भाग की वेदिका के अधोभाग में तथा विष्णु गायत्री से वैष्णव भाग में न्यास करे। तीनों तत्त्वों से समुपेत सूत्र ओ३म् नमः शिवाय नमो हंस शिवाय मन्त्रों से विन्यास करें तथा विधानपूर्वक वेदी के मध्य में स्थित कुम्भ में भगवान् शिव और जगदम्बा को दक्षिण में परमेश्वरी का, स्कन्द कुम्भ में दोनों के मध्य स्कन्द, ईश कुम्भ में हरि का तथा शिव कुम्भ में ब्राह्मणों का विन्यास करें। शिव महेश्वर, रुद्र विष्णु आदि ब्रह्मांग ही हैं। इसके पश्चात् विधियुक्त वेदी के मध्य में खंगकारा वर्धिनी देवी की स्थापित करें। बोधनी कुम्भ में भी यत्नपूर्वक गायत्री के अंगमन्त्रों द्वारा हिरण्यादि आठों विश्वेतरों को, ब्रह्म कूर्च से पूरित दिशा में विन्यस्त करना चाहिए।

प्रणव आदि से नमः जोड़कर अनन्त ईश आदि देवों को विन्यस्त करें और इन आठों कुम्भों में प्रत्येक घर को नवीन वस्त्र दे। ईशानादि मुख के क्रम से और गायत्री के अंग-क्रम से हवन करते हुए जप करते सेचन करना चाहिए। इसके लिए नौ, सात, तीन अथवा एक दिन का अधिवास होम अनुष्ठान यथासंभव करना चाहिए। जो भक्त इस प्रकार से लिंग की

स्थापना करता है, वही परम शिव का सायुज्य पाता है और पूज्य हो जाता है।

समस्त देवों की प्रतिष्ठा का विस्तार से वर्णन करते हुए सूतजी ने कहा कि सभी देवताओं के लिए उनके मंत्रों द्वारा योग कुण्डों का विन्यास करके एक-एक देवता की स्थापना करें। इसके लिए विधि-विधान से उत्सव करके उनका पूजन करें। भानु की स्थापना के लिए पंचाग्नि अथवा द्वादशाग्नि के क्रम से कुण्ड, वृत्त और पद्म के समान आकार वाले अम्बा के योनि कुण्ड की कल्पना करें। सम्पूर्ण कार्यों में अपेक्षित शक्ति के लिए योनिकुंड का विधान किया जाता है। शम्भू और गायत्री की कल्पना करते हुए पूजन करें। गायत्री के भेद बताते हुए सूतजी ने कहा—तत्पुरुषाय विद्महे वाग्विशुद्धाय धीमहि, तन्नौ शिव प्रचोदयात्।

यह शिव गायत्री है। गौरी गायत्री के लिए गणाम्बिकायै विद्महे, कर्म सिद्धवैन धीमहि तथौ गौरी प्रचोदयात् और रुद्र गायत्री के लिए तत्पुरुषाय विद्महे महादेवाय धीमहि, तन्नोरुद्रः प्रयोदयात्, दन्ती गायत्री के लिए तत्पुरुषाय विद्महे, वक्रतुण्डाय धीमहि, तन्नोवह्नि प्रचोदयात्, स्कन्द गायत्री के लिए महासेनाय विद्महे, वाग्विशुद्धाय धीमहि, तन्नः स्कन्द प्रचोदयात्, वृहि गायत्री—तीक्ष्णशृंग्राक विद्महे, वेद पादाय धीमहित,· तत्रो वृषः प्रचोदयात् नंदि गायत्री हरि वक्त्राय विद्महे, रुद्रवक्त्राय धीमहि तन्नो नंदि प्रचोयदत् विष्णु गायत्री—नारायण विद्महे वासुदेवाय धीमहि, तन्नो विष्णुः प्रचोदयात्, लक्ष्मी गायत्री—महाग्बिकायै विद्महे विष्णु नैकेन धीमहि, तन्नो धरा प्रचोदयात्, गरुड़ गायत्री वैनतेयाय कर्म सिद्धये न धीमहि, तन्नो लक्ष्मिहि प्रचोदयात्, धरागायत्री समुधृताथै विद्महे, सुवर्ण पक्षाय धीमहि, तन्नो गरुड़ प्रचोदयात् सृष्टा गायत्री पद्मादेवाय विद्महे, वेदवक्त्राय धीमहि, तन्ना सृष्टा प्रचोदयात्, वाचा गायत्री—शिवस्पत्रायै विद्महे देव रूपाय धीमहि, तनो वाचा प्रचोदयात्, इन्द्र गायत्री—देव राजाय विद्महे, वज्रहस्ताय धीमहि, तत्र शक्रः प्रचोदयात्, विह्न गायत्री—रुद्रनेत्राय विदमहे, वज्रहस्ताय धीमहि तन्द्रो वह्नि प्रचोदयात् धर्म गायत्री—वैवस्वताय विद्महे, दण्ड हस्ताय धीमहि, तन्नो यमः प्रयोदयात्, निऋति गायत्री—निषादशम विद्महे खड्ग हस्ताय धीमहि, तन्नो नित्रहति प्रचोदयात्, वरुण गायत्री, युद्ध हस्ताय

विद्महे पाश हस्ताय धीमहि, तन्नो वरुणः प्रचोदायत्, वायु गायत्री–सर्व प्राणाय विद्महे, यष्टि हस्ताय धीमहि तन्नो वायुः प्रचोदयात्, यक्ष गायत्री–यक्षेश्वराय विद्महे गदा हस्ताय धीमहि, तन्नो यक्षः प्रचोदयात्, रुद्र गायत्री–सर्वेश्वराय विद्महे, शूल हस्ताय धीमहि, तन्नो रुद्र प्रचोदयात्, दुर्गा गायत्री–कात्याय नै विद्महे, कन्या कुमार्य धीमह्वि तन्नो दुर्गा प्रचोदयत्–इस प्रकार ये चौबीस गायत्रियों की मित्रता से देवों के लिए प्रणव का आसन स्थापित करके पूजन करना चाहिए।

देव गायत्री से परिकल्पना करके विधानपूर्वक स्थापना करते हुए प्रधान वासुदेव इसके पश्चात् संकर्षण, प्रद्युम्न और अनिरुद्ध, प्रभु मूर्ति के ही रूप में स्थापित करें और गायत्री के समान ही उनकी स्थापना और पूजा करें। पांच ब्रह्मागंज और पांच पार्थिव आदि रूप की स्थापना और पूजा करें। नमो नारायणः यह नारायण का परम शोमन मन्त्र है इसमें ओ३म् नमो वासुदेवाय, ओ३म् नमः संकर्षणाय, ओ३म् नमः प्रद्युम्नायः, ओ३म् नमः अनिरुद्धायः कहते हुए पूजा करें। परमेष्ठी देव शिव के सभी रूपों की लिंग की भांति ही प्रतिष्ठा करके उसकी पूजा करनी चाहिए। उन सभी मूर्तियों के नेत्र मन्त्रों के द्वारा नेत्रों का उन्मीलन करें। जल सिंचन और प्रदक्षिणा करते हुए कुण्ड और मण्डल की रचना करें।

इसके लिए नौ कुण्डों में नौ अग्नि के भाग से हवन करें और पाषाण मूर्तियों का विवेक द्वारा जल से अधिवास कराते हुए पूजन करें। प्रसाद की प्रतिष्ठा विधि को बताते हुए सूत जी ने कहा कि जिस तरह शरीर के अंग होते हैं उसी प्रकार के प्रसाद के भी अंगो की गायत्री मंत्र के द्वारा विधिपूर्वक स्थापना करनी चाहिए। उमा, चंडी, नन्दी आदि का, अपने-अपने स्थानों में इन्द्र आदि का, ब्रह्मा और जनार्दन का स्थापन करना चाहिए।

अघोर रूप वाले भगवान् शिव की प्रतिष्ठा, जाप और होम तथा उनकी महिमा बताते हुए सूतजी ने कहा कि यह पूजा भी लिंग प्रतिष्ठा और पूजा के समान ही होती है, जैसी लिंगादि पूजा है वैसी ही अग्नि पूजा होती है। अघोर मन्त्र के जप से सम्पूर्ण प्रकार के दुःखों से छुटकारा हो जाता है और इसके लिए तीनों कालों में एक सौ आठ जप विधि और छः काम में एक हजार आठ जाप विधि का बहुत अधिक महत्त्व है। दूध से

हवन करने से और इसकी एक हजार आहुतियां देने से ज्वर का नाश हो जाता है। एक मास तक तीनों कालों में एक हजार दूध की आहुतियां देने से उत्तम सौभाग्य प्राप्त होता है। मधु, घी और दही से युक्त एक वर्ष पर्यन्त होम करने से अघोर परमेश्वर प्रसन्न हो जाते हैं। दही से राजयोग मिलता है और दूध के होम से परम शांति लाभ, घृत होम से व्याधि विनाश तथा तिलों के होम से राज्यक्ष्मा की भयानक बीमारी भी दूर हो जाती है। समस्त प्रकार के कुष्ठ के विनाश के लिए शहद से युक्त चावल की छः मास तक दस हजार आहुतियां देनी चाहिए। घृत, मधुर और दूध मधुर त्रय कहा गया है। जिसकी आहुतियां देने से भगन्दर रोग भी नष्ट हो जाता है। इस प्रकार यह अघोर शिव की प्रतिष्ठा का अनुष्ठान सब प्रकार से लाभदायी होता है।

सूतजी ने बताया कि पहले भृगुसुत ने जो तथ्य हिरण्याक्ष को बताए थे, उसी के प्रसाद का यह प्रभाव था कि हिरण्याक्ष ने तीनों लोकों को जीतकर देवताओं पर अपना अधिकार जमा दिया था, उसके यहां अंधक जैसा महापुत्र पैदा हुआ। भगवान् विष्णु ने वाराह अवतार लेकर इस हिरण्याक्ष का वध किया। इस निग्रह में जो स्त्री बाधा, बाल बाधा और गौ बाधा होती है, ऐसा व्यक्ति विजय नहीं प्राप्त करता। उस दैत्य ने देव धरा को पाताल पहुंचा दिया था। भगवान् वाराह ने एक हजार वर्ष बाद उसका वध किया। इसलिए अघोर सिद्धि में ब्राह्मणों को कभी बाधा नहीं पहुंचाना चाहिए। विशेषकर स्त्रियों और गायों के वाधित नहीं करना चाहिए। इस अघोर सिद्धि का प्रयोग आततायी राजा को मारने के लिये, दुर्जय की दशा में, अथक संपूर्ण बल के क्षय हो जाने पर अधर्म युद्ध को समाप्त करने के लिए किसी क्रूरब्राह्मण द्वारा ही कराना चाहिए। यह एक अज्ञान कृत्य होता है इसके करने मात्र से ही निग्रह उत्पन्न हो जाता है। अतः हे द्विजोत्तमों! इस अघोर मंत्र का एक लाख बार जाप करके विधिपूर्वक तिलों द्वारा जप के दशांश भाग का होम करें इसके बाद बाणलिंग में या वहिन में दक्षिण मूर्ति के आश्रित होकर सफेद एक लाख पुष्पों से पूजन करें तभी यह मंत्र सिद्ध होता है। यह मंत्र अन्य किसी भी प्रकार से सिद्ध नहीं होता है। बिना मंत्र सिद्धि के सिद्धियां भी नहीं दिखाई

देती हैं विशेषकर प्रेत या श्मशान स्थान में यह मंत्र स्वयं ही सिद्ध करें। या इसे मातृ स्थान में सिद्ध करें। यह मंत्र वेद वेदांगों में पारंगत विद्वान को ही सिद्ध करना चाहिये और शिवभक्त ब्राह्मण को चाहिये कि वह इस मंत्र सिद्धि का उपयोग राजा के हित में ही करें।

इसके लिये पूर्व विधान के अनुसार मूलास्टक का न्यास करके तीन शिखा वाले शूल को लेकर जिसके चौबीस अग्र प्रभागों में शिखाएं हों, वीरासन द्वारा अपने शरीर को संकुचित करके भयंकर विग्रह सर्वनाश कर प्रलयंकारी अघोरेश कर ध्यान करके समस्त कर्म करावें। इसमें कालाग्नि कोटि के समान ही अपने शरीर की भावना करनी चाहिये। अघोरेश प्रभु के आठ हाथ हैं जिनमें शूल, कमलपाश, दण्डशरासन, बाण, डमरू आदि होते हैं। ये वरदान प्रदान करने की मुद्रा में होते हैं। कण्ड नीलवर्णी हो स्वयं प्रभु दिगम्बर हैं। पांच तत्वों पर आरूढ़ हैं, नन्दिकेश्वर में पृथ्वी आदि पांच तत्व विद्यमान हैं। मस्तक पर अर्धचंद्र गले में विषधर सर्प, त्रिनेत्रधारी, सम्पूर्ण आभरणों से युक्त, श्मशान की भस्म से गुंठित, प्रेत पिशाच राक्षिसनी डाकिनियों से घिरे, गज चर्मधारी, नीलनीरद ध्वनि वाले, कुम्भ, रेचक के भेद से छत्तीस मात्रा से समन्वित प्राणायाम द्वारा इन भगवान् इन्द्र रुद्र का ध्यान करना चाहिए।

इसके पश्चात् पंच कुंड का विधान बताते हुए सूतजी ने बताया कि आचार्य को मध्य कुण्ड में और रूपक तथा अन्य ऋत्विजों के चारों दिशाओं के कुण्ड में यज्ञ करना चाहिए। पंचम कुण्ड मध्य प्रदेश में तथा ऐन्द्र वारुण याम्य तथा काकेरी दिशाओं में चार कुण्ड शास्त्रानुसार निर्मित कराएं तथा प्रातिलोम्य क्रम से पूर्व की भांति शूलों से संवेष्टित होकर स्थित होवें। कालाग्नि पीठ के मध्य में स्थित होकर स्वयं हरि अघोरेश का ध्यान करें। शत्रु के निग्रह के लिए मिलावे की लकड़ी लेकर बारह अंगुल प्रमाण वाली नृपेन्द्र के शत्रु की प्रतिमा बनाएं और उसे अंगरक के द्वारा पीठ में यत्नपूर्वक नीचे की ओर मुखवाला तथा ऊपर की ओर पैर वाला करें फिर श्मशान की चिता की अंगार लाकर उनका दाह करें।

यहां मौन रहकर ब्रह्मचर्य परायण होकर अग्नि स्थापित करें। मयूरास्त्र से फिर नाभि में अग्नि दें। तत्पश्चात् कंचुक को धारण करके तुष से युक्त

तथा कपास के बीजों से समन्वित हस्त्र यंत्र से निकलने वाले तेल से हवन करें। इसमें कृष्णा चतुर्दशी से अष्टमी पर्यन्त एक हजार आठ आहुतियों द्वारा आचार्य को होम करना चाहिए। इस विधान से नृपेन्द्र के शत्रु कुल सहित दुःखपूर्ण होकर यमपुरी गमन कर जाते हैं। इसके लिए राष्ट्र के रक्षक नृपति का सदा पालन करना चाहिए। मंत्र, औषधि और क्रियादि से युक्त यह विधान परम गोपनीय है। इसकी सदा रक्षा करनी चाहिए।

रुधिर नामक राक्षस की कथा

सूतजी ने एक आख्यान सुनाते हुए कहा कि पुराने समय में एक रुधिर नाम का राक्षस था। उसने एक बार वसिष्ठ मुनि के पुत्र शक्ति का भक्षण कर लिया था। यह राक्षस विश्वामित्र के द्वारा प्रेरित किया गया था। जब वसिष्ठ को यह ज्ञात हुआ कि उनका परम श्रेष्ठ तथा धर्मज्ञ पुत्र अपने भाइयों सहित रुधिर राक्षस द्वारा भक्षण कर लिया गया है तो उन्हें आश्चर्य हुआ तो वह पुत्र के लिए विलाप करने लगे और रुन्धती सहित परम दुखी होकर भूमि पर गिर पड़े। उन्हें लगा कि उनका सम्पूर्ण कुल ही नष्ट हो गया। तब उन्होंने मरने का निश्चय किया। वह शक्ति ही सब में ज्येष्ठ था। मुनि की पुत्र-वधू ने उनका निश्चय जानकर उन्हें धरती पर गिरते हुए अधर ही में रोक लिया और अपने तथा अपने पुत्र की रक्षा की याचना की क्योंकि उसके गर्भ में वसिष्ट का पौत्र पनप रहा था। तभी कमल नाभि से ब्रह्मा के समान मुनि पुत्र-वूध के गर्भ से कुमार द्वारा वेद की ऋचा का उच्चार हुआ, हतप्रभ वसिष्ठ को देख अंतरिक्ष से देव विष्णु ने मुनि से कहा, मुनिश्वर! यह गर्भ में स्थित तुम्हारा पौत्र, शक्ति का आत्मज मेरे समान ही बहुत शक्तिशाली हैं। अतः तुम पुत्र-मरण के शोक से मुक्त होकर इसके जन्म का स्वागत करो। यह बालक रुद्र-भक्त तुम्हारे कुल को प्रकाशित करेगा। ऐसा कहकर भगवान् अन्तर्हित हो गए।

उस परम परिव्रता शक्ति पानी अदृश्यन्ती ने बड़ी कठिनाई से अपने उदरस्थ गर्भ का पालन करते हुए अन्त में शक्तिमान पुत्र को जन्म दिया। यही पराशर कहलाए जो विष्णु के समान कांति वाले थे। भास्कर आदित्यों की भांति दीप्तिमान था। इस अवसर पर सभी देवों, ब्रह्मवादियों,

मुनियों, पितामहों के समुदायों ने परम प्रसन्न होकर उसके आगमन का स्वागत किया। आश्रमवासी भी खुशी से नाच उठे। उनके अवतरण से ऐसा लगा मानो मेघों की घटा से निकलकर सूर्य ने अपनी प्रभा का आकाश फैला दिया हो। शक्ति-पत्नी अदृश्यन्ती को पुत्र पराशर के जन्म पर पुत्र-मुख देखकर सुख भी हुआ तथा पति की स्मृति से दुःख भी हुआ। वसिष्ठ ने उद्बोधन से उसने दुःख का त्याग करके भली-भांति पुत्र का पालन किया।

बालक पराशर ने कुछ बड़े होकर माया के अन्तमरणीय रूप को देखकर इसका कारण जानना चाहा और पूछा कि उसके पिता कहां हैं! जब मां ने उन्हें यह विदित हुआ कि उसके पिता को राक्षस रुचिर ने ग्रास बना लिया तो पराशर ने माता से कहा–हे माता! मैं चराचर त्रैलोक्य को दग्ध करके देव भगवान् भव का अभ्यर्चन करके एक क्षण में ही तुम्हें पिता के दर्शन करा देता हूं। तो उसकी माता को आश्चर्य हुआ। मुनि के कथन पर उसने त्रैलोक्य को दुग्ध करने का विचार छोड़कर राक्षसों के नाश के लिए शिव अर्चन प्रारम्भ कर दिया। भव के प्रताप से उसे दिव्यदृष्टि प्राप्त हुई। जिसके कारण वह साक्षात् भगवान् रुद्र के दर्शन कर सका। पराशर ने भगवान् रुद्र के चरणों में नत होकर अपना जीवन सफल मानते हुए कहा–कि उससे बड़ा बड़भागी और कौन होगा। उसने तत्काल ही दिक्लोक में स्थित पिता को अपने भाइयों सहित देखा। स्वयं शक्ति ने भी प्रभु-कृपा से पुत्र के दर्शन किए। उसने अपने पिता वसिष्ठ और पत्नी अदृश्यन्ती को भी देखा। माता अरुन्धती के भी दर्शन किए। उन्हें प्रणाम किया और पुत्र को मां अरुन्धती की रक्षा का आदेश दिया। पराशर ने अपने पिता को दिया वचन पूरा किया। शिव का स्तवन किया। भगवान् भी उस पर अपनी पूर्ण कृपा करके अन्तर्हित हो गए।

पराशर ने मंत्र की ने मंत्र की कृपा से राक्षसों के कुल का समूल दाह कर दिया और मुनि वसिष्ठ के आदेश पर राक्षसों के दाह-सूत्र को समाप्त कर दिया और मुनि पुलस्त्य से प्रकाशित होकर वैष्णव पुराण की रचना की। यह परम शोभन संहिता पुराणों में चौथे क्रम में आती है।

अतः हे द्विजोत्तमों मंत्र! विधि को जानकर ही शिव-लिंग का यजन

करना चाहिए। कोई भी देव कृपा से पूर्णतया समन्वित शिव के समान नहीं हैं। भगवान् त्र्यम्बक शीघ्र प्रसन्न होने वाले हैं। अतः उन्हीं का एकमात्र पूजन श्रेयस्कर है। सभी पापों से मुक्ति दिलाता है। इसलिए सर्वथा सब जगह व्यक्ति को अहिंसा का ही पालन करना चाहिए। मन, वचन कर्म से जो व्यक्ति अहिंसक होता है उसकी सभी रक्षा करते हैं। दया का मार्ग ही उत्तम मार्ग है तथा किसी वेद के पारंगत विद्वान को सम्पूर्ण त्रैलोक्य के दान से जो फल प्राप्त होता है, उससे भी करोड़ गुना फल अहिंसा वृत्ति को मिलता है। उसी को सद्‌गति प्राप्त होती है। अतः हे द्विजश्रेष्ठों व्यक्ति को कभी हिंसा नहीं करनी चाहिए। निषिद्ध वस्तुओं के निषेध से समस्त कर्मों को विशेष रूप से त्यागकर ब्रह्मवादी लोग संन्यस्त हो जाते हैं। स्त्रियां पापरता भी हों तो भी सदा पूज्य होती हैं। इनको नहीं मारना चाहिए। एक स्त्री का वध ब्रह्महत्या के समान होता है। जो वेद के विपरीत आचरण करते हैं, वे पाखण्डी कहे जाते हैं। द्विजातियों को उनसे सभाषण नहीं करनी चाहिए।

यदि कहीं पाखण्डा व्यक्ति का भूल से दर्शन हो जाए तो उसका प्रायश्चित करना चाहिए। लेकिन पाखण्डी वध करने के योग्य नहीं होता। वह तो स्वयं ही प्रभु के क्रोध से दुःख पाता है। जो परमेष्ठी शिव के भक्त होते हैं। वे बड़े ही भाग्यशाली और प्रभु का सायुज्य पाने के अधिकारी होते हैं।

ऐसे कृपालु त्र्यम्बक देव की सम्पूर्ण सिद्धियों के लिए किस योग के मार्ग से ध्यान किया जाता है। यह बताते हुए सूत जी ने कहा–कि यही प्रश्न एक बार महादेव ने शैया पर एक ही साथ स्थित होकर गिरजा जगदम्बा ने जब उनसे पूछा था, कि योग कितने प्रकार का होता है और वह कैसा है, जो योग परम दिव्य ज्ञान और मोक्ष को देने वाला है और जीवात्मा को मुक्त करता है। भगवान् नील लोहित ने उन्हें बताया कि योग पांच प्रकार के होते हैं। पहला मंत्र योग कहलाता है, जिसमें ध्यान से युक्त जप करने का अभ्यास किया जाता है। दूसरा स्पर्श योग–इसमें विशेष रूप से सुषुम्ता नाड़ी की वृद्धि होती है तथा समस्त और व्यस्त योग से वायु का प्रधान रूप से जप किया जाता है। इसमें बल के स्थित करने की

क्रिया होती है। जिसके धारण आदि और तेज का योग होता है। भीतर और बाहर मन में विलसमान भावों का संहार करने वाला भाव योग कहा गया है। यह तीसरा योग–चित्त की शुद्धि करने वाला होता है। चौथा अभाव योग–सभी जड़ चेतन जगत् से पूर्ण सम्पूर्ण शून्य विश्व रूप का भेदाभास से चिन्तनीय यह होगा चित्त के निर्वाण करने वाला होता है। पांचवां महायोग–रूप से शून्य, अद्वितीय, प्रतियों के द्वारा भी जिसका स्वरूप निर्देश नहीं किया जा सकता। ऐसा अप्रमेय, सर्वदा प्रकाशमान, सर्वव्यापी, आत्मा की विशिष्ट सत्ता का आभास कराने वाला सम्पूर्ण चित्तों को उत्थापित करने वाला महायोग ही है। ये सभी योग अणिमा, महिमा आदि सिद्धियों के प्रदान करने वाले होते हैं। योग ज्ञान को पूरी तरह परखे गए शिष्य को ही देना चाहिए।

यदि भूल से भी यह किसी कुपात्र की दिया जाए तो देने वाला दण्ड का भागी होता है। अतएव निष्पाप को ही यह विद्या देय है।

यह योग मार्ग सम्पूर्ण वेद और आगम स्वरूप कमलों का पराग है। योगाभ्यासी पुरुष इस योगात्मक अमृत तुल्य पराग का सेवन करके ही समस्त बंधनों से छुटकारा पाते हैं। इसलिए यह पाशुपत योग सर्वश्रेष्ठ ऐश्वर्य कहा जाता है। यही जानने योग्य है। अतएव हे राजा अम्बरीष! तुम भी स्वयंभू की परामूर्ति से मन लगाते हुए योगाभ्यास में रत हो जाओ। ऐसा नन्दिकेश्वर का, राजा अम्बरीष को कहा गया उपदेश सुनाते हुए सूतजी ने बताया कि, योगेश्वर की निष्ठा ही सर्वोपरि है।

शान्त मूर्ति भगवान् शिव को नमस्कार करते हुए सूतजी ने कहा कि जो कोई भी लिंग पुराण का आदि से अन्त तक श्रद्धापूर्वक श्रवण और पाठन करता है। वह निश्चय ही परमगति को प्राप्त होता है। तप से, यज्ञों से, दान देने से जो गति होती है, वही इस महालिंग पुराण के श्रवण से होती है। शाश्वती शिव की भक्ति और निवृत्ति ही इसका शुद्ध फल है। इस प्रकार रोमहर्षण जी द्वारा भगवान् विरूपाक्ष के लिंग पुराण के प्रवचन से सभी ऋषि कृतकृत्य हो गए।

✦✦✦